课题组成员与调查
对象在下南乡仪凤
村合影

张景霓在调查毛南语使
用情况

调查组成员进行语言
使用情况调查

调查组成员进行语言使用情况调查

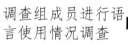调查组成员进行语言使用情况调查

调查组成员进行语言使用情况调查

调查组成员进行语言使用情况调查

调查组成员进行语言使用情况调查

调查组成员进行语言使用情况调查

调查组成员进行语
言使用情况调查

调查组成员进行语
言使用情况调查

调查组成员进行语
言使用情况调查

语言保护研究丛书｜主编　戴庆厦

环江毛南族语言使用现状及其演变

张景霓 等 著

作者名单

张景霓　蒋兴礼　苏　丹　韦　馨
韦钰璇　庄　超　黄　荣　阳柳艳
伍树燕　伍雅丽　莫妙兰　李胜兰

科学出版社
北　京

内 容 简 介

毛南族是广西特有的少数民族，主要聚居在广西环江毛南族自治县的上南、中南、下南（俗称"三南"）地区，也是该地区古老的世居民族。毛南族的母语为毛南语，毛南语属汉藏语系壮侗语族侗水语支。

本书主要探讨毛南语使用的情况：是稳定使用还是功能出现了衰退；毛南族兼用汉语的情况如何；在毛南族的语言生活中，毛南语和汉语如何和谐互补；毛南族的双语类型是怎样的；毛南族语言状况的新问题有哪些；青少年母语能力、迁徙及外出的毛南族母语的情况如何，等等。

本书适合少数民族语言学、民俗学、语用学、文字学、社会学等专业的研究者及爱好者阅读、参考。

图书在版编目（CIP）数据

环江毛南族语言使用现状及其演变/张景霓等著. —北京：科学出版社，2017.3

（语言保护研究丛书 | 戴庆厦主编）

ISBN 978-7-03-052145-3

Ⅰ. ①环⋯ Ⅱ. ①张⋯ Ⅲ. ①毛南语–语言史–研究–环江毛南族自治县 Ⅳ. ①H276-09

中国版本图书馆 CIP 数据核字（2017）第 053674 号

责任编辑：王洪秀 / 责任校对：张小霞
责任印制：张 伟 / 封面设计：铭轩堂

科 学 出 版 社 出版
北京东黄城根北街 16 号
邮政编码：100717
http://www.sciencep.com

北京京华虎彩印刷有限公司 印刷

科学出版社发行 各地新华书店经销

*

2017 年 3 月第 一 版 开本：720×1000 B5
2017 年 3 月第一次印刷 印张：19 1/2 插页：2
字数：330 000

定价：88.00 元
（如有印装质量问题，我社负责调换）

本书是国家社会科学基金西部项目(批准号:11XYY007)成果之一;

本书出版获"广西民族文化保护与传承研究中心"经费资助

研究语言活力的一个有价值的样板

　　景霓是我 2003 年在中央民族大学的博士生，毕业后不久就在广西民族大学当上了教授。她除了做毛南语语法研究外，还对语言功能研究有兴趣。这几年为了完成国家社科基金项目"广西少数民族语言使用情况调查与研究"，带领了一个课题组到广西环江毛南族自治县做毛南族语言使用现状的田野调查，几经努力，写成了《环江毛南族语言使用现状及其演变》一书。她要我写个序，我很高兴地就答应了。

　　因为在她读博期间，为了完成她的博士论文，我曾同她一起去三南地区做调查，收集毛南语的语料，毛南族复杂的语言使用情况深深地吸引了我，觉得很值得进行。我们在风景秀美、人际融洽的毛南村寨，一起调查了毛南族的语言及其语言生活，回京后合作写了《濒危语言与衰变语言——毛南语语言活力的类型分析》（载《中央民族大学学报》2006 年第 1 期）。后来，景霓又多次带着她的研究生到三南地区调查毛南语使用情况。所以，我想趁这次写序的机会进一步了解这些年来毛南族语言使用的情况究竟发生了哪些变化，想从中得到一些有关语言国情、语言保护方面的新信息。

　　我满怀求知的愿望通读了《环江毛南族语言使用现状及其演变》的样稿。毛南人世代形成的语言现状、语言关系及多层面的语言生活，形象地展现在我的面前，一股股清新的气息扑面而来，使我具体地了解到世代生活在南方的一个少数民族，是怎样适应民族发展、社会环境的需要，不断调整、安排自己的语言生活，使自己的语言生活有利于民族发展和民族进步。

　　该书描绘的是广西环江毛南族自治县毛南族的语言使用状况。作者深入环江毛南族地区第一线，对环江全县毛南语的基本特点、分布状况、毛南族人民的语言使用情况和他们兼用其他语言的情况，以及毛南语受到汉语影响引起的变化都进行了描写。该书对毛南族语言使用的复杂现状进行了认真、细致的调查与研究，点面结合，数据翔实可靠，分析细致，论证有力。

我认为，该书的理论价值主要是：①对中国当前的语言国情的研究，提供了一个有价值的样板。在现代化进程不断深入的今天，中国社会人文科学研究的一个重要任务是研究少数民族地区的语言国情。该书如此细致、全面并且高级别地呈现对毛南族语言文字研究的成果，在当今语言国情研究中并不多见。②对毛南族语言使用情况的微观调查研究，这对广西社会科学的理论建设和发展都能提供语言方面的信息。③广西是多民族的民族自治区，广西的语言方针制定需要建立在对少数民族语言使用国情科学认识的基础上，该项目能够为广西的语言方针、政策的制定提供有用的事实依据，而且还能为第二语言教学、语言规范、语文现代化的规定，以及如何保护功能衰退的语言及濒危语言等提供参考。④该书记录、保存毛南族民族语言的珍贵语料，有助于学界直观地认识环江毛南族的语言生活，对弘扬毛南族文化和构建和谐的语言生活大有裨益。⑤毛南语受汉语影响深刻广泛，它通过吸收很多汉语借词来保持和丰富自身的语言活力，这对语言接触的研究具有不可替代的价值。

读了这本书，有个问题在我的脑海里不断出现。毛南族是一个人口较少的民族，处在人口较多的汉族、壮族包围之中，其开放包容的民族素质，使得他们不断吸收外族的先进文化来丰富自己，全民兼用汉语和壮语，兼语现象随处可见。像这样的民族，一般是其语言容易受到冲击，出现衰退或濒危，但毛南族不同，其母语还保存得很好。调查数据显示，下南乡毛南族全民稳定使用自己的母语——毛南语。不论是毛南语中心区还是毛南语边缘区，不论是老人还是儿童，不论是文化水平高的还是文化水平低的，绝大多数都能熟练地运用毛南语，男女老少都热爱自己的语言，这使我不得其解。毛南语的样板，包含着重要的理论问题，是我们在研究语言国情、语言保护中必须进一步探讨的。

景颢教授对广西少数民族语言已有较深入的研究，路子走得很好。我希望她继续走下去，在做好语言本体研究的同时，也做一些语言功能的研究。语言学家必须关心语言生活，何况语言生活的研究会有助于语言结构本体的研究。

是为序。

戴庆厦

2016 年 5 月 31 日

于中央民族大学 507 工作室

目　　录

第一章 绪 论

第一节 毛南族的地理人文情况

语言是一种文化现象，是一个民族历史的痕迹，是文化传承的载体。每一种语言都可以反映使用该种语言群体的历史和现状的特点。所以，语言的发展和演变，是民族发展的足印，与生活息息相关。

一、毛南族概况

毛南族是中国统一的多民族大家庭中的一员。长期以来，毛南族和壮族、汉族、苗族、瑶族、仫佬族、水族等民族相互毗邻和杂居，共同生活，相互学习，共同创造着美好的生活。

毛南族是人口较少的一个山区少数民族。他们自称 $ma:u^4 na:n^6$ 或 $ai^1 na:n^6$，其中 ai^1 是指人的量词，有"位，个"的意思，$na:n^6$ 是当地的地名。"毛南族"原来写作"毛难族"，1986 年 6 月，应环江县人民政府及毛南族群众的要求，国务院批准将"毛难族"改为"毛南族"。当时，毛南族的总人口有 64 362 人，其中 57 362 人聚居于环江毛南族自治县，此外，在广西壮族自治区的金城江、南丹、罗城、巴马、都安、东兴和贵州的从江、荔波等县（乡）也都有分布。

毛南族的发祥地——上南、中南、下南（俗称"三南"），地处广西壮族自治区的环江毛南族自治县境内的西南部，与南丹、河池接壤。东北有九万大山，西北有凤凰山，中间屹立着茅难山，地势为西南高、东北低。该地区属于石灰岩地区，地形复杂，峰峦连绵起伏，海拔在 250～1043 米，群山林立，挺拔横亘。山间宽度为 100～1000 米，岩溶遍布，河流稀少，耕地分布在枫林谷地，山区低洼地带。

毛南族聚居的环江毛南族自治县，居住着汉族、壮族、毛南族、苗族、瑶族、侗族、水族、仫佬族、布依族等多个民族。据第六次全国人口普查统计，环江毛南族自治县总人口为 361 762 人，其中毛南族人口为 43 448 人。毛南族人口占总人口的 12%。毛南族人口的自然增长率为 6.91‰。环江毛南族自治县主要旅游景区（点）有喀斯特自然保护区、九万山水源林自然保护区、明伦北宋牌坊、新坡农业生态园、爱山森林公园、大才神龙宫、黔桂汉代古道，其中木论喀斯特自然保护区和九万山水源林自然保护区为国家级，明伦北宋牌坊为自治区级文物保护单位。其重要矿产资源有煤、铅锌、铁、锡、石棉和滑石等 20 多种，其中煤储量为 1.5 亿吨。其地方特产有菜牛、香猪、香鸭、香糯、香粳、香菌、西瓜、油茶等。环江毛南族自治县是中国黑香猪原产地、全国绿化模范县、国家级生态示范区、广西最大的无烟煤基地。

在环江毛南族自治县党委、县人民政府的领导下，发展了以下南乡六圩为中心的十多个圩场，扩大了与附近县、乡的贸易来往及生产产品的流通经营渠道，促进了财政收入、群众致富，为全县的经济持续健康发展奠定了基础，如今的环江毛南族自治县经济发展快，人民生活水平逐步提高，展现了民族发展的美好前景。

二、毛南族的族源

在历代的汉文文献中，曾有"茅滩""茆滩""茅难""冒难""毛难"等不同的名称记载，这些名称记载都是"毛难"或者"毛难"在不同的历史时期和不同文献中的同音记写，是毛南族历史的写照。直到中华人民共和国成立后，在中国共产党和人民政府经过少数民族社会调查和民族识别后，正式确认毛南族为单一的少数民族，称为"毛难族"。后经国务院批准，在尊重毛南族意愿的前提下，改为"毛南族"。他们的政治地位和民族权益得到了中国共产党和人民政府及各族人民的尊重。

关于毛南族的族源问题，学术界和毛南族群众中又有两种说法：一种是外来说，一种是土著说。外来说认为毛南族的祖先来自湖南、山东等地，因做官或躲避战乱或经商而来到这里，笔者曾多次去环江毛南族自治县的上南、下南及恩波、水源等地调查，当地的毛南族干部和群众也认为毛南族是外来的，他们认为谭三孝是他们的祖先，在中南凤腾山的古墓群中有其华丽的墓葬，碑上刻有："始祖讳泽深，字超群，号三孝，奶名僚，湖南籍常德府武陵县东关外城太平里通长衔古灵社人……"而在学术界普遍认为，在毛南族居住的地方，毛南人自古就与侗族、水族、仫佬族等有广泛的交往，他们是由岭南地区的百越民族发展而来的，这其中也融合了其他民族成分在内。

根据笔者在环江毛南族自治县各乡镇与当地毛南族人多次接触，并有多位毛南族老人讲述了毛南族的祖先与壮族是同宗关系的故事。可以说，毛南族属于土著民族，与壮族等周边百越民族有着深刻的历史渊源，他们是该地区的土著居民。

三、文学艺术

毛南族有着深厚的历史文化底蕴，虽然没有文字，但世代流传着内容丰富的民间故事、民歌和诗歌，以口传的方式世代相传。这些民间故事、民歌和诗歌成为整个中华民族悠久历史文化中不可或缺的一部分。

征服自然始终是毛南族人民不懈追求的目标，这也体现出毛南族人民勤劳勇敢的精神。《格射太阳和月亮》是毛南族流传较为广泛的故事之一，故事说：上古时，有一位叫"格"的人，身高力大，操弓射箭，百发百中。当时天上有 12 个太阳和月亮，日夜尽晒、河流干涸，树木、禾苗都被晒死，人们也热得非常难受。于是"皇帝"请"格"来射太阳和月亮。"格"张弓搭箭，一连射落了 10 个，只留下一个太阳和一个月亮，太阳白天照五谷，月亮在晚上给人们照路，从此该地区风调雨顺，五谷丰登，人们十分感谢"格"的功劳，世世代代歌颂他。反抗阶级压迫和民族迫害，反对黑暗的邪恶势力是毛南族人民的光荣历史，《毛南人》和《卢道一拔树驱贼》等故事，就是关于这一题材的。还有，以体现助人为乐、高尚情操为主题的《寻找幸福》；在生产劳动和社交活动中孕育和建立纯真爱情，反映毛南族人民对幸福生活向往的《起码招亲》《顶卡花》和《三娘和土地》；有反映人民要推翻封建皇权强烈愿望这方面的机智人物故事，如《李海精智斗皇帝》；以山水和动物、植物为题材的寓言故事也有很多，如《务阴粘》《猴子和蚂蚱》等。此外，童谣、谚语、谜语等题材也很广泛。

民歌也是毛南族人民创作出来的精神财富，爱好唱歌决定了毛南族人民对歌唱活动的执著，唱歌是他们最普遍的娱乐活动。毛南族人民能歌善舞（图 1-1），流传比较广泛的如《重建问妹应不应》《三孝公》。这些民歌反映了毛南族人民的风土人情和精神面貌，是毛南族文化的重要组成部分。除了用毛南语唱歌之外，还使用壮语唱歌，这充分说明毛南族和壮族的亲密关系，以及两族人民历史上密切的经济和文化交流。

图 1-1　毛南族猴鼓舞

民间的故事传说是由劳动人民口头传承下来的民间文学。随着时间的推移，会讲民间故事传说的老人不多了，这些民间故事能保存下来，是靠中国共产党和人民政府的重视及民间工作者的采访、记录、整理。

四、文化教育

深处山区的毛南族人民，历史上由于交通的不便，加之古代的社会经济发展迟缓，与外界来往不密切，导致了经济上的不发达。文化教育要以经济为依托，在经济不发达的条件下，毛南族的学校教育发展较晚。明朝万历年间，思恩县"始建学宫"，学校教育才开始设立。清朝乾隆年间，毛南族地区开始设立"私塾"，毛南族子弟学习文化的机会逐渐增多。这一时期授课的内容是四书五经、习作诗词、对联等。所以，汉族的封建文化和伦理道德思想在毛南族中间广为传播。毛南族人能运用汉文来撰写自己的世谱、碑文等类的文章。封建王朝实行科举制度时，毛南族中不少地主、富人子弟中了秀才和举人。从明末清初起，毛南族的学校教育在汉族文化的巨大影响下，读书的族人日渐增多，因而有了"三南文风颇盛"之称。辛亥革命后，带有资本主义色彩的"学堂"逐步建立起来。中华民国期间，在毛南族聚居区附近的牛峒坡圩设立了思恩县立第二高级小学，但在毛南族地区，仍然是以群众自己筹办的启蒙学校为主。中华民国十九年（1930），在下南六圩设立了县立第三高级小学，在水源圩设立了县立第四高级小学，这个时期，毛南族地区的基础学校教育已经普遍。新中国成立以前，几乎每个毛南族地区的行政村都设立了小学。学校的教师大多是本族人，也有少部分是来自外地的壮族人和汉族人。在朗读课文时，教师多使用汉语（西南官话）；在讲解课文内容时，还是用本民族语言——毛南语。

中华人民共和国成立后，特别是在改革开放以后，国家加大了对文化教育的投入，毛南族人要求学习科学文化的愿望终于可以实现，这一时期，教育事业得到了很快发展。环江毛南族自治县政府及各乡、村政府大力扶植学校教育，拨出土地建设教学大楼和教师学生宿舍。在国家政策九年义务教育的大力支持下，现在的毛南族人普遍接受了九年义务教育，很大一部分青年继续读高中、中专、大学及硕士研究生、博士研究生，这些学生毕业后，成为国家的栋梁人才，为毛南族地区谱写新的篇章。

五、生活习俗

毛南族人大多聚居于一个村屯，村庄依山而立。石山上留有一大片护村林，既可以防止石头滚落，又美化村景，这里的树林是不允许被随意砍伐的。住房多数是泥墙上瓦，少数是砖墙盖瓦，分上下两层，上层住人，下层饲养牲畜、放置农具及柴草，形成"干栏"，随着社会经济的发展，现在这种"干栏"已经很少见了（图1-2）。"干栏"的住房墙基多用料石砌成，坚固而美丽。"干栏"的柱脚、门槛、阶梯等也多用料石，或用木材建成一座坪台供晾晒物品用。

图1-2　干栏

毛南族人民以从事农业为主。在主食方面，半山区以大米为主食，大山区则以玉米为主食（聚居区按地形不同，分为半山区和大山区），辅以高粱、小米、红薯、芋头、南瓜等。大山区毛南族人民喜欢制作两种食品：一是甜红薯。其制法是，在秋天收红薯的季节，选出块大而无破伤的红薯，白天在太阳下暴晒，晚上留在晒台上让露水浸打，经过二三十天后，收放在土灶边或地窖里贮藏，使之充分糖化，然后将薯块洗净蒸制而成，其味鲜甜清香。二是毛南饭。其做法是，用冷清水将竹笋煮熟，加入玉米粉、豆角、南瓜、生姜等混合煮熟后，再放入南瓜苗、南瓜花及适当辣椒、油、盐等即可。这是毛南族特有的两种食物。在肉食方面，以猪、牛、鸡、鸭为主，偶尔也吃山上的野味。毛南族人民用独特的圈养法和囤肥法饲养出来的"毛南菜牛"，味道鲜美，肉质细嫩，肥瘦多层，如同五花肉，色鲜红而且异味少，比一般的牛肉更好吃。吃"毛南菜牛"时，将牛肉切成薄片，拌以生姜、西红柿，盛上盐碟，边煮边吃，味道鲜美，毛南族人多以此佳肴招待贵宾。因而"毛南菜牛"远近闻名，长期以来销往上海、广州及港澳等地，故毛南山乡有"菜牛之乡"的美誉。

第二节　毛南语的基本特点及研究现状

毛南族有自己的语言，毛南语属汉藏语系-壮侗语族-侗水语支，它同该语系其他语言有很多共同特点。毛南语和壮语、侗语、水语、布依语、仫佬语都有密切的关系，尤其与水语更为接近。

在语音方面，每个音节都由一定的声母、韵母结合而成，每个音节都有声调，它的8个调类分平、上、去、入（各分阴阳），分别为第1调、第2调、第3调、第4调、第5调、第6调、第7调（分长短）、第8调（分长短），这点与汉语很相似，其他如元音分长短，有i、u、m、n、ŋ、p、t、k八个韵尾。这也是毛南语和该语族其他语言及现代汉语粤语方言的共同特征。毛南语有72个声母、81个韵母、8个声调，其中舒声调有6个，促声调有2个。在词汇方面，毛南语有很多同源词。在语法方面，同该语族诸语言一样，毛南语的基本语序也是：主语+谓语+宾语；以名词为中心的修饰词组，除数词和量词外，其他修饰成分一般都放在中心词之后；有一定数量的虚词，虚词的使用和语序一样，在语法中起着相当重要的作用；有相当数量的量词，量词有表示数量和区分食物类别的功能。长期以来，毛南族人民与睦邻的汉族、壮族人民互相交往、相互学习，许多毛南族人都会讲壮语和汉语，而与毛南族杂居的汉族人、壮族人也会讲毛南语。

毛南族没有本民族的文字，但民间流传的歌本和师公唱本，都借用汉文方块字记录该民族和壮族的语言。借用的方法有多种，有的取其音，有的取其义，也有的用偏旁加音或加义，形成一种特殊的"土俗字"。但是这种文字使用范围不普遍，很多人不懂，只有一些少数知识分子懂得。如果毛南族人民要写书信、契约或文章，他们仍然用汉字，并且吸收了不少汉语词汇来丰富本民族的语言。

目前学界对毛南语的研究还处于初步了解的状态，相关研究成果都比较薄弱，没有取得多少成果，目前能看到的成果主要有梁敏的《毛南语简志》（1980年），谭远扬的《〈毛南语简志〉读后》和《毛南语的同义词》（1983年和1985年），邢凯的《壮语对毛南语的影响——兼谈语音的方式及其对历史比较的意义》（1993），张景霓的《毛南语动词研究》（2006）等。

梁敏的《毛南语简志》对毛南语的语音、词汇、语法进行总体的介绍和研究，是毛南语的开山之作。谭远扬的《〈毛南语简志〉读后》对毛南语的一些具体语言现象作了研究，比如对毛南族语几组同义词的形式、用法及产生的原因、发展趋势等作了细致的分析，对毛南族语人称代词修饰名词、量词时的语序问题也作了详细阐述，等等。其他有关毛南语研究的材料散见于马学良的《汉藏语概论》（1991）、中央民族学院少数民族语言研究所第五研究室的《壮侗语族语言词汇集》（1985）、梁敏和张均如的《侗台语族概论》（1996）、广西壮族自治区地方志编纂委员会编写的《广西通志·少数民族语言志》（2000）等论著及与侗台语比较研究的一些论文中。

总的来说，毛南语的研究起步晚，研究成果少。

第三节 调 查 方 案

首先，笔者将本次调查大致分为以下几个阶段。

1. 准备材料阶段（2011.10～2011.11）

搜集调查资料，制订调查计划，设计调查表格及相关调查问卷。

2. 入户调查阶段（2011.11～2011.12）

深入各个乡村进行访谈，获得大量第一手资料；对收集的材料加工分类，规划出写作提纲。

3. 正文写作阶段（2011.12～2012.2）

在分析材料的基础上，认真核实数据，按照写作提纲写出初稿，提炼观点。

4. 补充调查阶段（2012.2～2012.3）

补充预料，对全书框架不适合的地方进行调整，保证观点的准确性。

5. 全书成稿阶段（2012.3～2012.4）

对文字加以修饰，统一体例，规范图表、注释、标点符号等问题，查找细节，仔细校对，最后设计封面，完成书稿。

其次，笔者以毛南族人"听""说"等基本技能为依据，将他们的本族语言能力分为三个等级——"熟练""略懂""不会"。标准分别是：

（1）"熟练"：能听懂毛南语，可以熟练地用毛南语进行日常生活的交流。

（2）"略懂"：能听懂毛南语，但是在进行交流时毛南语使用得不是很流利，或者是听和说的能力较差，日常生活用语兼用汉语或壮语。

（3）"不会"：对毛南语已经完全听不懂、不会说。

毛南语500词测试的语言能力划分为四个等级：A级为熟练，能熟练说出；B级为一般，表示思考后说出；C级为略懂，表示提示后能懂；D级为不会，听不懂也不会说。

再次，笔者根据语言习得的特点，本书将年龄段划分为6～12岁、13～19岁、20～59岁、60岁及60岁以上四个年龄段。由于6岁以下儿童（0～5岁）的语言能力不稳定，因此此次调查对象年龄划分在6岁（含6岁）以上。20～59岁的人语言使用稳定，使用本民族语言或是兼用其他语言的也都能清楚地知道自己的使用状况，该年龄段涵盖了中、青年两代人，60岁及60岁以上的具有老年的语言特点。

最后，此次所采用的调查方法主要为问卷式调查法，对毛南族聚居的下南乡和水源镇进行了以普遍调查为主、抽样调查等一系列调查为辅的综合调查。笔者对下南乡一些重点村的家庭、学校及政府机关等进行全面调查，以获得最新、最全、最准确的资料。在县、乡、村各级政府的大力配合下，笔者按乡政府所提供的户籍材料，把村民的姓名、性别、出生日期、家庭住址及文化程度等信息一一记录下来，然后通过入户调查、访问、问卷测试等方法摸清所有人的语言能力。

笔者曾多次前往环江毛南族自治县的下南、中南、上南等毛南族聚居地进行实地调查，使用"毛南语500词测试表"等对毛南族人的母语能力进行测试。此外，调查组分头前往政府机关、学校、个体商店、集市等进行调查，访问了乡镇干部、教师、公务人员、农民、学生等各阶层群体中的代表性人物。这些调查获得的成果以图、表、文字说明、叙述相结合的方式阐述。运用的研究方法以文献法、田野调查法为主，并综合了语言学、人类学、民族学、社会学等的知识和方法，通过图、表、个案陈述等对调查结果进行分析，力求得出科学的结论。

第二章 下南乡毛南族全民稳定使用毛南语情况及成因

本章主要根据调查组实地调查的材料，分析下南乡毛南语使用的现状，确定毛南语在毛南族社会生活中的活力，并进一步分析形成这种使用情况的各种因素。

第一节 下南乡毛南族全民稳定使用毛南语

调查组选取了下南乡1个社区和3个行政村的16个屯共1602人进行调查，分别统计了每个家庭及每位家庭成员的姓名、性别、民族、年龄、第一语言和兼语语言能力等信息，以考察不同村屯、不同代际（年龄段）、不同场合毛南语使用情况的异同。

通过调查，笔者可以将毛南语使用的基本特点归纳为以下三点：第一，毛南语是毛南族人日常生活中最重要的交际工具之一；第二，毛南语仍具有较强的活力，但在不同村屯、不同代际（年龄段）、不同场合的使用情况略有不同；第三，毛南语在下南乡毛南族少数地区、少数人中出现衰退的迹象。

根据下南乡毛南语使用的不同情况，笔者将调查的16个屯分成两种类型：一种是毛南语中心区类型，包括下南社区的东谈屯、松现屯、中里屯，中南村的三圩屯和波川村的东发屯、东贵屯、东旺屯、松发屯、松马屯、松仁屯、庭木屯，共11个屯，这一类型毛南语保存较好；另一种是毛南语边缘区类型，包括仪凤村的大屯、后沙屯、肯仇屯、内卯屯、三阳屯等5个屯，由于地理、经济等原因，这一类型的毛南语正在衰退。值得一提的是，毛南语边缘区处于水源镇、洛阳镇、川山镇三个壮族乡镇的包围之中，其地理特征与笔者对毛南语使用情况的分类是基本一致的。

一、毛南语中心区毛南语的使用情况

（一）总体分析

调查组随机抽取了下南社区、波川村和中南村的 11 个屯进行调查，调查对象是 6 岁以上、具有正常语言功能的人，有效调查人数为 854 人。具体情况如表 2-1 所示。

表 2-1　毛南语中心区 11 个屯毛南语使用情况表

调查点		样本量/人	熟练		略懂		不会	
			人数/人	比例/%	人数/人	比例/%	人数/人	比例/%
下南社区	东谈屯	74	74	100	0	0	0	0
	松现屯	99	96	97	3	3	0	0
	中里屯	148	146	98.6	2	1.4	0	0
中南村	三圩屯	10	10	100	0	0	0	0
波川村	东发屯	53	53	100	0	0	0	0
	东贵屯	73	72	98.6	1	1.4	0	0
	东旺屯	34	34	100	0	0	0	0
	松发屯	50	48	96	0	0	2	4.0
	松马屯	48	47	97.9	0	0	1	2.1
	松仁屯	160	160	100	0	0	0	0
	庭木屯	105	104	99	0	0	1	1
合计		854	844	98.8	6	0.7	4	0.5

1. 毛南语中心区毛南语的使用特点

从表 2-1 可以看出，毛南语中心区 11 个调查点的毛南语使用情况非常一致，主要表现在以下两个方面。

一是毛南语中心区各个调查点熟练使用毛南语的比例都很高，平均值是98.8%。其中，100%掌握毛南语的屯有 5 个（下南社区的东谈屯、中南村的三圩屯、波川村的东发屯、东旺屯和松仁屯），"熟练"级比例最低的松发屯也达到96%。这表明，在现阶段，毛南语中心区的毛南语仍保持着强大的生命力。在调查过程中笔者也观察到，在毛南语中心区，毛南语是居民最主要的交际工具，村民日常生活的交际基本依赖于毛南语。虽然他们多会说汉语，但在村里他们更愿意也更习惯使用毛南语进行交谈。调查对象用汉语同我们交谈，但一见到会说毛南语的人，他们之间就马上转用毛南语进行交谈，足见毛南语中心区人民稳定使用毛南语的普遍性，以及毛南语对维系毛南族人之间民族感情的重要作用。

二是毛南语中心区各个调查点毛南语水平"略懂"级和"不会"级的比例较低。"略懂"级的仅有6人，占调查总人数的0.7%，"不会"级的仅有4人，占调查总人数的0.5%。调查中笔者也发现，大部分外族媳妇或外族上门女婿（其中一部婚后民族成分改为毛南族）因为长期和毛南族人生活，也能够掌握并使用毛南语。

总的看来，毛南语中心区的毛南语使用情况较好，各村屯仍完好地保留了毛南语。

2. 对中心区毛南语水平"略懂"级者及"不会"级者的具体情况说明

调查数据显示，在毛南语中心区，毛南语水平属"略懂"级的共有6人，分别是下南社区松现屯的覃棋元、徐泽四、覃桂湘，下南社区中里屯的廖婧薇、黎利金和波川村东贵屯的玉丽团。他们家庭成员的基本情况如表2-2所示。

表2-2　毛南语水平属"略懂"级的6人家庭成员基本情况表

家庭关系	姓名	性别	民族	年龄/岁	文化程度	毛南语水平	备注
户主	覃素波	女	毛南	43	小学	熟练	—
丈夫	谭信科	男	毛南	43	小学	熟练	—
长女	覃瑶	女	毛南	22	初中	熟练	—
次女	覃玉瑶	女	毛南	20	初中	熟练	—
三女	覃仙瑶	女	毛南	18	中专在读	熟练	—
妹妹	覃素慈	女	毛南	40	初中	熟练	—
外甥女	覃棋元	女	毛南	20	大学在读	略懂	父母在环江毛南族自治县工作，出生在环江毛南族自治县，第一语言为汉语
户主	覃指定	女	毛南	62	小学	熟练	
丈夫	徐泽四	男	毛南	60	小学	略懂	上门女婿，广西平南县人，第一语言为汉语
儿子	覃寿喜	男	毛南	38	初中	熟练	—
户主	覃毅达	男	毛南	65	小学	熟练	—
妻子	谭红玉	女	毛南	63	小学	熟练	—
长子	覃志坚	男	毛南	39	初中	熟练	—
长女	覃月英	女	毛南	33	初中	熟练	—
次女	覃日新	女	毛南	32	初中	熟练	—
长孙女	覃桂湘	女	毛南	18	初中	略懂	第一语言为毛南语，12岁随母亲到湖南生活

续表

家庭关系	姓名	性别	民族	年龄/岁	文化程度	毛南语水平	备注
户主	谭学恒	男	毛南	37	初中	熟练	—
妻子	廖婧薇	女	壮	38	初中	略懂	广西凤山县人，第一语言为壮语
儿子	谭宇茜	男	毛南	11	小学在读	熟练	—
父亲	谭园伍	男	毛南	72	小学	熟练	—
母亲	谭花桂	女	毛南	62	小学	熟练	—
弟弟	谭学勋	男	毛南	35	初中	熟练	—
户主	谭炳耀	男	毛南	43	初中	熟练	—
妻子	黎利金	女	瑶	43	初中	略懂	广西川山镇人，第一语言为壮语
女儿	谭淑丹	女	毛南	21	初中	熟练	—
母亲	谭月勉	女	毛南	73	小学	熟练	—
户主	谭洪河	男	毛南	27	小学	熟练	—
母亲	谭善俭	女	毛南	55	小学	熟练	—
妻子	玉丽团	女	毛南	23	小学	略懂	广西川山镇人，第一语言为壮语

从表 2-2 可以看出，在毛南语中心区，毛南语水平属于"略懂"级的 6 人分为以下两种情况。

一种是本地人出生在外地或年少离家，失去了毛南语的语言环境，导致毛南语不熟练。例如，20 岁的覃棋元，其父母在环江毛南族自治县工作，其出生在环江毛南族自治县，虽然其母亲是毛南族人，但由于生活的地域没有毛南语的语言环境，她从小便说汉语方言（桂柳话），毛南语是从母亲那里听来的，十分有限，因而她的毛南语水平只能达到"略懂"级，即基本上能听懂、只会说几句简单的日常用语。又如，18 岁的谭桂湘，出生在族际婚姻家庭，其父谭志坚是毛南族人，毛南语水平为"熟练"级，其母为湖南人，汉族，谭桂湘出生在下南，第一语言是毛南语，但不熟练，他 12 岁时随母亲到湖南生活，失去毛南语的语言环境，毛南语水平没有进步。

另一种是从外地嫁来的媳妇或上门的女婿，他们不是本地人，第一语言也不是毛南语，多是结了婚到下南乡定居后才开始接触毛南语，他们当中有的人不愿意主动学习毛南语，有的人则是刚嫁来不久，接触毛南语时间不长，所以毛南语水平尚处于略懂阶段。除覃棋元和谭桂湘外的 4 位毛南语水平为"略懂"级的调查对象均属于这一类型。第一位是 60 岁的徐泽四，徐泽四是平南县人，原本不是毛南族，上门后改民族成分为毛南族，其第一语言是平南当地汉语方言（白话），到下南乡做上门女婿数十年，不愿意学习毛南语，平时以桂柳话作为交际工具，虽然他不愿意学习毛南语，但毕竟和毛南族人共同生活了数十年，已经基本能够听懂毛南语，毛南语水平为"略懂"级。第二位是 38 岁的廖倩薇，壮族，凤山县人，第一语言为壮语，嫁到下南乡后才开始接触毛南语，现在能够听懂毛南语，也能用毛南语进行简单的交流，但尚不流利，属于"略懂"级。第三位是 43 岁的黎利金，瑶族，川山镇人，第一语言为壮语，与廖倩薇的情况类似，黎利金也是嫁到下南乡后开始接触毛南语，现在能够听懂毛南语，也能用毛南语进行简单交流，但尚不熟练，仍属"略懂"级。最后一位是 23 岁的玉丽团，川山镇人，原来是壮族，嫁到下南乡后将民族成分改为毛南族，第一语言为壮语，与前三位调查对象一样，玉丽团也是嫁到下南乡后才开始接触毛南语，但她到下南乡时间不长，正在学习毛南语，现毛南语水平为"略懂"级。

值得一提的是，嫁到下南乡的外地媳妇或到下南乡上门的外地女婿基本上只需要 3~5 年的时间就能够掌握毛南语，这一点将在下文对家庭内部毛南语使用情况的描述中进行分析。

在毛南语中心区，毛南语水平属"不会"级的共有 4 人，分别是松发屯的覃钰兰、杨娟，松马屯的莫兰珍，庭木屯的覃婧。他们家庭成员的基本情况如表 2-3 所示。

表2-3　毛南语中心区毛南语水平属"不会"级的 4 人的家庭成员基本情况

家庭关系	姓名	性别	民族	年龄/岁	文化程度	毛南语水平	备注
户主	覃毅德	男	毛南族	42	初中	熟练	—
妻子	杨娟	女	汉族	38	初中	不会	贵州人，第一语言为当地汉语方言
长子	覃帅	男	毛南族	14	高中在读	熟练	—
长女	覃钰兰	女	毛南族	8	小学在读	不会	母亲为汉族，不会毛南语，本人生在广东，第一语言为汉语方言
户主	谭建恒	男	毛南族	29	初中	熟练	—
妻子	莫兰珍	女	汉族	31	初中	不会	玉林人，第一语言为当地汉语方言（白话）
户主	谭兰玉	女	毛南族	39	初中	熟练	—
长女	覃婧	女	毛南族	7	小学在读	不会	生在环江县，第一语言为汉语方言（桂柳话）

从表 2-3 可以看出，在毛南语中心区，毛南语水平属于"不会"级的调查对象有以下 4 人。

38 岁的杨娟和 8 岁的覃钰兰是一对母女。母亲杨娟是贵州人，汉族，第一语言为贵州省榕江县当地的汉语方言，结婚后长年在广东打工，很少回下南乡，不会说毛南语。女儿覃钰兰出生在广东，一直随母亲在广东生活，平时跟母亲用汉语交流，没有说毛南语的语言环境，所以不懂毛南语。另外，杨娟还有一个 14 岁的儿子覃帅，情况与覃钰兰不同，覃帅出生在下南乡，在下南乡的毛南语语言环境中成长，他的毛南语说得很流利，能熟练地使用毛南语进行交流。

第三位是 31 岁的莫兰珍。莫兰珍的情况与杨娟相似，莫兰珍是广西玉林人，汉族，第一语言是玉林当地的汉语方言（白话），婚后接触毛南语的时间不多，不会说毛南语。但莫兰珍的丈夫是毛南族人，并且毛南语的水平为"熟练"级，相信随着莫兰珍接触毛南语机会的增多和时间的增长，莫兰珍的毛南语水平一定会有进步。

第四位是 7 岁的覃婧。覃婧的情况与覃钰兰类似。覃婧的母亲是毛南族，但在环江毛南族自治县工作，覃婧出生在环江毛南族自治县，缺少毛南语的语言环境，从小就说汉语方言（桂柳话）。不过覃婧年龄较小，其母亲的毛南语水平为"熟练"级，可以推测，再过几年，多听母亲说毛南语，覃婧的毛南语水平应该能达到"略懂"级；如果覃婧将来回到下南乡求学，毛南语水平一定会有大幅提高。

3. 进一步说明

根据调查，笔者随机选取了毛南语中心区部分居民的语言使用情况（共 268 户 847 人）列入表 2-4。表 2-4 进一步显示毛南语中心区全民稳定使用毛南语的特点。

表 2-4 毛南语中心区部分居民的语言使用情况

姓名	性别	民族	年龄/岁	家庭关系	文化程度	第一语言	毛南语水平
谭善党	男	毛南	48	户主	小学	毛南语	熟练
谭柳云	女	毛南	37	妻子	小学	毛南语	熟练
谭贵恩	男	毛南	15	长子	初中在读	毛南语	熟练
谭顺勇	男	毛南	41	户主	初中	毛南语	熟练
谭正志	男	毛南	30	户主	初中	毛南语	熟练
谭金洋	男	毛南	78	父亲	小学	毛南语	熟练
谭雄资	女	毛南	41	姐姐	小学	毛南语	熟练

姓名	性别	民族	年龄/岁	家庭关系	文化程度	第一语言	毛南语水平
谭贵西	男	毛南	26	户主	初中	毛南语	熟练
谭永俊	男	毛南	54	父亲	小学	毛南语	熟练
谭希学	男	毛南	32	户主	初中	毛南语	熟练
谭素娟	女	毛南	27	妻子	初中	毛南语	熟练
谭荣正	男	毛南	46	户主	初中	毛南语	熟练
谭国家	男	毛南	39	户主	初中	毛南语	熟练
谭美圈	女	毛南	37	妹妹	小学	毛南语	熟练
谭安详	男	毛南	37	户主	小学	毛南语	熟练
谭安乐	男	毛南	53	哥哥	高中	毛南语	熟练
谭顺良	男	毛南	37	户主	初中	毛南语	熟练
谭建忠	男	毛南	71	父亲	小学	毛南语	熟练
谭顺强	男	毛南	44	户主	初中	毛南语	熟练
谭月草	女	毛南	69	母亲	小学	毛南语	熟练
谭国向	男	毛南	42	户主	小学	毛南语	熟练
谭凤解	男	毛南	77	父亲	小学	毛南语	熟练
谭国信	男	毛南	24	弟弟	小学	毛南语	熟练
谭善仕	男	毛南	46	户主	小学	毛南语	熟练
谭简虚	女	毛南	43	妻子	小学	毛南语	熟练
谭新梅	女	毛南	21	长女	初中	毛南语	熟练
谭贵堂	男	毛南	19	长子	高中在读	毛南语	熟练
谭花蕊	女	毛南	79	母亲	小学	毛南语	熟练
颜维江	男	毛南	38	户主	小学	毛南语	熟练
颜爱授	女	毛南	33	妻子	小学	毛南语	熟练
颜金溪	男	毛南	15	长子	初中在读	毛南语	熟练
颜爱姿	女	毛南	31	妹妹	小学	毛南语	熟练
谭健	男	毛南	26	户主	小学	毛南语	熟练
谭国报	男	毛南	34	哥哥	小学	毛南语	熟练
谭柳顺	女	毛南	33	姐姐	小学	毛南语	熟练
谭瑞希	男	毛南	52	户主	高中	毛南语	熟练
谭荣波	女	毛南	46	妻子	初中	毛南语	熟练
谭柳姣	女	毛南	25	长女	初中	毛南语	熟练

续表

姓名	性别	民族	年龄/岁	家庭关系	文化程度	第一语言	毛南语水平
谭昌奎	男	毛南	18	长子	初中	毛南语	熟练
谭生来	男	毛南	48	户主	小学	毛南语	熟练
谭永冠	男	毛南	42	户主	小学	毛南语	熟练
谭顺帆	女	毛南	33	妻子	小学	毛南语	熟练
谭梦晓	女	毛南	11	长女	小学在读	毛南语	熟练
谭永山	男	毛南	39	户主	小学	毛南语	熟练
谭贵东	男	毛南	27	户主	小学	毛南语	熟练
谭春红	女	毛南	28	妻子	初中	毛南语	熟练
谭国昌	男	毛南	50	户主	初中	毛南语	熟练
谭丽群	女	毛南	47	妻子	小学	毛南语	熟练
谭灵研	女	毛南	22	长女	初中	毛南语	熟练
谭灵知	女	毛南	19	次女	初中	毛南语	熟练
谭灵贵	女	毛南	19	三女	初中	毛南语	熟练
谭国光	男	毛南	41	户主	初中	毛南语	熟练
谭春苗	女	毛南	35	妻子	初中	毛南语	熟练
谭洪河	男	毛南	27	户主	小学	毛南语	熟练
玉丽团	女	毛南	23	妻子	小学	壮语	略懂
谭善俭	女	毛南	55	母亲	小学	毛南语	熟练
谭洪宇	男	毛南	33	户主	小学	毛南语	熟练
谭义忠	男	毛南	72	户主	小学	毛南语	熟练
谭美先	女	毛南	74	妻子	小学	毛南语	熟练
谭长征	男	毛南	41	儿子	小学	毛南语	熟练
谭泽敏	男	毛南	57	户主	小学	毛南语	熟练
谭兰善	女	毛南	57	妻子	小学	毛南语	熟练
谭长警	男	毛南	33	长子	小学	毛南语	熟练
谭顺耳	女	毛南	32	长女	小学	毛南语	熟练
谭顺凯	男	毛南	31	次子	初中	毛南语	熟练
谭嘉毅	男	毛南	30	三子	初中	毛南语	熟练
谭泽武	男	毛南	61	户主	小学	毛南语	熟练
谭长久	男	毛南	22	儿子	中专在读	毛南语	熟练
谭长记	男	毛南	40	户主	初中	毛南语	熟练

续表

姓名	性别	民族	年龄/岁	家庭关系	文化程度	第一语言	毛南语水平
谭爱她	女	毛南	60	母亲	小学	毛南语	熟练
谭长途	男	毛南	31	户主	小学	毛南语	熟练
谭月望	女	毛南	29	妻子	小学	毛南语	熟练
谭梦波	女	毛南	6	长女	学前班	毛南语	熟练
谭长真	男	毛南	61	户主	小学	毛南语	熟练
谭兰庆	女	毛南	58	妻子	小学	毛南语	熟练
谭月盼	女	毛南	32	长女	小学	毛南语	熟练
谭长江	男	毛南	28	女婿	初中	毛南语	熟练
谭洪郎	男	毛南	31	户主	小学	毛南语	熟练
谭月满	女	毛南	27	妻子	小学	毛南语	熟练
谭洪泉	男	毛南	33	户主	初中	毛南语	熟练
谭泽科	男	毛南	62	户主	小学	毛南语	熟练
谭爱华	女	毛南	62	妻子	小学	毛南语	熟练
谭长锐	男	毛南	34	次子	小学	毛南语	熟练
谭长利	男	毛南	30	三子	小学	毛南语	熟练
谭长英	男	毛南	27	四子	小学	毛南语	熟练
谭爱柳	女	毛南	42	户主	小学	毛南语	熟练
覃理情	男	毛南	23	长子	小学	毛南语	熟练
覃妹迈	女	毛南	19	女儿	小学	毛南语	熟练
谭恒展	男	毛南	30	户主	小学	毛南语	熟练
谭美圆	女	毛南	30	妻子	小学	毛南语	熟练
谭藤芳	男	毛南	56	户主	小学	毛南语	熟练
谭恒长	男	毛南	28	次子	小学	毛南语	熟练
谭海山	男	毛南	58	户主	小学	毛南语	熟练
谭爱梅	女	毛南	49	妻子	小学	毛南语	熟练
谭慧娜	女	毛南	26	长女	初中	毛南语	熟练
谭慧双	女	毛南	25	次女	初中	毛南语	熟练
谭慧良	男	毛南	23	长子	小学	毛南语	熟练
谭洪现	男	毛南	24	户主	小学	毛南语	熟练
谭泽会	男	毛南	61	户主	小学	毛南语	熟练
谭善胎	女	毛南	60	妻子	小学	毛南语	熟练

续表

姓名	性别	民族	年龄/岁	家庭关系	文化程度	第一语言	毛南语水平
谭长远	男	毛南	31	三子	小学	毛南语	熟练
谭玉成	男	毛南	63	户主	小学	毛南语	熟练
卢美玉	女	毛南	63	妻子	小学	毛南语	熟练
谭敏俊	男	毛南	28	长子	初中	毛南语	熟练
谭敏锐	男	毛南	24	次子	初中	毛南语	熟练
谭明刚	男	毛南	31	户主	初中	毛南语	熟练
谭金星	男	毛南	76	父亲	小学	毛南语	熟练
谭明照	男	毛南	42	户主	小学	毛南语	熟练
谭少青	女	毛南	43	妻子	小学	毛南语	熟练
谭玉纯	女	毛南	22	长女	初中	毛南语	熟练
谭健永	男	毛南	17	长子	中专在读	毛南语	熟练
谭天然	男	毛南	57	户主	小学	毛南语	熟练
谭兰归	女	毛南	55	妻子	小学	毛南语	熟练
谭华仕	男	毛南	27	儿子	初中	毛南语	熟练
谭英文	男	毛南	81	父亲	小学	毛南语	熟练
谭天则	男	毛南	47	弟弟	小学	毛南语	熟练
谭明权	男	毛南	29	户主	小学	毛南语	熟练
谭兰军	女	毛南	56	母亲	小学	毛南语	熟练
谭明起	男	毛南	30	哥哥	小学	毛南语	熟练
谭长春	男	毛南	45	户主	小学	毛南语	熟练
谭荣艳	女	毛南	41	妻子	小学	毛南语	熟练
谭利椒	女	毛南	13	女儿	初中在读	毛南语	熟练
谭泽观	男	毛南	59	户主	小学	毛南语	熟练
谭兰古	女	毛南	55	妻子	小学	毛南语	熟练
谭长谋	男	毛南	35	长子	小学	毛南语	熟练
谭长友	男	毛南	30	次子	小学	毛南语	熟练
谭依我	男	毛南	58	户主	初中	毛南语	熟练
谭冠冕	男	毛南	29	长子	初中	毛南语	熟练
谭利娟	女	毛南	25	长女	初中	毛南语	熟练
谭炳光	男	毛南	48	户主	初中	毛南语	熟练
谭活健	女	毛南	47	妻子	小学	毛南语	熟练

姓名	性别	民族	年龄/岁	家庭关系	文化程度	第一语言	毛南语水平
谭海澎	男	毛南	25	儿子	初中	毛南语	熟练
谭贵海	男	毛南	54	户主	小学	毛南语	熟练
谭爱儒	女	毛南	49	母亲	小学	毛南语	熟练
谭素桃	女	毛南	20	妹妹	初中	毛南语	熟练
颜金光	男	毛南	36	户主	初中	毛南语	熟练
谭凤	女	毛南	7	妻子	初中	毛南语	熟练
谭素远	女	毛南	28	妹妹	初中	毛南语	熟练
谭林书	男	毛南	42	户主	初中	毛南语	熟练
谭爱荣	女	毛南	78	母亲	小学	壮语	熟练
谭勋宝	男	毛南	49	户主	小学	毛南语	熟练
谭兰爱	女	毛南	46	妻子	小学	毛南语	熟练
谭良东	男	毛南	20	儿子	初中	毛南语	熟练
谭月新	女	毛南	48	户主	高中	毛南语	熟练
谭月利	女	毛南	74	母亲	没读书	毛南语	熟练
谭才现	女	毛南	40	妹妹	小学	毛南语	熟练
谭勋伟	男	毛南	37	弟弟	初中	毛南语	熟练
谭流水	女	毛南	32	弟媳	初中	毛南语	熟练
谭才钦	女	毛南	30	妹妹	小学	毛南语	熟练
谭继松	男	毛南	7	侄子	幼儿园在读	毛南语	熟练
谭英慈	男	毛南	44	户主	初中	毛南语	熟练
韦少妹	女	毛南	67	母亲	文盲	壮语	熟练
谭英宜	男	毛南	42	弟弟	初中	毛南语	熟练
谭英河	男	毛南	39	次弟	初中	毛南语	熟练
谭道希	男	毛南	69	户主	小学	毛南语	熟练
谭志明	男	毛南	36	长子	初中	毛南语	熟练
谭荣素	女	毛南	27	女儿	初中	毛南语	熟练
谭树梅	女	毛南	29	妻子	初中	毛南语	熟练
谭火炼	女	毛南	6	女儿	初中	毛南语	熟练
谭志高	男	毛南	33	户主	初中	毛南语	熟练
谭志强	男	毛南	31	户主	初中	毛南语	熟练
谭素怀	女	毛南	26	妻子	初中	毛南语	熟练

姓名	性别	民族	年龄/岁	家庭关系	文化程度	第一语言	毛南语水平
谭凤美	女	毛南	65	母亲	小学	毛南语	熟练
谭国安	男	毛南	48	户主	初中	毛南语	熟练
谭兰芳	女	毛南	44	妻子	初中	毛南语	熟练
谭枫楼	女	毛南	14	女儿	初中在读	毛南语	熟练
谭国繁	男	毛南	45	户主	小学	毛南语	熟练
谭爱庆	女	毛南	54	母亲	小学	毛南语	熟练
谭维琨	男	毛南	29	弟弟	中专	毛南语	熟练
谭玉红	女	毛南	31	弟媳	中专	毛南语	熟练
谭有恒	男	毛南	31	户主	初中	毛南语	熟练
罗芳秀	女	壮	32	妻子	初中	壮语	熟练
谭会韩	男	毛南	54	父亲	小学	毛南语	熟练
谭会昌	男	毛南	38	户主	小学	毛南语	熟练
莫美庄	女	毛南	32	妻子	小学	壮语	熟练
谭丽环	女	毛南	12	女儿	初中在读	毛南语	熟练
谭金壮	男	毛南	67	户主	小学	毛南语	熟练
谭会学	男	毛南	40	儿子	小学	毛南语	熟练
谭炳业	男	毛南	63	户主	初中	毛南语	熟练
谭爱月	女	毛南	64	妻子	小学	毛南语	熟练
谭建勋	男	毛南	33	儿子	初中	毛南语	熟练
谭素精	女	毛南	28	女儿	初中	毛南语	熟练
谭柳善	女	毛南	49	户主	初中	毛南语	熟练
谭丽媛	女	毛南	24	女儿	初中	毛南语	熟练
谭金对	女	毛南	64	户主	小学	毛南语	熟练
谭爱记	女	毛南	42	女儿	小学	毛南语	熟练
谭汉涛	男	毛南	20	儿子	初中	毛南语	熟练
谭丽蒙	女	毛南	15	孙女	初中在读	毛南语	熟练
谭合鲜	男	毛南	63	户主	小学	毛南语	熟练
谭兰桔	女	毛南	63	妻子	小学	毛南语	熟练
谭祖宏	男	毛南	41	长子	初中	毛南语	熟练
谭祖停	男	毛南	39	次子	初中	毛南语	熟练
谭建超	男	毛南	30	户主	初中	毛南语	熟练

续表

姓名	性别	民族	年龄/岁	家庭关系	文化程度	第一语言	毛南语水平
谭建敏	男	毛南	28	大弟弟	初中	毛南语	熟练
谭建山	男	毛南	26	次弟	初中	毛南语	熟练
谭秀林	男	毛南	55	户主	初中	毛南语	熟练
彭美令	女	毛南	48	妻子	初中	毛南语	熟练
谭孟吉	男	毛南	30	长子	初中	毛南语	熟练
谭孟黑	男	毛南	25	次子	初中	毛南语	熟练
谭华宾	女	毛南	29	户主	初中	毛南语	熟练
谭爱律	女	毛南	47	户主	小学	毛南语	熟练
谭优益	男	毛南	23	儿子	初中	毛南语	熟练
谭荣温	女	毛南	17	女儿	初中	毛南语	熟练
谭庭胜	男	毛南	45	户主	初中	毛南语	熟练
谭柳素	女	毛南	45	妻子	小学	毛南语	熟练
谭承额	男	毛南	22	长子	初中	毛南语	熟练
谭承厚	男	毛南	21	次子	初中	毛南语	熟练
谭荣伟	男	毛南	19	三子	初中	毛南语	熟练
谭良生	男	毛南	44	户主	初中	毛南语	熟练
谭阳健	男	毛南	50	户主	初中	毛南语	熟练
谭柳娟	女	毛南	45	妻子	小学	毛南语	熟练
谭美帅	女	毛南	25	长女	初中	毛南语	熟练
谭美双	女	毛南	21	次女	初中	毛南语	熟练
谭三群	男	毛南	43	户主	小学	毛南语	熟练
谭月爱	女	毛南	36	妻子	小学	毛南语	熟练
谭亿发	男	毛南	8	长子	小学在读	毛南语	熟练
谭会权	男	毛南	39	户主	初中	毛南语	熟练
谭秀敏	女	毛南	31	妻子	初中	毛南语	熟练
谭红熠	男	毛南	8	长子	小学在读	毛南语	熟练
梁秀英	女	毛南	80	母亲	小学	汉语	熟练
谭振昌	男	毛南	30	户主	小学	毛南语	熟练
卢丽梅	女	毛南	31	妻子	小学	毛南语	熟练
谭仁桂	男	毛南	35	户主	小学	毛南语	熟练
谭凤情	女	毛南	30	妻子	小学	毛南语	熟练

续表

姓名	性别	民族	年龄/岁	家庭关系	文化程度	第一语言	毛南语水平
谭淑雨	女	毛南	8	长女	小学在读	毛南语	熟练
谭郎懂	男	毛南	34	户主	小学	毛南语	熟练
谭郎情	男	毛南	32	弟弟	小学	毛南语	熟练
谭万福	男	毛南	37	户主	小学	毛南语	熟练
谭安树	男	毛南	32	弟弟	小学	毛南语	熟练
谭万岁	男	毛南	44	户主	初中	毛南语	熟练
谭壮幸	女	毛南	20	女儿	初中	毛南语	熟练
谭红波	男	毛南	14	儿子	初中在读	毛南语	熟练
谭伟林	男	毛南	50	户主	初中	毛南语	熟练
谭小柏	女	毛南	36	妻子	小学	毛南语	熟练
谭宏军	男	毛南	40	户主	初中	毛南语	熟练
谭子晨	男	毛南	12	儿子	中学在读	毛南语	熟练
谭爱儿	女	毛南	67	母亲	小学	毛南语	熟练
兰青美	男	毛南	62	户主	小学	毛南语	熟练
谭兵湖	男	毛南	35	户主	初中	毛南语	熟练
谭秀琴	女	毛南	33	妻子	初中	毛南语	熟练
谭舒杨	女	毛南	10	长女	小学在读	毛南语	熟练
谭永畅	男	毛南	43	户主	初中	毛南语	熟练
谭爱科	女	毛南	39	妻子	小学	毛南语	熟练
谭宏霞	女	毛南	18	女儿	初中	毛南语	熟练
谭健忠	男	毛南	36	户主	初中	毛南语	熟练
谭宣同	男	毛南	73	父亲	小学	毛南语	熟练
覃义林	男	毛南	47	户主	初中	毛南语	熟练
谭柳恒	女	毛南	45	妻子	初中	毛南语	熟练
谭钰红	女	毛南	16	女儿	初中	毛南语	熟练
覃凤熬	男	毛南	76	父亲	小学	毛南语	熟练
谭建华	男	毛南	45	户主	初中	毛南语	熟练
谭秀勤	女	毛南	41	妻子	小学	毛南语	熟练
谭承坤	女	毛南	20	女儿	初中	毛南语	熟练
谭承贤	男	毛南	16	儿子	初中	毛南语	熟练
谭扬大	男	毛南	46	户主	初中	毛南语	熟练

续表

姓名	性别	民族	年龄/岁	家庭关系	文化程度	第一语言	毛南语水平
谭忠山	男	毛南	77	父亲	小学	毛南语	熟练
谭扬癸	男	毛南	48	哥哥	小学	毛南语	熟练
兰章弟	男	毛南	54	户主	初中	毛南语	熟练
覃毅德	男	毛南	42	户主	初中	毛南语	熟练
杨娟	女	汉	38	妻子	初中	汉语	不会
覃钰兰	女	毛南	8	长女	小学在读	汉语	不会
覃帅	男	毛南	14	长子	高中在读	毛南语	熟练
谭建儿	男	毛南	54	户主	高中	毛南语	熟练
谭承松	男	毛南	28	次子	高中	毛南语	熟练
谭承盖	男	毛南	30	户主	高中	毛南语	熟练
谭爱军	女	毛南	49	母亲	小学	毛南语	熟练
谭学栋	男	毛南	44	户主	初中	毛南语	熟练
谭美川	女	毛南	39	妻子	小学	毛南语	熟练
谭敬枫	男	毛南	19	长子	中专	毛南语	熟练
谭敬晨	男	毛南	14	次子	初中	毛南语	熟练
谭胤干	男	毛南	42	户主	初中	毛南语	熟练
谭月片	女	毛南	38	妻子	小学	毛南语	熟练
谭林晓	女	毛南	15	女儿	初中在读	毛南语	熟练
谭维君	男	毛南	47	户主	初中	毛南语	熟练
谭义双	女	毛南	44	妻子	小学	毛南语	熟练
谭锦姐	女	毛南	21	女儿	大学在读	毛南语	熟练
谭宏果	男	毛南	19	儿子	中专在读	毛南语	熟练
谭建全	男	毛南	36	户主	小学	毛南语	熟练
谭春艳	女	毛南	33	妻子	小学	毛南语	熟练
谭江荣	女	毛南	12	女儿	初中	毛南语	熟练
谭建敏	男	毛南	32	户主	初中	毛南语	熟练
谭晓婷	女	毛南	32	妻子	初中	毛南语	熟练
谭秀	女	毛南	9	女儿	小学	毛南语	熟练
谭美东	女	毛南	59	户主	小学	毛南语	熟练
谭健康	男	毛南	36	长子	小学	毛南语	熟练
谭力源	男	毛南	53	户主	高中	毛南语	熟练

续表

姓名	性别	民族	年龄/岁	家庭关系	文化程度	第一语言	毛南语水平
谭丁仁	男	毛南	27	长子	初中	毛南语	熟练
谭丁志	男	毛南	25	户主	初中	毛南语	熟练
谭月暖	女	毛南	47	母亲	小学	毛南语	熟练
谭胤浓	男	毛南	38	户主	初中	毛南语	熟练
韦运江	女	毛南	72	母亲	初中	毛南语	熟练
谭政权	男	毛南	39	户主	小学	毛南语	熟练
谭纯厚	男	毛南	47	户主	小学	毛南语	熟练
谭纯伍	男	毛南	56	户主	小学	毛南语	熟练
谭坚单	女	毛南	49	妻子	小学	毛南语	熟练
谭境鸿	男	毛南	25	儿子	小学	毛南语	熟练
谭健超	男	毛南	40	户主	初中	毛南语	熟练
谭花蕊	女	毛南	83	母亲	小学	毛南语	熟练
谭应台	男	毛南	49	户主	高中	毛南语	熟练
覃美贞	女	毛南	44	妻子	初中	毛南语	熟练
谭宏征	男	毛南	24	长子	初中	毛南语	熟练
谭宏师	男	毛南	22	次子	高中	毛南语	熟练
卢运昌	男	毛南	64	户主	小学	毛南语	熟练
谭和绪	男	毛南	32	次子	小学	毛南语	熟练
谭和弟	男	毛南	24	三子	初中	毛南语	熟练
谭鸿安	男	毛南	28	户主	大学	毛南语	熟练
谭万福	男	毛南	59	户主	小学	毛南语	熟练
谭美居	女	毛南	59	妻子	小学	毛南语	熟练
谭鸿兵	男	毛南	33	长子	初中	毛南语	熟练
谭万生	男	毛南	49	户主	中专	毛南语	熟练
谭金爽	女	毛南	42	妻子	初中	毛南语	熟练
谭钰	女	毛南	18	长女	高中在读	毛南语	熟练
谭笑	女	毛南	15	次女	高中在读	毛南语	熟练
谭捷	男	毛南	11	长子	初中在读	毛南语	熟练
兰章乐	男	毛南	58	户主	小学	毛南语	熟练
谭美新	女	毛南	59	妻子	小学	毛南语	熟练
谭艳华	女	毛南	25	次女	初中	毛南语	熟练

续表

姓名	性别	民族	年龄/岁	家庭关系	文化程度	第一语言	毛南语水平
谭春华	女	毛南	22	三女	初中	毛南语	熟练
谭日山	男	毛南	61	户主	小学	毛南语	熟练
谭月江	女	毛南	52	妻子	小学	毛南语	熟练
谭健	男	毛南	30	长子	初中	毛南语	熟练
谭喜	男	毛南	24	次子	小学	毛南语	熟练
谭桂利	男	毛南	49	户主	小学	毛南语	熟练
梁丹	女	毛南	18	户主	初中	毛南语	熟练
谭俊	男	毛南	28	户主	初中	毛南语	熟练
谭华波	女	毛南	24	户主	初中	毛南语	熟练
卢林勇	男	毛南	28	丈夫	初中	毛南语	熟练
谭焕阳	男	毛南	56	父亲	高中	毛南语	熟练
谭健宁	男	毛南	34	哥哥	小学	毛南语	熟练
谭华勇	男	毛南	30	哥哥	小学	毛南语	熟练
谭建恒	男	毛南	29	户主	初中	毛南语	熟练
莫兰珍	女	汉	31	妻子	初中	汉语	不会
谭美略	女	毛南	55	户主	小学	毛南语	熟练
谭勇恩	男	毛南	33	长子	小学	毛南语	熟练
谭勇涵	男	毛南	24	次子	初中	毛南语	熟练
兰水仗	男	毛南	47	户主	高中	毛南语	熟练
谭月初	女	毛南	43	妻子	小学	毛南语	熟练
兰冠	男	毛南	23	长子	初中	毛南语	熟练
兰杰	男	毛南	19	次子	初中	毛南语	熟练
谭爱飞	女	毛南	64	户主	小学	毛南语	熟练
莫义松	男	毛南	36	长子	初中	毛南语	熟练
莫义政	男	毛南	27	次子	初中	毛南语	熟练
谭会谷	男	毛南	58	户主	文盲	毛南语	熟练
谭会洗	男	毛南	49	户主	初中	毛南语	熟练
覃红专	女	毛南	49	妻子	初中	毛南语	熟练
谭荣俊	男	毛南	26	长子	初中	毛南语	熟练
谭荣登	男	毛南	22	次子	初中	毛南语	熟练
谭金策	男	毛南	84	父亲	小学	毛南语	熟练

姓名	性别	民族	年龄/岁	家庭关系	文化程度	第一语言	毛南语水平
谭志宽	男	毛南	34	户主	小学	毛南语	熟练
谭环飞	女	毛南	66	母亲	小学	毛南语	熟练
谭志坚	男	毛南	39	户主	初中	毛南语	熟练
谭霞红	女	毛南	35	妻子	初中	毛南语	熟练
谭彪	男	毛南	13	长子	初中在读	毛南语	熟练
谭伟	男	毛南	6	次子	学前班	毛南语	熟练
谭金书	男	毛南	64	父亲	小学	毛南语	熟练
谭恩生	男	毛南	50	户主	初中	毛南语	熟练
覃素君	女	毛南	49	妻子	初中	毛南语	熟练
蒙灵飞	女	毛南	27	儿媳	初中	毛南语	熟练
谭海涛	女	毛南	25	户主	中专	毛南语	熟练
谭世华	男	毛南	42	户主	初中	毛南语	熟练
谭淑娟	女	毛南	36	妻子	初中	毛南语	熟练
谭荣升	男	毛南	16	儿子	初中在读	毛南语	熟练
谭凤星	女	毛南	6	女儿	小学在读	毛南语	熟练
谭指辉	男	毛南	62	父亲	小学	毛南语	熟练
谭月亮	女	毛南	60	母亲	文盲	毛南语	熟练
谭欢送	女	毛南	50	户主	初中	毛南语	熟练
谭流刚	男	毛南	30	长子	初中	毛南语	熟练
谭流猛	男	毛南	28	次子	初中	毛南语	熟练
谭美艳	女	毛南	26	次媳	初中	毛南语	熟练
谭流川	女	毛南	26	长女	初中	毛南语	熟练
谭氏	女	毛南	91	母亲	文盲	毛南语	熟练
谭长怀	男	毛南	41	户主	初中	毛南语	熟练
蒙月芸	女	毛南	38	妻子	初中	壮语	熟练
谭松	男	毛南	14	儿子	初中在读	毛南语	熟练
谭月朗	女	毛南	67	母亲	小学	毛南语	熟练
谭瑞杰	男	毛南	38	户主	初中	毛南语	熟练
谭柳川	女	毛南	34	妻子	初中	毛南语	熟练
谭贯力	男	毛南	8	儿子	小学在读	毛南语	熟练
谭掌杰	男	毛南	41	户主	初中	毛南语	熟练

姓名	性别	民族	年龄/岁	家庭关系	文化程度	第一语言	毛南语水平
谭锦祥	男	毛南	22	儿子	初中	毛南语	熟练
谭月足	女	毛南	70	母亲	小学	毛南语	熟练
谭志光	男	毛南	42	户主	初中	毛南语	熟练
谭美暖	女	毛南	42	妻子	初中	毛南语	熟练
谭孟维	男	毛南	22	长子	初中	毛南语	熟练
谭孟滔	男	毛南	12	次子	小学在读	毛南语	熟练
谭志文	男	毛南	40	户主	初中	毛南语	熟练
卢柳香	女	毛南	38	妻子	初中	毛南语	熟练
谭孟炼	女	毛南	15	长女	初中在读	毛南语	熟练
谭孟甲	男	毛南	6	长子	小学在读	毛南语	熟练
谭会学	男	毛南	62	户主	小学	毛南语	熟练
谭福恩	男	毛南	30	儿子	初中	毛南语	熟练
谭兰香	女	毛南	32	儿媳	初中	毛南语	熟练
谭会志	男	毛南	47	户主	初中	毛南语	熟练
罗素芳	女	毛南	46	妻子	初中	毛南语	熟练
谭翠香	女	毛南	23	次女	初中	毛南语	熟练
谭月英	女	毛南	80	母亲	文盲	毛南语	熟练
谭翠姿	女	毛南	28	户主	中专	毛南语	熟练
谭会合	男	毛南	55	户主	高中	毛南语	熟练
谭兰健	女	毛南	56	妻子	高中	毛南语	熟练
谭福俊	男	毛南	27	次子	初中	毛南语	熟练
谭翠苗	女	毛南	25	次女	初中	毛南语	熟练
谭恩广	男	毛南	41	户主	初中	毛南语	熟练
谭春和	女	毛南	40	妻子	初中	毛南语	熟练
谭海苏	女	毛南	20	长女	中专	毛南语	熟练
谭海温	女	毛南	14	次女	初中在读	毛南语	熟练
莫月快	女	毛南	38	户主	初中	壮语	熟练
覃华章	男	毛南	41	丈夫	初中	毛南语	熟练
覃燚炀	男	毛南	16	长子	初中	毛南语	熟练
覃燚源	男	毛南	8	次子	小学在读	毛南语	熟练
覃敏殿	女	毛南	38	户主	初中	毛南语	熟练

姓名	性别	民族	年龄/岁	家庭关系	文化程度	第一语言	毛南语水平
谭体康	男	毛南	38	丈夫	初中	毛南语	熟练
谭壮宁	男	毛南	14	长子	初中在读	毛南语	熟练
谭远宁	男	毛南	8	次子	小学在读	毛南语	熟练
谭花水	女	毛南	72	母亲	文盲	毛南语	熟练
谭灼旺	男	毛南	39	户主	初中	毛南语	熟练
谭亚接	女	毛南	42	妻子	初中	毛南语	熟练
谭东耀	男	毛南	16	长子	初中	毛南语	熟练
谭东吉	男	毛南	11	次子	小学在读	毛南语	熟练
谭恒宣	男	毛南	70	父亲	小学	毛南语	熟练
谭品旺	男	毛南	42	户主	初中	毛南语	熟练
蒙利沙	女	毛南	43	妻子	初中	毛南语	熟练
谭东晓	男	毛南	21	长子	初中	毛南语	熟练
谭东诚	男	毛南	15	次子	初中在读	毛南语	熟练
谭来妹	女	毛南	66	母亲	文盲	毛南语	熟练
覃杏香	女	毛南	47	户主	初中	毛南语	熟练
谭月底	女	毛南	76	母亲	文盲	毛南语	熟练
谭桂现	男	毛南	56	户主	小学	毛南语	熟练
蒙柳亚	女	毛南	49	妻子	初中	毛南语	熟练
谭晓科	男	毛南	24	长子	初中	毛南语	熟练
谭晓龙	男	毛南	22	次子	初中	毛南语	熟练
谭兰英	女	毛南	77	母亲	文盲	毛南语	熟练
谭金秀	女	毛南	55	户主	初中	毛南语	熟练
谭永泽	男	毛南	79	父亲	小学	毛南语	熟练
谭晓志	男	毛南	28	儿女	初中	毛南语	熟练
谭晓暖	女	毛南	26	女儿	初中	毛南语	熟练
谭民军	男	毛南	43	户主	初中	毛南语	熟练
谭晓东	女	毛南	9	女儿	小学在读	毛南语	熟练
莫兰玉	女	毛南	81	母亲	文盲	壮语	熟练
谭掌珠	男	毛南	45	户主	初中	毛南语	熟练
玉菊花	女	毛南	45	妻子	初中	壮语	熟练
谭知欣	女	毛南	22	长女	初中	毛南语	熟练

续表

姓名	性别	民族	年龄/岁	家庭关系	文化程度	第一语言	毛南语水平
谭知昀	女	毛南	19	次女	初中	毛南语	熟练
谭接军	男	毛南	45	户主	初中	毛南语	熟练
覃道索	女	毛南	45	妻子	初中	毛南语	熟练
谭利勤	女	毛南	22	长女	初中	毛南语	熟练
谭利潘	女	毛南	17	次女	初中	毛南语	熟练
谭建科	男	毛南	40	户主	初中	毛南语	熟练
谭欢词	女	毛南	39	妻子	初中	毛南语	熟练
谭江宁	男	毛南	18	长子	初中	毛南语	熟练
谭江华	男	毛南	9	次子	小学在读	毛南语	熟练
谭顺耿	男	毛南	72	父亲	文盲	毛南语	熟练
覃善荣	女	毛南	71	母亲	文盲	毛南语	熟练
谭顺友	男	毛南	41	户主	初中	毛南语	熟练
谭树留	女	毛南	41	妻子	初中	毛南语	熟练
谭大妹	女	毛南	73	母亲	文盲	毛南语	熟练
谭水旺	男	毛南	47	户主	初中	毛南语	熟练
谭柳华	女	毛南	47	妻子	初中	毛南语	熟练
谭东胜	男	毛南	25	长子	初中	毛南语	熟练
谭庆华	男	毛南	41	户主	初中	毛南语	熟练
覃美树	女	毛南	41	妻子	初中	毛南语	熟练
谭玉晨	女	毛南	22	长女	初中	毛南语	熟练
谭志康	男	毛南	42	户主	初中	毛南语	熟练
谭雅双	女	毛南	41	妻子	初中	毛南语	熟练
谭俏	女	毛南	14	长女	初中在读	毛南语	熟练
谭萍	女	毛南	9	次女	小学在读	毛南语	熟练
谭美丰	女	毛南	62	母亲	小学	毛南语	熟练
谭庆培	男	毛南	33	户主	初中	毛南语	熟练
谭善宽	女	毛南	31	妻子	初中	毛南语	熟练
谭晟	男	毛南	9	长子	小学在读	毛南语	熟练
谭爱花	女	毛南	69	母亲	文盲	毛南语	熟练
谭彦民	男	毛南	39	户主	初中	毛南语	熟练
谭雄玉	女	毛南	35	妻子	初中	毛南语	熟练

续表

姓名	性别	民族	年龄/岁	家庭关系	文化程度	第一语言	毛南语水平
谭娇娇	女	毛南	13	女儿	初中在读	毛南语	熟练
谭继新	男	毛南	30	户主	初中	毛南语	熟练
韦贤梅	女	壮	28	妻子	初中	壮语	熟练
谭浩	男	毛南	7	长子	小学在读	毛南语	熟练
谭会厚	男	毛南	66	父亲	初中	毛南语	熟练
谭月丝	女	毛南	64	母亲	文盲	毛南语	熟练
谭福生	女	毛南	31	妹妹	小学	毛南语	熟练
谭继承	男	毛南	36	户主	初中	毛南语	熟练
谭仁和	女	毛南	34	妻子	初中	毛南语	熟练
谭丽娟	女	毛南	12	女儿	小学在读	毛南语	熟练
谭希忠	男	毛南	45	户主	初中	毛南语	熟练
覃雪勤	女	毛南	44	妻子	初中	毛南语	熟练
谭东文	男	毛南	26	长子	初中	毛南语	熟练
谭东海	男	毛南	24	次子	初中	毛南语	熟练
谭花玩	女	毛南	73	母亲	文盲	毛南语	熟练
谭爱丰	女	毛南	57	户主	高中	毛南语	熟练
覃宜征	男	毛南	31	长子	初中	毛南语	熟练
覃宜罡	男	毛南	29	次子	初中	毛南语	熟练
覃宜彪	男	毛南	26	三子	初中	毛南语	熟练
谭浩松	男	毛南	25	户主	初中	毛南语	熟练
覃广妮	女	毛南	21	妻子	初中	毛南语	熟练
谭美玉	女	毛南	47	母亲	初中	毛南语	熟练
谭朋恩	男	毛南	37	户主	初中	毛南语	熟练
谭凤恩	女	毛南	36	妻子	初中	毛南语	熟练
谭梦谦	男	毛南	14	儿子	初中在读	毛南语	熟练
谭桂干	男	毛南	72	父亲	小学	毛南语	熟练
谭彩肥	女	毛南	62	母亲	文盲	毛南语	熟练
覃春欣	女	毛南	11	户主	小学在读	毛南语	熟练
覃兰双	女	毛南	59	户主	高中	毛南语	熟练
覃雪芬	女	毛南	28	女儿	大专	毛南语	熟练
覃友仙	女	毛南	39	户主	初中	毛南语	熟练

姓名	性别	民族	年龄/岁	家庭关系	文化程度	第一语言	毛南语水平
覃华女	女	毛南	60	户主	小学	毛南语	熟练
覃敏忠	男	毛南	31	长子	初中	毛南语	熟练
谭美全	女	毛南	31	长媳	初中	毛南语	熟练
覃敏宏	男	毛南	29	次子	初中	毛南语	熟练
莫安宇	男	毛南	28	户主	大专	毛南语	熟练
曾覃英	女	壮	29	妻子	大专	壮语	熟练
莫卫标	男	毛南	6	长子	小学在读	毛南语	熟练
覃美姿	女	毛南	54	户主	高中	毛南语	熟练
谭月章	女	毛南	78	母亲	小学	毛南语	熟练
覃素波	女	毛南	43	户主	小学	毛南语	熟练
谭信科	男	毛南	43	丈夫	小学	毛南语	熟练
覃瑶	女	毛南	22	长女	初中	毛南语	熟练
覃玉瑶	女	毛南	20	次女	初中	毛南语	熟练
覃仙瑶	女	毛南	18	三女	中专在读	毛南语	熟练
覃素慈	女	毛南	40	妹妹	初中	毛南语	熟练
覃棋元	女	毛南	20	外甥女	大学在读	汉语	略懂
覃永固	男	毛南	69	户主	小学	毛南语	熟练
覃铁梅	女	毛南	40	女儿	小学	毛南语	熟练
谭美胜	女	毛南	61	户主	小学	毛南语	熟练
覃兰妍	女	毛南	32	女儿	初中	毛南语	熟练
覃志安	男	毛南	30	长子	初中	毛南语	熟练
谭欢顺	女	毛南	31	长媳	初中	毛南语	熟练
谭兰香	女	毛南	69	户主	小学	毛南语	熟练
覃永昌	男	毛南	37	户主	高中	毛南语	熟练
覃春疆	男	毛南	35	户主	小学	毛南语	熟练
谭红双	女	毛南	35	妻子	初中	毛南语	熟练
覃想想	女	毛南	11	长女	小学在读	毛南语	熟练
覃素玲	女	毛南	66	户主	高中	毛南语	熟练
覃奶鲜	女	毛南	87	婆婆	小学	毛南语	熟练
谭兰花	女	毛南	42	户主	小学	毛南语	熟练
覃江西	男	毛南	22	长子	初中	毛南语	熟练

续表

姓名	性别	民族	年龄/岁	家庭关系	文化程度	第一语言	毛南语水平
覃江妹	女	毛南	19	女儿	初中	毛南语	熟练
覃月春	女	毛南	84	婆婆	小学	毛南语	熟练
覃玉梅	女	毛南	47	小姑子	初中	毛南语	熟练
覃玉红	女	毛南	40	小姑子	小学	毛南语	熟练
覃乾山	男	毛南	72	户主	初中	毛南语	熟练
谭花桃	女	毛南	62	户主	小学	毛南语	熟练
覃义能	男	毛南	36	长子	初中	毛南语	熟练
覃红霞	女	毛南	36	长媳	初中	毛南语	熟练
覃婉露	女	毛南	8	长孙女	小学在读	毛南语	熟练
覃路露	女	毛南	15	次孙女	初中在读	毛南语	熟练
覃秋委	女	毛南	28	户主	初中	毛南语	熟练
卢义能	男	毛南	34	丈夫	初中	毛南语	熟练
卢立萱	女	毛南	7	长女	小学在读	毛南语	熟练
覃指定	女	毛南	62	户主	小学	毛南语	熟练
徐泽四	男	毛南	60	丈夫	小学	汉语	略懂
覃寿喜	男	毛南	38	儿子	初中	毛南语	熟练
覃毅俊	男	毛南	56	户主	初中	毛南语	熟练
谭素群	女	毛南	53	妻子	初中	毛南语	熟练
覃火增	男	毛南	27	长子	初中	毛南语	熟练
覃丽冬	女	毛南	26	长女	初中	毛南语	熟练
覃向东	男	毛南	63	户主	高中	毛南语	熟练
谭兰会	女	毛南	62	户主	初中	毛南语	熟练
覃涛	男	毛南	33	长子	初中	毛南语	熟练
谭柳孩	女	毛南	30	长媳	初中	毛南语	熟练
覃崇文	男	毛南	11	长孙	小学在读	毛南语	熟练
覃永泽	男	毛南	43	户主	初中	毛南语	熟练
谭素霞	女	毛南	35	妻子	初中	毛南语	熟练
覃志栋	男	毛南	18	长子	大专	毛南语	熟练
覃春娱	女	毛南	6	长女	小学在读	毛南语	熟练
覃永造	男	毛南	40	户主	小学	毛南语	熟练
韦花蕊	女	毛南	38	妻子	小学	毛南语	熟练

续表

姓名	性别	民族	年龄/岁	家庭关系	文化程度	第一语言	毛南语水平
覃春娥	女	毛南	14	长女	初中在读	毛南语	熟练
覃春景	女	毛南	6	次女	小学在读	毛南语	熟练
覃毅达	男	毛南	65	户主	小学	毛南语	熟练
谭红玉	女	毛南	63	妻子	小学	毛南语	熟练
覃志坚	男	毛南	39	长子	初中	毛南语	熟练
覃月英	女	毛南	33	长女	初中	毛南语	熟练
覃日新	女	毛南	32	次女	初中	毛南语	熟练
覃桂湘	女	毛南	18	长孙女	初中	毛南语	略懂
覃毅山	男	毛南	54	户主	小学	毛南语	熟练
覃爱护	女	毛南	51	妻子	小学	毛南语	熟练
覃志岗	男	毛南	30	长子	初中	毛南语	熟练
覃子奉	女	毛南	26	长女	大专	毛南语	熟练
覃妈功	女	毛南	92	母亲	小学	毛南语	熟练
覃长利	男	毛南	65	户主	小学	毛南语	熟练
卢美枝	女	毛南	63	妻子	小学	毛南语	熟练
覃红雅	女	毛南	33	长女	小学	毛南语	熟练
谭长代	男	毛南	39	长婿	小学	毛南语	熟练
谭灿燕	女	毛南	11	长外孙女	小学在读	毛南语	熟练
莫天送	男	毛南	61	户主	初中	毛南语	熟练
谭兰志	女	毛南	61	妻子	小学	毛南语	熟练
莫丽花	女	毛南	37	长女	初中	毛南语	熟练
莫作义	男	毛南	35	户主	初中	毛南语	熟练
谭素妮	女	毛南	31	妻子	初中	毛南语	熟练
莫佳勇	男	毛南	13	长子	初中在读	毛南语	熟练
莫佳兴	男	毛南	6	次子	小学在读	毛南语	熟练
莫兴旺	男	毛南	6	三子	小学在读	毛南语	熟练
覃金贵	男	毛南	75	户主	小学	毛南语	熟练
覃黎辉	男	毛南	11	孙子	小学在读	毛南语	熟练
莫善来	男	毛南	67	户主	小学	毛南语	熟练
覃金厂	男	毛南	55	户主	小学	毛南语	熟练
谭兰依	女	毛南	55	妻子	小学	毛南语	熟练

续表

姓名	性别	民族	年龄/岁	家庭关系	文化程度	第一语言	毛南语水平
覃海福	男	毛南	30	长子	中专	毛南语	熟练
覃海仙	女	毛南	26	长女	初中	毛南语	熟练
韦月爱	女	毛南	65	户主	小学	壮语	熟练
谭金立	男	毛南	47	户主	初中	毛南语	熟练
谭淑望	女	毛南	47	妻子	初中	毛南语	熟练
谭良波	男	毛南	26	儿子	初中	毛南语	熟练
谭天维	男	毛南	74	父亲	小学	毛南语	熟练
谭素年	女	毛南	39	妹妹	初中	毛南语	熟练
谭俊聪	男	毛南	29	户主	初中	毛南语	熟练
韦清愿	女	毛南	29	妻子	初中	毛南语	熟练
谭侣姣	女	毛南	7	长女	小学在读	毛南语	熟练
谭英庆	男	毛南	59	户主	小学	毛南语	熟练
谭素香	女	毛南	30	长女	中专	毛南语	熟练
谭素妍	女	毛南	26	次女	初中	毛南语	熟练
谭长关	男	毛南	76	户主	小学	毛南语	熟练
谭连庆	女	毛南	78	妻子	小学	毛南语	熟练
谭志红	男	毛南	41	户主	初中	毛南语	熟练
谭壮妍	女	毛南	32	妻子	初中	毛南语	熟练
谭俊茂	男	毛南	37	户主	初中	毛南语	熟练
韦柳鲜	女	毛南	36	妻子	初中	毛南语	熟练
谭东森	男	毛南	14	长子	初中在读	毛南语	熟练
韦安荣	女	毛南	69	母亲	小学	毛南语	熟练
谭福置	男	毛南	75	户主	小学	毛南语	熟练
谭月右	女	毛南	73	妻子	小学	毛南语	熟练
谭金慈	男	毛南	39	儿子	初中	毛南语	熟练
谭荆介	男	毛南	37	户主	初中	毛南语	熟练
谭美谦	女	毛南	35	妻子	初中	毛南语	熟练
谭孟	男	毛南	14	长子	初中	毛南语	熟练
谭四妹	女	毛南	39	户主	初中	毛南语	熟练
谭孟乾	男	毛南	14	次子	初中在读	毛南语	熟练
谭会约	男	毛南	90	公公	小学	毛南语	熟练

续表

姓名	性别	民族	年龄/岁	家庭关系	文化程度	第一语言	毛南语水平
谭合教	男	毛南	53	户主	高中	毛南语	熟练
谭劝勉	女	毛南	48	妻子	初中	毛南语	熟练
谭兰玉	女	毛南	39	户主	初中	毛南语	熟练
覃婧	女	毛南	7	长女	小学在读	汉语	不会
谭妹寒	女	毛南	76	户主	小学	毛南语	熟练
谭壮兵	男	毛南	35	户主	初中	毛南语	熟练
谭孟勋	男	毛南	8	长子	小学在读	毛南语	熟练
谭柳荫	女	毛南	69	母亲	小学	毛南语	熟练
谭昌义	男	毛南	43	户主	初中	毛南语	熟练
谭方旗	女	毛南	41	妻子	初中	毛南语	熟练
韦金荣	女	毛南	70	母亲	小学	毛南语	熟练
谭涣滇	女	毛南	10	长女	小学在读	毛南语	熟练
谭承攀	男	毛南	38	户主	初中	毛南语	熟练
谭翠珍	女	毛南	36	妻子	初中	毛南语	熟练
谭承群	男	毛南	42	户主	初中	毛南语	熟练
谭小弟	男	毛南	12	儿子	初中在读	毛南语	熟练
谭秀英	女	毛南	75	母亲	小学	毛南语	熟练
谭殿群	男	毛南	48	户主	初中	毛南语	熟练
谭智	男	毛南	22	儿子	初中	毛南语	熟练
谭永福	男	毛南	52	户主	高中	毛南语	熟练
谭翠微	女	毛南	49	妻子	高中	毛南语	熟练
谭毅坚	男	毛南	27	儿子	中专	毛南语	熟练
谭亮甫	男	毛南	86	父亲	小学	毛南语	熟练
谭宏章	女	毛南	33	户主	初中	毛南语	熟练
谭茂贤	男	毛南	38	户主	初中	毛南语	熟练
谭春山	男	毛南	31	户主	初中	毛南语	熟练
谭庆年	女	毛南	32	妻子	初中	毛南语	熟练
谭锋浩	男	毛南	13	长子	初中在读	毛南语	熟练
谭万乐	男	毛南	62	父亲	小学	毛南语	熟练
韦双善	女	毛南	46	户主	初中	毛南语	熟练
谭晓光	男	毛南	25	儿子	初中	毛南语	熟练

续表

姓名	性别	民族	年龄/岁	家庭关系	文化程度	第一语言	毛南语水平
谭晓芬	女	毛南	21	女儿	初中	毛南语	熟练
谭仁仕	男	毛南	45	户主	初中	毛南语	熟练
谭云昌	女	毛南	46	妻子	初中	毛南语	熟练
谭甘英	男	毛南	23	次子	大学	毛南语	熟练
谭永康	男	毛南	39	户主	初中	毛南语	熟练
谭艳菊	女	毛南	37	妻子	初中	毛南语	熟练
谭彩调	女	毛南	70	母亲	小学	毛南语	熟练
谭仁和	男	毛南	49	户主	大学	毛南语	熟练
谭素荣	女	毛南	44	妻子	中专	毛南语	熟练
谭银俊	男	毛南	23	户主	大学	毛南语	熟练
谭人凤	女	毛南	18	妹妹	高中在读	毛南语	熟练
谭志杰	男	毛南	38	户主	初中	毛南语	熟练
谭艳玲	女	毛南	33	妻子	初中	毛南语	熟练
谭彩明	女	毛南	75	母亲	小学	毛南语	熟练
谭顺英	男	毛南	77	户主	小学	毛南语	熟练
谭英谋	男	毛南	47	户主	初中	毛南语	熟练
谭月腊	女	毛南	45	妻子	初中	毛南语	熟练
谭胜永	男	毛南	25	长子	初中	毛南语	熟练
谭湖泳	男	毛南	23	次子	初中	毛南语	熟练
莫长秋	男	毛南	63	户主	小学	壮语	熟练
谭美新	女	毛南	49	妻子	初中	毛南语	熟练
莫侣锫	女	毛南	29	长女	初中	毛南语	熟练
莫雪链	女	毛南	28	次女	初中	毛南语	熟练
谭有传	男	毛南	82	父亲	文盲	毛南语	熟练
谭进研	女	毛南	83	母亲	文盲	毛南语	熟练
谭瑞益	女	毛南	45	户主	初中	毛南语	熟练
谭澎	男	毛南	20	次子	高中在读	毛南语	熟练
谭凤柳	女	毛南	70	婆婆	初中	毛南语	熟练
谭怀军	男	毛南	44	户主	中专	毛南语	熟练
覃友仙	女	毛南	39	妻子	初中	毛南语	熟练
谭宛伊	女	毛南	18	长女	初中	毛南语	熟练

续表

姓名	性别	民族	年龄/岁	家庭关系	文化程度	第一语言	毛南语水平
谭子睿	男	毛南	9	长子	小学在读	毛南语	熟练
谭承睿	男	毛南	9	次子	小学在读	毛南语	熟练
谭爱轻	女	毛南	75	母亲	小学	毛南语	熟练
谭灵鲲	男	毛南	25	户主	中专	毛南语	熟练
谭净苗	女	毛南	28	姐姐	中专	毛南语	熟练
谭荣健	女	毛南	55	户主	高中	毛南语	熟练
谭怀恩	男	毛南	54	丈夫	大专	毛南语	熟练
谭翔鲲	男	毛南	25	次子	中专	毛南语	熟练
谭玉灿	女	毛南	47	户主	高中	毛南语	熟练
谭氏	女	毛南	84	母亲	文盲	毛南语	熟练
谭显珠	男	毛南	50	户主	初中	毛南语	熟练
谭义万	女	毛南	46	妻子	初中	毛南语	熟练
谭佩云	女	毛南	24	女儿	初中	毛南语	熟练
谭宿宇	男	毛南	21	儿子	初中	毛南语	熟练
谭海岸	男	毛南	34	户主	初中	毛南语	熟练
谭春凤	女	毛南	37	妻子	初中	毛南语	熟练
谭云莎	女	毛南	9	女儿	小学在读	毛南语	熟练
谭海福	男	毛南	36	户主	初中	毛南语	熟练
谭柳先	女	毛南	34	妻子	初中	毛南语	熟练
谭云桧	男	毛南	9	女儿	小学在读	毛南语	熟练
韦小玉	女	毛南	59	母亲	小学	毛南语	熟练
谭伟通	男	毛南	65	户主	高中	毛南语	熟练
卢志芬	女	毛南	59	妻子	小学	毛南语	熟练
谭庆康	男	毛南	36	长子	初中	毛南语	熟练
谭利姣	女	毛南	35	女儿	初中	毛南语	熟练
谭庆多	男	毛南	27	次子	初中	毛南语	熟练
谭壮明	男	毛南	44	户主	初中	毛南语	熟练
谭春兰	女	毛南	43	妻子	初中	毛南语	熟练
谭日幼	女	毛南	20	长女	高中在读	毛南语	熟练
谭日景	女	毛南	15	次女	初中在读	毛南语	熟练
谭三礼	男	毛南	71	父亲	小学	毛南语	熟练

续表

姓名	性别	民族	年龄/岁	家庭关系	文化程度	第一语言	毛南语水平
谭月会	女	毛南	70	母亲	小学	毛南语	熟练
谭学恒	男	毛南	37	户主	初中	毛南语	熟练
廖婧薇	女	壮	38	妻子	初中	壮语	略懂
谭宇茜	男	毛南	11	儿子	小学在读	毛南语	熟练
谭园伍	男	毛南	72	父亲	小学	毛南语	熟练
谭花桂	女	毛南	62	母亲	小学	毛南语	熟练
谭学勋	男	毛南	35	弟弟	初中	毛南语	熟练
谭云姿	女	毛南	46	户主	初中	毛南语	熟练
谭日晓	女	毛南	19	女儿	初中	毛南语	熟练
谭印杰	男	毛南	17	长子	初中在读	毛南语	熟练
谭成辉	男	毛南	57	户主	小学	毛南语	熟练
谭善逢	女	毛南	50	妻子	小学	毛南语	熟练
谭造庭	男	毛南	30	长子	高中	毛南语	熟练
谭造笋	男	毛南	28	次子	初中	毛南语	熟练
谭珍琪	女	毛南	7	孙女	小学在读	毛南语	熟练
谭活快	男	毛南	44	户主	初中	毛南语	熟练
谭兰东	女	毛南	41	妻子	初中	毛南语	熟练
谭文振	男	毛南	22	长子	高中	毛南语	熟练
谭文勇	男	毛南	19	次子	高中	毛南语	熟练
谭云财	男	毛南	76	父亲	高中	毛南语	熟练
谭培暖	女	毛南	70	母亲	小学	毛南语	熟练
谭海波	男	毛南	33	户主	初中	毛南语	熟练
谭树壮	男	毛南	62	父亲	小学	毛南语	熟练
谭美佳	女	毛南	58	母亲	初中	毛南语	熟练
谭海驰	男	毛南	31	户主	初中	毛南语	熟练
谭红飞	女	毛南	33	妻子	初中	毛南语	熟练
谭金熙	男	毛南	8	儿子	小学在读	毛南语	熟练
韦东明	男	毛南	45	户主	小学	毛南语	熟练
韦丽萍	女	毛南	20	女儿	初中	毛南语	熟练
韦富江	男	毛南	19	儿子	初中	毛南语	熟练
韦妈明	女	毛南	87	母亲	小学	毛南语	熟练

续表

姓名	性别	民族	年龄/岁	家庭关系	文化程度	第一语言	毛南语水平
谭维周	男	毛南	58	户主	小学	毛南语	熟练
谭爱侣	女	毛南	47	妻子	小学	毛南语	熟练
谭利群	女	毛南	26	女儿	初中	毛南语	熟练
谭朋浩	男	毛南	25	儿子	初中	毛南语	熟练
谭鹏翔	男	毛南	31	户主	初中	毛南语	熟练
谭彩连	女	毛南	29	妻子	初中	毛南语	熟练
谭卫东	男	毛南	61	户主	高中	毛南语	熟练
谭红艳	女	毛南	58	妻子	小学	毛南语	熟练
谭鹏赞	男	毛南	33	长子	初中	毛南语	熟练
谭梅丹	女	毛南	29	女儿	初中	毛南语	熟练
谭祖捷	男	毛南	7	孙子	小学在读	毛南语	熟练
谭活鲁	男	毛南	46	户主	初中	毛南语	熟练
谭续川	女	毛南	42	妻子	初中	毛南语	熟练
谭文渊	女	毛南	12	女儿	小学在读	毛南语	熟练
谭福强	男	毛南	38	户主	高中	毛南语	熟练
谭丽云	女	毛南	38	妻子	初中	毛南语	熟练
谭锦锐	男	毛南	12	长子	初中在读	毛南语	熟练
谭锦雄	男	毛南	7	次子	学前	毛南语	熟练
谭爱由	女	毛南	63	母亲	小学	毛南语	熟练
谭活当	男	毛南	41	户主	初中	毛南语	熟练
谭瑞红	女	毛南	32	妻子	小学	毛南语	熟练
谭文归	男	毛南	6	次子	学前	毛南语	熟练
谭文召	男	毛南	8	长子	学前	毛南语	熟练
谭德生	男	毛南	49	户主	初中	毛南语	熟练
覃美伦	女	毛南	40	妻子	初中	毛南语	熟练
谭金龙	男	毛南	23	儿子	初中	毛南语	熟练
谭侣昆	女	毛南	81	母亲	小学	毛南语	熟练
谭淑芬	女	毛南	46	妹妹	小学	毛南语	熟练
卢爱暖	女	毛南	32	户主	初中	毛南语	熟练
谭金帅	男	毛南	12	长子	初中在读	毛南语	熟练
谭雪梅	女	毛南	6	女儿	小学在读	毛南语	熟练

姓名	性别	民族	年龄/岁	家庭关系	文化程度	第一语言	毛南语水平
谭优良	男	毛南	44	户主	初中	毛南语	熟练
谭柳钦	女	毛南	45	妻子	初中	毛南语	熟练
谭贵鹏	男	毛南	21	儿子	初中	毛南语	熟练
谭贵珍	女	毛南	13	女儿	初中在读	毛南语	熟练
谭玉昌	男	毛南	68	户主	小学	毛南语	熟练
谭兰英	女	毛南	69	妻子	小学	毛南语	熟练
谭柳姿	女	毛南	46	女儿	高中	毛南语	熟练
谭俊仕	男	毛南	35	户主	初中	毛南语	熟练
韦初园	男	毛南	55	户主	小学	毛南语	熟练
兰花泉	女	毛南	57	妻子	小学	毛南语	熟练
韦利争	女	毛南	33	女儿	初中	毛南语	熟练
韦道纯	男	毛南	31	长子	初中	毛南语	熟练
谭炳耀	男	毛南	43	户主	初中	毛南语	熟练
黎利金	女	瑶	43	妻子	初中	壮语	略懂
谭淑丹	女	毛南	21	女儿	初中	毛南语	熟练
谭月勉	女	毛南	73	母亲	小学	毛南语	熟练
谭俊宁	男	毛南	41	户主	大学	毛南语	熟练
谭桂女	女	毛南	68	母亲	小学	毛南语	熟练
谭俊山	男	毛南	38	户主	初中	毛南语	熟练
谭柳家	女	毛南	37	妻子	初中	毛南语	熟练
谭俊国	男	毛南	40	户主	初中	毛南语	熟练
谭美凤	女	毛南	33	妻子	初中	毛南语	熟练
谭东扬	男	毛南	12	长子	初中在读	毛南语	熟练
谭东海	男	毛南	7	次子	小学在读	毛南语	熟练
谭月蕉	女	毛南	72	母亲	小学	毛南语	熟练
覃花开	女	毛南	67	户主	小学	毛南语	熟练
谭俊良	男	毛南	40	儿子	初中	毛南语	熟练
谭钧尹	女	毛南	16	孙女	初中在读	毛南语	熟练
谭俊咸	男	毛南	33	户主	初中	毛南语	熟练
蒙丽香	女	毛南	32	妻子	初中	毛南语	熟练
谭蒙玲	女	毛南	9	长女	小学在读	毛南语	熟练
谭炳厚	男	毛南	43	户主	初中	毛南语	熟练

姓名	性别	民族	年龄/岁	家庭关系	文化程度	第一语言	毛南语水平
谭兰想	女	毛南	44	妻子	初中	毛南语	熟练
谭顺谦	男	毛南	21	长子	初中	毛南语	熟练
谭桂谦	男	毛南	15	次子	初中	毛南语	熟练
谭俊益	男	毛南	37	户主	初中	毛南语	熟练
谭爱研	女	毛南	41	妻子	初中	毛南语	熟练
谭瑞金	女	毛南	13	长女	小学在读	毛南语	熟练
谭瑞荣	女	毛南	8	次女	小学在读	毛南语	熟练
谭占希	男	毛南	82	父亲	小学	毛南语	熟练
谭俊奎	男	毛南	44	户主	初中	毛南语	熟练
谭安心	女	毛南	56	户主	初中	毛南语	熟练
谭嘉乐	男	毛南	30	长子	初中	毛南语	熟练
谭丽桃	女	毛南	27	次女	初中	毛南语	熟练
韦连英	女	毛南	48	户主	初中	毛南语	熟练
谭小艳	女	毛南	23	长女	初中	毛南语	熟练
谭三政	男	毛南	59	户主	小学	毛南语	熟练
谭兰美	女	毛南	59	妻子	小学	毛南语	熟练
谭红院	女	毛南	27	女儿	初中	毛南语	熟练
谭长伟	男	毛南	33	女婿	初中	毛南语	熟练
谭福健	男	毛南	32	户主	初中	毛南语	熟练
谭振群	女	毛南	33	妻子	初中	毛南语	熟练
谭钰聪	男	毛南	7	长子	小学在读	毛南语	熟练
谭帮达	男	毛南	77	父亲	小学	毛南语	熟练
谭炳焕	男	毛南	46	户主	初中	毛南语	熟练
谭水运	女	毛南	45	妻子	初中	毛南语	熟练
谭学敏	女	毛南	28	女儿	初中	毛南语	熟练
谭学坚	男	毛南	25	儿子	初中	毛南语	熟练
谭月英	女	毛南	76	母亲	小学	毛南语	熟练
谭道立	男	毛南	57	户主	初中	毛南语	熟练
谭泉涌	女	毛南	49	妻子	初中	毛南语	熟练
谭江南	男	毛南	28	儿子	初中	毛南语	熟练
谭玉朵	男	毛南	75	户主	小学	毛南语	熟练
谭月辉	女	毛南	72	妻子	小学	毛南语	熟练
谭精汉	男	毛南	34	儿子	初中	毛南语	熟练

关于表 2-4 的说明：

（1）一些出外打工、工作及求学的村民，仍能保留毛南语的熟练水平。在下南乡，多数家庭的男主人都有过外出谋生的经历，主要在广东、贵州、柳州等地打工或做生意，有一些则在环江毛南族自治县县城工作，虽然长期在外读书、工作，他们仍能保持自己第一语言的熟练。例如，谭金立、谭淑望夫妇俩，都曾在柳州打工；谭福置、谭金慈父子俩曾到贵州、广东打工；谭银俊在北京读大学，每年只有寒暑假能回家；谭湖泳曾在部队服役，难得回一次家。虽然他们在外谋生没有机会说毛南语，刚回家时说毛南语有些力不从心，但只需要一周左右的时间，他们就能够恢复原有的毛南语水平。

（2）族际婚姻家庭的语言使用情况存在一些差异。笔者在毛南语中心区调查的 268 户中，共有 22 户族际婚姻家庭，占中心区调查总户数的 8.2%。在 22 位外族媳妇或上门女婿中，除 1 位瑶族媳妇黎利金和 4 位汉族人梁秀英、杨娟、莫兰珍、徐泽四外，其余 17 位为壮族人（玉丽团、谭爱荣、韦少妹、罗芳秀、莫美庄、蒙月芸、莫月快、莫兰玉、玉菊花、韦贤梅、谭美全、曾覃英、韦月爱、谭妹寒、韦金荣、莫长秋、廖婧薇）。22 人中的 15 人婚后将民族成分改为毛南族。在这22 位非毛南族人中，玉丽团、徐泽四、廖婧薇、黎利金 4 人毛南语水平为"略懂"级，杨娟、莫兰珍 2 人毛南语水平为"不会"级，其余 16 人为"熟练级"。在这些族际婚姻家庭中，只有杨娟的女儿覃钰兰不会听也不会说毛南语，原因在于杨娟不会说毛南语，覃钰兰又出生、成长在广东，没有毛南语的语言环境。在外族媳妇或外族女婿已经能够熟练使用毛南语的族际婚姻家庭中，家庭成员之间完全用毛南语进行交流，他们的子女毛南语水平也都是"熟练"级。除杨娟外，其他外族媳妇或外族女婿毛南语水平欠佳的族际婚姻家庭中，虽然外族媳妇或外族女婿说汉语或壮语，但其他家庭成员之间交流仍说毛南语，因为他们子女的毛南语掌握得也都很熟练。

（二）不同年龄段的毛南语使用情况

笔者将毛南语中心区调查对象分 6～12 岁、13～19 岁、20～59 岁、60 岁及60 岁以上四个年龄段进行了考察，他们毛南语能力的具体情况如表 2-5～表 2-9所示。

1. 60 岁及 60 岁以上

表 2-5　60 岁及 60 岁以上的调查对象的毛南语能力情况表

调查点		样本量/人	熟练		略懂		不会	
			人数/人	比例/%	人数/人	比例/%	人数/人	比例/%
下南社区	东谈屯	11	11	100	0	0	0	0
	松现屯	23	22	95.7	1	4.3	0	0
	中里屯	23	23	100	0	0	0	0
中南村	三圩屯	3	3	100	0	0	0	0
波川村	东发屯	5	5	100	0	0	0	0
	东贵屯	13	13	100	0	0	0	0
	东旺屯	1	1	100	0	0	0	0
	松发屯	4	4	100	0	0	0	0
	松马屯	3	3	100	0	0	0	0
	松仁屯	28	28	100	0	0	0	0
	庭木屯	23	23	100	0	0	0	0
合计		137	136	99.3	1	0.7	0	0

从表 2-5 可以看出，在毛南语中心区，60 岁及 60 岁以上这一年龄段调查对象的毛南语水平的特点是：99.3%的调查对象的毛南语水平是"熟练"级，是 4 个年龄段中比例最高的，这说明该年龄段绝大多数人能说流利的毛南语；"不会"级人数为 0 人，说明该年龄段所有的调查对象均能听懂毛南语；有且仅有 1 人的毛南语水平为"略懂"级，即只有 1 人会听却不会说毛南语，仅占调查对象总数的 0.7%。

而这唯一不会说毛南语的调查对象是松现屯的徐泽四。徐泽四是上门女婿，上门后不愿意学习毛南语，在另外 136 名调查对象中，也不乏第一语言不是毛南语的外地媳妇和上门女婿（表 2-6），但他们全部都学会了毛南语，并能熟练使用，因此，我们可以推测，如果徐泽四没有主观排斥学习毛南语的话，他现在应该也能够熟练使用毛南语了。可以说，在毛南语中心区，60 岁及 60 岁以上的老人基本都能熟练使用毛南语。

表 2-6　60 岁以上的调查对象中第一语言不是毛南语的外地媳妇和上门女婿情况表

姓名	性别	民族	年龄/岁	文化程度	第一语言及水平	第二语言及水平	备注
梁秀英	女	毛南	80	小学	汉语，熟练	毛南语，熟练	桂林嫁人
莫兰玉	女	毛南	81	文盲	壮语，熟练	毛南语，熟练	原为壮族，嫁入后改民族成分为毛南族
韦月爱	女	毛南	65	小学	壮语，熟练	毛南语，熟练	南丹嫁人
韦金荣	女	毛南	70	小学	壮语，熟练	毛南语，熟练	川山嫁人
莫长秋	男	毛南	63	小学	壮语，熟练	毛南语，熟练	川山上门
谭爱荣	女	毛南	78	小学	壮语，熟练	毛南语，熟练	水源嫁人
韦少妹	女	毛南	67	文盲	壮语，熟练	毛南语，熟练	川山嫁人

值得一提的是，在毛南语中心区 60 岁及 60 岁以上的老人中，60%以上会说壮语，95%以上能听懂壮语，只有不到 5%的老人完全不懂壮语，这主要是因为过去下南乡经济不发达，村民需要到附近的壮族乡镇赶圩，需要用壮语与附近的壮族人交流，因此必须学习壮语，这一现象将在本书第三章进行详细分析。

2. 20～59 岁

表 2-7　20～59 岁的调查对象的毛南语能力情况表

调查点		样本量/人	熟练		略懂		不会	
			人数/人	比例/%	人数/人	比例/%	人数/人	比例/%
下南社区	东谈屯	57	57	100	0	0	0	0
	松现屯	57	56	98.2	1	1.8	0	0
	中里屯	98	96	98	2	2	0	0
中南村	三圩屯	5	5	100	0	0	0	0
波川村	东发屯	41	41	100	0	0	0	0
	东贵屯	56	55	98.2	1	1.8	0	0
	东旺屯	27	27	100	0	0	0	0
	松发屯	35	34	97.1	0	0	1	2.9
	松马屯	40	39	97.5	0	0	1	2.5
	松仁屯	103	103	100	0	0	0	0
	庭木屯	67	67	100	0	0	0	0
合计		586	580	99	4	0.7	2	0.3

从表 2-7 可以看出，在毛南语中心区，20～59 岁这一年龄段调查对象的毛南语水平特点是："熟练"级、"略懂"级和"不会"级的比例均在 4 个年龄段中处于中高地位。其中，毛南语水平为"略懂"级的 4 位调查对象分别是：松现屯的覃棋元、中里屯的廖婧薇和黎利金、东贵屯的玉丽团，毛南语水平为"不会"级的 2 位调查对象是松发屯的杨娟和松马屯的莫兰珍，6 名调查对象的具体情况已在本章开头做过分析，这里不再赘述。综合来看，6 人中有 5 人为外地媳妇，第一语言都不是毛南语，都是嫁到下南乡之后才开始接触毛南语的，这些都是她们毛南语水平不高的原因，而唯一的"本地人"覃棋元也并不是在下南乡出生、成长的，因此可以说，20～59 岁这个年龄段长期生活在下南乡毛南语中心区的村民几乎都能够熟练使用毛南语，毛南语在这一年龄段保留得相当好。

3. 13～19 岁

表 2-8 　13～19 岁的调查对象的毛南语能力情况表

调查点		样本量/人	熟练		略懂		不会	
			人数/人	比例/%	人数/人	比例/%	人数/人	比例/%
下南社区	东谈屯	2	2	100	0	0	0	0
	松现屯	7	6	85.7	1	14.3	0	0
	中里屯	9	9	100	0	0	0	0
中南村	三圩屯	0	0	100	0	0	0	0
波川村	东发屯	6	6	100	0	0	0	0
	东贵屯	3	3	100	0	0	0	0
	东旺屯	3	3	100	0	0	0	0
	松发屯	8	8	100	0	0	0	0
	松马屯	4	4	100	0	0	0	0
	松仁屯	15	15	100	0	0	0	0
	庭木屯	7	7	100	0	0	0	0
合计		64	63	98.4	1	1.6	0	0

从表 2-8 可以看出，在毛南语中心区，13～19 岁这一年龄段调查对象的毛南语水平特点是："熟练"级的比例是 4 个年龄段中处于中低地位的，"略懂"级的比例在 4 个年龄段中处于中高地位，没有"不会"级者，这说明 13～19 岁的少年都

能听懂毛南语，基本都会说毛南语。

在这个年龄段的调查对象中，唯一不能熟练使用毛南语的是松现屯 18 岁的覃桂湘，她毛南语水平为"略懂"级的原因也是她离开下南乡，失去毛南语的语言环境（详见本书第六章）。而她离开下南乡时大约 12 岁，也就是说，12 岁时，覃桂湘的毛南语水平至少是"略懂"级。除覃桂湘外，这个年龄段的调查对象全部都能熟练使用毛南语。他们当中既有来自族内婚姻家庭的孩子，也有来自族际婚姻家庭的孩子，但他们都出生、成长在下南乡的毛南语语言环境中，他们的第一语言都是毛南语，并且都能够熟练使用毛南语。

4. 6～12 岁

表 2-9　6～12 岁的调查对象的毛南语能力情况表

调查点		样本量/人	熟练		略懂		不会	
			人数/人	比例/%	人数/人	比例/%	人数/人	比例/%
下南社区	东谈屯	4	4	100	0	0	0	0
	松现屯	12	12	100	0	0	0	0
	中里屯	18	18	100	0	0	0	0
中南村	三圩屯	2	2	100	0	0	0	0
波川村	东发屯	1	1	100	0	0	0	0
	东贵屯	1	1	100	0	0	0	0
	东旺屯	3	3	100	0	0	0	0
	松发屯	3	2	66.7	0	0	1	33.3
	松马屯	1	1	100	0	0	0	0
	松仁屯	14	14	100	0	0	0	0
	庭木屯	8	7	87.5	0	0	1	12.5
合计		67	65	97	0	0	2	3

从表 2-9 可以看出，在毛南语中心区，6～12 岁这一年龄段调查对象毛南语水平的特点是："熟练"级的比例是 4 个年龄段中最低的，"不会"级的比例是 4 个年龄段中最高的，而调查对象中这个年龄段没有"略懂"级者，要么不会，要么熟练，这说明 6～12 岁这个年龄段的调查对象的毛南语水平呈两极分化趋势。

毛南语水平为"不会"级的两人为松发屯的覃钰兰和庭木屯的覃婧，两名调查对象均出生在外地，其他调查对象均在下南乡出生、成长，可见，语言环境对语言习得具有十分重要的作用。而覃钰兰出生在族际婚姻家庭，其母杨娟也不会说毛南语，在家庭生活中不能给覃婧提供完整的毛南语习得环境，因而覃婧的第一语言是汉语，而不会说毛南语（详见本书第六章）。在 6～12 岁这个年龄段的调查对象中，覃婧并不是唯一一个来自族际婚姻家庭的孩子，如三圩屯 12 岁的谭子晨，其父亲是毛南族，第一语言是毛南语，母亲来自湖南，是汉族，第一语言是汉语，现在谭子晨在家和父母说普通话，但他从小生活在下南乡这个毛南语的语言环境中，与同学和父亲一方的亲戚均使用毛南语进行交流，他的第一语言仍是毛南语，现在其毛南语水平为"熟练"级。这说明族际婚姻虽然对下一代学习毛南语有负面影响，但并不是孩子不会毛南语的根本原因；孩子不会毛南语的根本原因仍是缺少毛南语的语言环境。

5. 小结

综上所述，4 个不同年龄段的毛南语使用情况可以归纳为以下几点。

（1）毛南语中心区不同年龄段人之间的毛南语使用情况差异不大。在各个年龄段中，熟练使用毛南语的比例都很高，最高的是 60 岁及 60 岁以上年龄段，毛南语"熟练"级比例达 99.3%；最低的是 6～12 岁年龄段，毛南语"熟练"级比例为 97%。这说明，毛南语中心区的居民都能较好地掌握毛南语，尤其是年长者，毛南语掌握得很好。

（2）毛南语中心区的毛南语使用没有呈现出明显的代际性特征，也就是说，毛南语水平的高低与年龄大小没有关系。虽然 4 个年龄段毛南语"熟练"级比例与年龄呈正相关，但经过仔细分析后，笔者发现，毛南语水平为"略懂"级或"不会"级的，均有在外地长期生活的经历，具体地说，即他们是出生、成长于外地的青少年和外地嫁入的媳妇或外地来上门的女婿。由此可见，长期生活在毛南语中心区居民都能熟练使用毛南语。

（3）从历史和现阶段的情况来看，族际婚姻对毛南语中心区青少年的毛南语习得有一定影响，但其力量不足以造成毛南族中心区出现语言转用或语言断层。在青少年的成长过程中，他们通过社会途径可以习得熟练的毛南语。

（4）20～59 岁和 60 岁及 60 岁以上年龄段的外族人的毛南语水平，能由"不会"级逐渐过渡到"略懂"级，直至"熟练"级，这说明现阶段毛南语在下南乡的毛南语中心区仍然是强势语言，外族人要想在这里定居生活，就必须学会毛南语，也能够学会。虽然汉语和壮语在交际中有着重要的作用，但目前还不能替代毛南语在毛南语中心区居民日常生活中的主导地位。

（三）不同场合的毛南语使用情况

在下南乡毛南语中心区，在各种不同的场合都能听到村民们熟练使用毛南语进行日常交际。而毛南语中心区居民对汉语和壮语的态度是顺应、接纳的，毛南语和汉语、壮语的关系，既存在竞争的一面，也有和谐相处的一面。在不同的交际环境中，毛南语和汉语、壮语既有分工，又有互补。即使在同一个场合中，既可以使用毛南语，也能使用汉语或壮语时，究竟选择使用哪一种语言，则要取决于交际双方的语言能力和交际需要。在日常生活中，如果双方都是毛南族，并且都会说毛南语，那么在这种情况下双方一定会使用毛南语。而如果其中的一方不是毛南族，那就要看他是否会听、说毛南语，因此有三种可能。即第一种，非毛南族一方如果会说毛南语，双方则使用毛南语；第二种，非毛南族一方如果不会听说毛南语，而双方都会听说壮语或者双方都会听说汉语时，则使用双方都会的语言；第三种，如果毛南族一方不会说或不习惯说汉语和壮语但能听懂，而非毛南族一方不会说或不习惯说毛南语但能听懂，那么，双方各说自己的语言来完成对话，互不干扰，互相配合。

下面具体分析一些典型场合中的毛南语使用情况。

1. 家庭内部

在家庭用语中，族内婚姻家庭和族际婚姻家庭语言的使用情况存在差异。具体有两种情况。

1）族内婚姻家庭的用语以毛南语为主

在毛南语中心区，绝大部分毛南族人能够熟练使用毛南语，除此之外，大部分毛南族人能够掌握汉语或壮语，有一部分毛南族人能够掌握这三种语言，但在毛南语中心区，在族内婚姻家庭的日常生活中，家庭成员都习惯使用毛南语交流，很少说汉语或壮语。在毛南语中心区调查期间，当询问调查对象在家说什么语言时，他们无一例外地回答"说毛南语"。下南社区松现屯村民覃俊周说："我父亲会说桂柳话，但是从小他就跟我说毛南语，现在我也会说桂柳话，但在家大家还是说毛南语。"在下南乡的毛南语中心区，毛南语是维系毛南族民族感情的纽带，如果不会说毛南语，就很难真正融入毛南族人的生活中。

外出打工的毛南族人，虽然远离家乡，在外很少有机会说毛南语，但是回到家乡后，仍要说毛南语。笔者在下南乡调查期间住的是下南社区一家家庭旅馆，旅馆老板的儿子、下南街村民谭海棠说："我在广东惠州当过两年兵，两年没有回家，在军营里，有来自五湖四海的战友，大家都说普通话，刚退伍回来那几天，想说毛南语却说不出，大概适应了三天，我的毛南语就恢复到了当兵前的水平，可以自由交谈了，现在我在环江毛南族自治县县城工作，只有逢年过节才回下南，但是回家后还是会讲毛南语，因为老人家只讲毛南语，用毛南语交流比较方便。有些人到外面工作，回到下南也不讲毛南语，那是忘本了。"

2）族际婚姻家庭内部一般由双语过渡到毛南语单语

下南乡毛南族中心区共有 4887 户，其中 228 户为族际婚姻家庭。这些家庭的外族媳妇或女婿主要是壮族和汉族，也有少数的侗族、苗族、瑶族、仫佬族、黎族、布依族、彝族等。婚姻初期，族际婚姻家庭内部主要使用"毛南语-壮语"双语或"毛南语-汉语"双语，即对家庭中的非毛南族成员说壮语或汉语，毛南族家庭成员之间使用毛南语交流，至于对家庭中的非毛南族成员说壮语还是汉语，取决于家庭成员掌握壮语和汉语的水平高低，一般都倾向于选择各个家庭成员都比较熟悉的语言。随着生活时间的增长，下南乡毛南语中心区族际婚姻家庭的这些非毛南族成员，受周围毛南语语言环境的影响，在下南乡生活经过三五年就都能学会毛南语了，只是不同人由于性格不同，他们说毛南语的水平有一定的差异。性格外向的，敢于尝试使用毛南语与家人、邻居交流，渐渐地，毛南语就越说越流利；而性格较内向的，学习时间相对长一些。外族媳妇或外族女婿学会毛南语后，家庭内部就全部使用毛南语了。下南社区松现屯村民覃俊周说："我老婆是贺州昭平人，汉族，原来说的是白话（粤方言，调查者注）。她刚嫁来下南时，我们夫妻之间用普通话交流，她来了三年左右基本学会了毛南语，我们两人就开始用毛南语交流，现在她会毛南语、桂柳话、普通话和白话，但是我们在家还是说毛南语。"

另外，在毛南语中心区，族际婚姻家庭对下一代学习和使用毛南语的影响并不明显。在笔者调查的 268 户中，有 22 户族际婚姻家庭，其中只有 1 户出现下一代毛南语水平欠佳的情况，而族际婚姻只是导致这种情况的一个因素，并不是主要原因，主要原因是调查对象自幼在外地生活，缺乏学习毛南语的语言环境。正如下南社区松现屯村民覃俊周所说："孩子一出生，家人都跟他说毛南语，基本上两岁前已经会说毛南语了。"再加上孩子在村里玩耍，和玩伴交流也需要使用毛南语，因此毛南语掌握得很好。族际婚姻家庭对下一代学习和使用毛南语的影响并不明显，既是下南乡毛南语中心区毛南族稳定使用毛南语的表现，也是中心区毛南语活力得以保持的原因之一。

2. 学校

目前，下南乡毛南语中心区已经建立了较完善的九年制义务教育体系，包括学前教育（幼儿园、学前班）、小学教育和初中教育。在小学和初中，汉语是教学重点之一，因而所开设的课程除外语外，基本使用汉语普通话授课，中小学均未开设毛南语相关课程，但下南中学在教学活动中很重视对毛南族传统文化的传承，这有助于毛南语的保护与传承。教师和学生是学校教学活动的主体，下面就具体介绍教师之间、学生之间及师生之间的语言使用情况。

1）师生之间

师生之间的语言使用情况需要分两种情况，一种是课堂教学时的语言使用情况，另一种是课余时间的语言使用情况。

现在，下南乡毛南语中心区中小学课堂教学基本使用汉语普通话，在小学低年级时，由于部分学生刚刚开始接触汉语，还不熟练，因此教师需要用毛南语进行讲解。下南乡中南村下南中心小学教师谭耀作说："我的第一语言是毛南语，虽然后来读书时又学会了壮语、桂柳话和普通话，但平常在与家人和邻居交谈时我还是会说毛南话，甚至在教学过程中，学生听不懂普通话时也是用毛南话翻译，因为学生们从小就很熟练地使用毛南语交谈。我们毛南族人都认为，说壮语的毛南族不是正宗的毛南族。"下南中心小学教师覃雪芬则表示，从小学三年级开始，她已经可以完全使用普通话授课。课余时间，毛南族的师生之间多用毛南语进行交流，不同民族间主要使用汉语交流。

2）教师之间

下南乡毛南语中心区中小学教师的民族成分比较单一，比如下南乡中心小学大约有教师 40 名，仅 1 名教师是汉族，其余均为毛南族。毛南族教师之间通常说毛南语，而与其他民族教师交流时主要说汉语。其他民族教师在下南生活时间长了，也逐渐能听、说毛南语。

3）学生之间

下南乡毛南语中心区中小学生的民族成分也比较单一，以毛南族为主。在学校课堂教学活动中，学生之间主要使用普通话进行对话，但在课下，毛南族同学仍然以说毛南语为主。现就读于下南中学的谭琴培是下南乡波川村人，她说："我们学校 80% 以上的同学都是毛南族，和本民族同学说自己的母语毛南语使我觉得非常亲切。"下南乡宿邦村谭薪，现在在下南乡中心小学读六年级，他说："虽然我妈妈是壮族，我也学会了壮语和普通话，但是我平常基本都是用毛南语和家人、邻居、同学交谈的，因为村里人都说毛南语，我妈妈也学会了。在学校，除上课用普通话之外，课间都是用毛南语和老师、同学交流的。"

3. 政府机关与公共事业单位

1）政府机关

下南乡政府位于毛南语中心区，目前乡政府公务员既有当地的毛南族人，也有外地的壮族人，在下南乡调查期间负责接待我们的副乡长蒙斌和办公室秘书黎玉晟都是从壮族地区到下南乡工作的，并不会说毛南语。乡政府的日常公务用语为汉语，但是毛南族公务员之间在非正式场合还是用毛南语。正如下南乡波川村村委副主任谭合教所说："平时我们主要是讲毛南语，但是在传达文件或者遇到别人听不懂毛南话的情况下，会改用其他语言。"

群众来乡政府办事时，毛南族的工作人员一般用毛南语与群众交流，非毛南族的工作人员会说毛南语的，也使用毛南语与群众交流；还不会说毛南语的，一般用汉语方言（桂柳话）交流。

2）公共事业单位

下南乡有信用社、邮局、卫生院等公共事业单位，工作人员多为当地毛南族人。邮局工作人员覃俊周说："如果客户是本地人，我知道他会说毛南语的，我就跟他说毛南语；如果客户是外地人，不会说毛南语，我就跟他说汉语。有些客户不会说毛南语但会说壮语，可是我不懂壮语，我也跟他说汉语。"

4. 集市、商店

下南社区有一条下南街，街两边分布着各式各样的商店：服装店、米粉店、家用电器商店、食杂店等。这些商店老板多是毛南族人，会说毛南语，村民到这些商店消费时都说毛南语，而其他民族不会说毛南语的顾客进店消费时，老板通常使用汉语与之交流。

下南社区每月逢三、六、九是"圩日"，附近村庄的商贩和村民都来下南赶圩。笔者在下南乡调查期间，正好遇到圩日，笔者注意到，赶圩时，村民和小贩通常用毛南语交流，但当笔者用普通话向小贩询问商品的情况时，小贩就马上改用汉语与笔者交流。

5. 娱乐活动

歌圩是广西少数民族地区最重要的娱乐活动之一。下南乡唱的山歌主要有毛南语歌和壮语歌两种。在调查过程中，笔者发现，老一辈的毛南族人喜欢听毛南语的山歌，也会唱毛南语山歌，中年的毛南族人虽然还喜欢听毛南语山歌，但是会唱的已经不多了，有一些就转为唱壮语山歌，有一些还能唱几首毛南语山歌；青年一代有许多人已经不怎么喜欢听和唱毛南语的山歌了，比如中南村三圩屯 24 岁的卢玉泉说："毛南语的山歌我听不懂，我比较喜欢听普通话唱的歌曲。"

"猜码"相当于划拳，是人们喝酒时进行的一种游戏，在岭南一带流行较广。通行的"猜码"游戏是用粤语进行的，但是在少数民族地区或者汉语方言区，也可以用当地的语言进行游戏。下南社区松现屯村民覃俊周说："我会用毛南语或者桂柳话猜码。如果跟老一辈猜码，老人一般喜欢用毛南语猜，那我就用毛南语跟他猜；如果和年轻人玩，一般是看对方习惯用什么语言；如果别人要我选的话，我倾向于用毛南语猜码。"足见毛南语在人们日常生活中的重要地位。

6. 民俗活动

在婚丧嫁娶等民俗活动中，仪式的主持人（当地人称作道公）使用毛南语和桂柳话两种语言。下南社区松现屯村民覃俊周介绍说："有的道公是用毛南语主持仪式的，有的用桂柳话，我们长期在这里生活，肯定都知道哪个人做得好，都会请他，如果同等条件下，我会倾向于请使用毛南语的道公主持仪式。"

综上所述，在下南乡毛南语中心区毛南族人的日常生活中，母语和壮语、汉语三种语言是并重使用的，但在不同的场合中会有不同的侧重。总的看来，毛南语和壮语、汉语的关系是和谐的，三者的使用功能是互补或交替的。

二、毛南语边缘区毛南语使用情况

（一）总体分析

笔者随机抽取了仪凤村的 5 个屯进行了穷尽性的调查，调查对象是 6 岁以上、有正常语言功能的人，有效调查人数为 748 人。调查的具体情况如表 2-10 所示。

表 2-10　仪凤村 5 个屯的 748 人的毛南语使用情况表

调查点		样本量/人	熟练		略懂		不会	
			人数/人	比例/%	人数/人	比例/%	人数/人	比例/%
仪凤村	大屯	224	181	80.8	33	14.7	10	4.5
	后沙屯	88	71	80.7	10	11.4	7	8
	肯仇屯	108	94	87	13	12	1	0.9
	内卯屯	166	142	85.5	3	1.8	21	12.7
	三阳屯	162	71	43.8	78	48.1	13	8
合计		748	559	74.7	137	18.3	52	7

1. 毛南语边缘区毛南语使用特点

从表 2-10 可以看出，毛南语边缘区 5 个调查点的毛南语使用情况大同小异，主要表现在两个方面。

一是毛南语边缘区各个调查点熟练使用毛南语的比例都不高，平均值是 74.7%。其中"熟练"级比例最高的是肯仇屯，"熟练"级比例为 87%，最低的是三阳屯，"熟练"级比例为 43.8%，除三阳屯外的 4 个屯（大屯、后沙屯、肯仇屯、内卯屯）毛南语"熟练"级比例均在 80%～90%。

二是毛南语边缘区各调查点毛南语水平"略懂"级和"不会"级比例偏高。毛南语"略懂"级共 137 人，占调查总人数的 18.3%；毛南语"不会"级共 52 人，占调查总人数的 7%；毛南语不熟练人数为 189 人，占调查总人数的 25.3%。其中，毛南语"略懂"级比例最高的是三阳屯，达到 48.1%，比例最低的内卯屯达到 1.8%；毛南语"不会"级比例最高的是内卯屯，达到 12.7%，"不会"级比例最低的肯仇屯，比例为 0.9%；毛南语不熟练人数占调查总人数比例最高的是三阳屯，达到 56.2%，超过半数，比例最低的肯仇屯也达到 13%。

这说明，在现阶段，大部分毛南语边缘区居民仍能使用毛南语，但已开始出现衰退迹象。

2. 对边缘区毛南语水平"略懂"级及"不会"级者的语言使用情况的考察

如表 2-10 所示，在毛南语边缘区，毛南语水平为"略懂"级的共有 137 人，他们的语言使用情况如表 2-11 所示。

表 2-11　毛南语水平为"略懂"级的 137 人的语言使用情况表

姓名	性别	民族	年龄/岁	文化程度	第一语言及水平	第二语言及水平	第三语言及水平
谭花素	女	毛南	53	初中	壮语，熟练	毛南语，略懂	无
谭正朋	男	毛南	31	初中	壮语，熟练	汉语，略懂	毛南语，略懂
谭正喜	男	毛南	23	初中	壮语，熟练	汉语，略懂	毛南语，略懂
谭小苗	女	毛南	27	高专	壮语，熟练	汉语，熟练	毛南语，略懂
谭月温	女	毛南	32	初中	壮语，熟练	汉语，略懂	毛南语，略懂
谭花朵	女	毛南	61	小学	壮语，熟练	汉语，略懂	毛南语，略懂
谭志发	男	毛南	11	小学	壮语，熟练	汉语，略懂	毛南语，略懂
谭冠良	男	毛南	41	初中	壮语，熟练	汉语，略懂	毛南语，略懂
谭志兄	男	毛南	14	初中在读	壮语，熟练	汉语，略懂	毛南语，略懂
谭向东	男	毛南	25	初中	壮语，熟练	汉语，熟练	毛南语，略懂
谭兰茂	女	毛南	25	初中	壮语，熟练	汉语，略懂	毛南语，略懂
谭聪干	男	毛南	14	初中在读	壮语，熟练	汉语，略懂	毛南语，略懂
谭拥根	男	毛南	19	初中	壮语，熟练	汉语，略懂	毛南语，略懂
谭拥军	男	毛南	16	中专	壮语，熟练	汉语，熟练	毛南语，略懂
覃花团	女	壮	53	小学	壮语，熟练	汉语，略懂	毛南语，略懂
谭利勉	女	毛南	27	小学	壮语，熟练	汉语，略懂	毛南语，略懂
莫凤彩	女	毛南	35	小学	壮语，熟练	汉语，略懂	毛南语，略懂
谭电波	男	毛南	27	初中	毛南语，略懂	壮语，熟练	汉语，略懂
谭显机	男	毛南	70	小学	壮语，熟练	汉语，略懂	毛南语，略懂
覃善梅	女	毛南	32	初中	壮语，熟练	汉语，略懂	毛南语，略懂
韦美金	女	毛南	70	文盲	壮语，熟练	汉语，略懂	毛南语，略懂
唐伟英	男	壮	51	初中	壮语，熟练	汉语，略懂	毛南语，略懂
谭晏培	男	毛南	68	小学	壮语，熟练	汉语，略懂	毛南语，略懂
吴龙奎	男	毛南	29	初中	壮语，熟练	汉语，熟练	毛南语，略懂
吴龙教	男	毛南	24	初中	壮语，熟练	汉语，熟练	毛南语，略懂
吴素仙	女	毛南	26	初中	壮语，熟练	汉语，熟练	毛南语，略懂
谭美灵	女	毛南	44	小学	壮语，熟练	汉语，熟练	毛南语，略懂
覃笔俊	女	壮	35	初中	壮语，熟练	汉语，熟练	毛南语，略懂
谭周婷	女	毛南	12	小学	壮语，熟练	汉语，熟练	毛南语，略懂
莫凤寨	女	毛南	52	初中	壮语，熟练	汉语，熟练	毛南语，略懂
谭龙仪	男	毛南	30	中专	汉语，熟练	壮语，熟练	毛南语，略懂

姓名	性别	民族	年龄/岁	文化程度	第一语言及水平	第二语言及水平	第三语言及水平
谭龙丁	男	毛南	27	中专	汉语，熟练	壮语，熟练	毛南语，略懂
谭翠嫩	女	毛南	13	初中在读	壮语，熟练	汉语，熟练	毛南语，略懂
谭玉芬	女	毛南	7	小学在读	壮语，熟练	汉语，熟练	毛南语，略懂
谭朋	男	毛南	9	小学在读	壮语，熟练	汉语，熟练	毛南语，略懂
谭思练	女	壮	19	高中在读	壮语，熟练	汉语，熟练	毛南语，略懂
谭思露	女	壮	15	初中在读	壮语，熟练	汉语，熟练	毛南语，略懂
韦吉飞	女	壮	38	小学	壮语，熟练	汉语，略懂	毛南语，略懂
谭思用	女	壮	19	高中在读	壮语，熟练	汉语，熟练	毛南语，略懂
谭孟宇	女	毛南	36	小学	壮语，熟练	汉语，略懂	毛南语，略懂
袁善法	女	毛南	54	小学	壮语，熟练	汉语，略懂	毛南语，略懂
谭丽霞	女	毛南	8	小学在读	壮语，熟练	汉语，略懂	毛南语，略懂
覃祖查	女	毛南	33	初中	壮语，熟练	汉语，熟练	毛南语，略懂
谭瑞柳	女	毛南	30	小学	壮语，熟练	汉语，熟练	毛南语，略懂
谭瑞沙	女	毛南	33	初中	毛南语，略懂	壮语，熟练	汉语，熟练
谭瑞灵	女	毛南	36	小学	壮语，熟练	汉语，熟练	毛南语，略懂
谭雅	女	毛南	20	大学在读	壮语，熟练	汉语，熟练	毛南语，略懂
谭万农	男	毛南	40	小学	壮语，熟练	汉语，略懂	毛南语，略懂
黎承盼	女	毛南	11	小学在读	壮语，熟练	汉语，熟练	毛南语，略懂
卢迅	男	毛南	7	小学在读	壮语，熟练	汉语，熟练	毛南语，略懂
韦永纯	女	壮	35	初中	壮语，熟练	汉语，熟练	毛南语，略懂
韦竹叶	女	毛南	68	小学	壮语，熟练	汉语，略懂	毛南语，略懂
覃志远	女	毛南	27	初中	壮语，熟练	汉语，熟练	毛南语，略懂
覃田相	女	毛南	45	初中	壮语，熟练	汉语，熟练	毛南语，略懂
谭进吾	男	毛南	19	初中	壮语，熟练	汉语，熟练	毛南语，略懂
覃三良	女	毛南	74	小学	壮语，熟练	汉语，略懂	毛南语，略懂
韦月想	女	毛南	68	小学	壮语，熟练	汉语，略懂	毛南语，略懂
覃美范	女	毛南	45	初中	壮语，熟练	汉语，熟练	毛南语，略懂
谭兰英	女	毛南	40	小学	壮语，熟练	汉语，熟练	毛南语，略懂
韦温泉	女	毛南	61	小学	壮语，熟练	汉语，略懂	毛南语，略懂
谭秀萍	女	毛南	53	高中	壮语，熟练	汉语，熟练	毛南语，略懂
谭卫娟	女	毛南	33	初中	壮语，熟练	汉语，熟练	毛南语，略懂

续表

姓名	性别	民族	年龄/岁	文化程度	第一语言及水平	第二语言及水平	第三语言及水平
岑美玉	女	毛南	75	没读书	壮语，熟练	汉语，略懂	毛南语，略懂
谭智仁	男	毛南	25	中专	壮语，熟练	汉语，熟练	毛南语，略懂
谭淋丹	女	毛南	30	中专	壮语，熟练	汉语，熟练	毛南语，略懂
谭立庄	女	毛南	30	初中	壮语，熟练	汉语，熟练	毛南语，略懂
谭顺杰	男	毛南	28	初中	壮语，熟练	汉语，熟练	毛南语，略懂
谭雄展	男	毛南	12	初中在读	壮语，熟练	汉语，熟练	毛南语，略懂
谭爱秋	女	毛南	76	没读书	壮语，熟练	汉语，略懂	毛南语，略懂
谭素棉	女	毛南	38	初中	壮语，熟练	汉语，熟练	毛南语，略懂
覃美想	女	毛南	57	小学	壮语，熟练	汉语，略懂	毛南语，略懂
谭志坚	男	毛南	30	初中	壮语，熟练	汉语，熟练	毛南语，略懂
谭亚露	女	毛南	34	初中	壮语，熟练	汉语，熟练	毛南语，略懂
谭斌	男	毛南	14	初中在读	壮语，熟练	汉语，熟练	毛南语，略懂
谭美群	女	毛南	43	初中	壮语，熟练	汉语，熟练	毛南语，略懂
谭剑锋	男	毛南	49	高中	壮语，熟练	汉语，熟练	毛南语，略懂
谭智文	男	毛南	24	初中	壮语，熟练	汉语，熟练	毛南语，略懂
谭智化	男	毛南	21	初中	壮语，熟练	汉语，熟练	毛南语，略懂
谭凤婷	女	毛南	21	初中	壮语，熟练	汉语，熟练	毛南语，略懂
覃七贤	女	毛南	43	初中	壮语，熟练	汉语，熟练	毛南语，略懂
谭祖华	男	毛南	43	初中	壮语，熟练	汉语，熟练	毛南语，略懂
谭淑缘	女	毛南	36	初中	壮语，熟练	汉语，熟练	毛南语，略懂
谭月伴	女	毛南	75	没读书	壮语，熟练	汉语，略懂	毛南语，略懂
谭祖希	男	毛南	35	初中	壮语，熟练	汉语，熟练	毛南语，略懂
韦暖温	女	壮	28	初中	壮语，熟练	汉语，熟练	毛南语，略懂
谭美娥	女	毛南	32	初中	壮语，熟练	汉语，熟练	毛南语，略懂
谭祖生	男	毛南	32	初中	壮语，熟练	汉语，熟练	毛南语，略懂
谭雪姣	女	毛南	9	小学在读	壮语，熟练	汉语，熟练	毛南语，略懂
谭顺研	女	毛南	11	小学在读	壮语，熟练	汉语，熟练	毛南语，略懂
谭冠军	男	毛南	40	初中	壮语，熟练	汉语，熟练	毛南语，略懂
谭丰宝	男	毛南	15	初中在读	壮语，熟练	汉语，熟练	毛南语，略懂
覃牡猜	女	毛南	36	初中	壮语，熟练	汉语，熟练	毛南语，略懂
谭兰清	女	毛南	71	小学	壮语，熟练	汉语，略懂	毛南语，略懂

续表

姓名	性别	民族	年龄/岁	文化程度	第一语言及水平	第二语言及水平	第三语言及水平
谭冠堂	男	毛南	35	初中	壮语，熟练	汉语，熟练	毛南语，略懂
谭冠秋	男	毛南	37	初中	壮语，熟练	汉语，熟练	毛南语，略懂
谭杏专	女	毛南	35	初中	壮语，熟练	汉语，熟练	毛南语，略懂
谭任财	男	毛南	38	初中	壮语，熟练	汉语，略懂	毛南语，略懂
谭兰杏	女	毛南	34	小学	壮语，熟练	汉语，略懂	毛南语，略懂
谭月团	女	毛南	59	文盲	壮语，熟练	汉语，略懂	毛南语，略懂
谭志教	男	毛南	33	初中	壮语，熟练	汉语，熟练	毛南语，略懂
谭玉盾	男	毛南	59	小学	壮语，熟练	汉语，略懂	毛南语，略懂
谭志光	男	毛南	37	初中	壮语，熟练	汉语，熟练	毛南语，略懂
谭金航	男	毛南	15	初中在读	壮语，熟练	汉语，熟练	毛南语，略懂
谭金禄	男	毛南	20	初中	壮语，熟练	汉语，熟练	毛南语，略懂
谭顺业	男	毛南	27	初中	壮语，熟练	汉语，熟练	毛南语，略懂
谭增项	男	毛南	24	大学	壮语，熟练	汉语，熟练	毛南语，略懂
谭晓冬	女	毛南	25	初中	壮语，熟练	汉语，熟练	毛南语，略懂
谭伟立	男	毛南	27	初中	壮语，熟练	汉语，熟练	毛南语，略懂
谭玉丹	女	毛南	25	初中	壮语，熟练	汉语，熟练	毛南语，略懂
谭伟含	女	毛南	30	中专	壮语，熟练	汉语，熟练	毛南语，略懂
谭氏	女	毛南	85	没读书	壮语，熟练	毛南语，略懂	无
谭学会	男	毛南	38	初中	壮语，熟练	汉语，熟练	毛南语，略懂
谭兰鲜	女	毛南	62	小学	壮语，熟练	汉语，熟练	毛南语，略懂
谭雪梅	女	毛南	12	初中在读	壮语，熟练	汉语，熟练	毛南语，略懂
谭良方	女	毛南	35	小学	壮语，熟练	汉语，熟练	毛南语，略懂
覃素叶	女	毛南	43	高中	壮语，熟练	汉语，熟练	毛南语，略懂
谭俊锐	男	毛南	17	初中	壮语，熟练	汉语，熟练	毛南语，略懂
谭继革	男	毛南	38	小学	壮语，熟练	汉语，略懂	毛南语，略懂
韦合好	女	毛南	48	小学	壮语，熟练	汉语，略懂	毛南语，略懂
谭秀女	女	毛南	22	中专	壮语，熟练	汉语，熟练	毛南语，略懂
谭文重	男	毛南	35	中专	壮语，熟练	汉语，熟练	毛南语，略懂
谭文弟	男	毛南	30	初中	壮语，熟练	汉语，熟练	毛南语，略懂
覃先念	女	毛南	61	初中	壮语，熟练	汉语，略懂	毛南语，略懂
谭登积	男	毛南	43	初中	壮语，熟练	汉语，熟练	毛南语，略懂

续表

姓名	性别	民族	年龄/岁	文化程度	第一语言及水平	第二语言及水平	第三语言及水平
谭卫东	男	毛南	43	高中	壮语，熟练	汉语，熟练	毛南语，略懂
谭维乾	男	毛南	14	初中在读	壮语，熟练	汉语，熟练	毛南语，略懂
谭顺福	男	毛南	40	小学	壮语，熟练	汉语，略懂	毛南语，略懂
谭华帅	男	毛南	24	初中	壮语，熟练	汉语，熟练	毛南语，略懂
覃兰菲	女	毛南	45	小学	壮语，熟练	汉语，熟练	毛南语，略懂
谭华俊	男	毛南	20	初中	壮语，熟练	汉语，熟练	毛南语，略懂
杨桂娥	女	毛南	50	初中	壮语，熟练	汉语，熟练	毛南语，略懂
谭江雷	男	毛南	30	小学	壮语，熟练	毛南语，略懂	无
谭梦玲	女	毛南	13	初中在读	壮语，熟练	汉语，熟练	毛南语，略懂
何喜温	女	毛南	39	初中	壮语，熟练	汉语，熟练	毛南语，略懂
谭国维	男	毛南	16	初中在读	壮语，熟练	汉语，熟练	毛南语，略懂
谭双凤	女	毛南	33	初中	壮语，熟练	汉语，熟练	毛南语，略懂
韦彩愿	女	壮	25	初中	壮语，熟练	汉语，熟练	毛南语，略懂

从表 2-11 可以看出，在毛南语边缘区，毛南语水平"略懂"级者，其第一语言基本为壮语，毛南语水平为"略懂"级且第一语言非壮语的，只有大屯的谭电波和谭龙仪、谭龙丁两兄弟及肯仇屯的谭瑞沙共 4 人，占边缘区毛南语水平"略懂"级总人数的 2.9%。其中，谭龙仪、谭龙丁兄弟的第一语言是汉语，原因是他们的父亲在环江毛南族自治县县城工作，他们从小说汉语方言（桂柳话），而他们的壮语水平均达到"熟练"级。谭电波和谭瑞沙的第一语言均为毛南语，但他们的毛南语水平仅为"略懂"级，壮语水平为"熟练"级。

如表 2-10 所示，在毛南语边缘区，毛南语水平为"不会"级的共有 52 人，他们的语言使用情况表 2-12 所示。

表 2-12　毛南语水平为"不会"级的 52 人的语言使用情况表

姓名	性别	民族	年龄	文化程度	第一语言及水平	第二语言及水平	第三语言及水平
杨广如	男	汉	76	小学	汉语，熟练	壮语，略懂	无
谭荟佞	女	毛南	9	小学在读	壮语，熟练	汉语，略懂	无
谭云凤	女	毛南	9	小学在读	壮语，熟练	汉语，略懂	无
韦建机	女	壮	40	小学	壮语，熟练	汉语，略懂	无

姓名	性别	民族	年龄	文化程度	第一语言及水平	第二语言及水平	第三语言及水平
谭月蕊	女	毛南	58	文盲	壮语，熟练	无	无
谭雅耐	女	毛南	12	小学在读	壮语，熟练	汉语，略懂	无
谭家宝	男	毛南	6	小学在读	壮语，略懂	汉语，略懂	无
谭绿宇	女	毛南	7	小学在读	壮语，熟练	汉语，略懂	无
吴为成	男	毛南	54	小学	汉语，熟练	壮语，略懂	无
覃建国	男	毛南	48	小学	壮语，熟练	汉语，略懂	无
姚美世	女	布依	49	初中	壮语，熟练	汉语，熟练	无
谭闯	女	毛南	12	小学在读	壮语，熟练	汉语，略懂	无
王冬平	男	毛南	6	小学在读	壮语，熟练	汉语，略懂	无
莫玉川	女	壮	28	小学	壮语，熟练	汉语，熟练	无
金泽情	女	布依	25	初中	布依语，熟练	汉语，熟练	壮语，略懂
谭杨开	男	毛南	9	小学在读	壮语，熟练	汉语，熟练	无
谭茂长	女	毛南	12	小学在读	壮语，熟练	汉语，熟练	无
谭款	男	毛南	8	小学在读	壮语，熟练	汉语，熟练	无
谭喜	女	毛南	10	小学	壮语，熟练	汉语，略懂	无
谭继旺	男	毛南	9	小学在读	壮语，熟练	汉语，熟练	无
谭润韬	男	毛南	8	小学在读	壮语，熟练	汉语，熟练	无
谭月美	女	毛南	70	小学	壮语，熟练	无	无
谭丽硕	女	毛南	8	小学在读	壮语，熟练	汉语，熟练	无
刘保贵	男	汉	25	初中	壮语，熟练	汉语，熟练	无
谭妈成	女	毛南	88	小学	壮语，熟练	无	无
谭东生	男	毛南	9	小学在读	壮语，熟练	汉语，熟练	无
兰月连	女	瑶	32	小学	瑶语，熟练	汉语，熟练	无
谭政	男	毛南	7	小学	壮语，熟练	汉语，熟练	无
田昌敏	男	毛南	11	小学在读	壮语，熟练	汉语，熟练	无
谭简	女	毛南	8	小学在读	壮语，熟练	汉语，熟练	无
韦柳香	女	毛南	52	小学	壮语，熟练	汉语，熟练	无
罗照双	女	壮	45	小学	壮语，熟练	汉语，熟练	无
谭罗粉	女	壮	23	初中	壮语，熟练	汉语，熟练	无
覃李技	女	毛南	88	小学	壮语，熟练	无	无
谭奶纯	女	毛南	84	小学	壮语，熟练	无	无

续表

姓名	性别	民族	年龄	文化程度	第一语言及水平	第二语言及水平	第三语言及水平
谭明	男	毛南	9	小学在读	壮语，熟练	汉语，熟练	无
谭晓生	男	毛南	8	小学在读	壮语，熟练	汉语，熟练	无
谭勇坚	男	毛南	33	初中	壮语，熟练	汉语，熟练	无
谭宇昕	女	毛南	6	小学	壮语，熟练	汉语，熟练	无
吴骁琴	女	毛南	8	小学再读	壮语，熟练	汉语，熟练	无
谭华祚	男	毛南	10	小学在读	壮语，熟练	汉语，熟练	无
谭雄发	男	毛南	7	小学在读	壮语，熟练	汉语，熟练	无
谭龙海	男	毛南	11	小学在读	壮语，熟练	汉语，熟练	无
谭荣林	男	毛南	11	小学在读	壮语，熟练	汉语，熟练	无
谭雄琨	男	毛南	12	初中在读	壮语，略懂	汉语，熟练	无
谭茨勉	女	毛南	7	小学在读	壮语，熟练	汉语，熟练	无
谭丽莎	女	毛南	9	小学在读	壮语，熟练	汉语，熟练	无
谭莹	女	毛南	9	小学在读	壮语，熟练	汉语，熟练	无
谭雨霏	女	毛南	10	小学在读	壮语，熟练	汉语，熟练	无
谭秀美	女	毛南	20	初中	壮语，熟练	汉语，熟练	无
韦素贞	女	毛南	42	初中	壮语，熟练	汉语，熟练	无
罗小维	女	汉	24	初中	汉语，熟练	无	无

从表 2-12 可以看出，在毛南语边缘区，毛南语水平"不会"级者，其第一语言基本为壮语，毛南语水平为"不会"级且第一语言非壮语的，只有大屯的杨广如、吴为成、后沙屯的金泽情，内卯屯的兰月连和三阳屯的罗小维共 5 人，占边缘区毛南语水平"不会"级总人数的 9.6%。这 5 人均为外地嫁入的媳妇或外地入赘的上门女婿。杨广如是上门女婿，汉族，第一语言为汉语，壮语水平为"略懂"级；吴为成也是上门女婿，毛南族，但第一语言是汉语，壮语水平为"略懂"级；金泽情是从贵州嫁来的布依族媳妇，第一语言为布依语，汉语水平为"熟练"级，壮语水平为"略懂"级；兰月连是从大化嫁来的瑶族媳妇，第一语言为瑶语，汉语水平为"熟练"级；罗小维是从贵州嫁来的汉族媳妇，第一语言为汉语，不会其他语言。另外，在毛南语水平"不会"级者中，有 2 人第一语言为壮语，但水平为略懂，一是大屯 6 岁的谭家宝，年龄尚小，壮语水平和汉语水平均为"略懂"

级；一是三阳屯 12 岁的谭雄琨，其母语为壮语，但尚不熟练时，家里改教汉语方言（桂柳话），因而壮语水平为"略懂"级，汉语水平为"熟练"级。

综上所述，在毛南语边缘区，已经有一部分村民转用壮语，个别村民转用汉语，这一点在本书第七章"毛南族的语言转用"中还会进行详细说明。虽然如此，但大部分村民仍然能够熟练使用毛南语。

3. 毛南语边缘区与毛南语中心区毛南语使用情况对比

笔者将边缘区和中心区的毛南语使用情况进行对比，见表 2-13。

表 2-13　边缘区和中心区的毛南语使用情况表

调查点	样本量/人	熟练		略懂		不会	
		人数/人	比例/%	人数/人	比例/%	人数/人	比例/%
毛南语中心区	854	844	98.8	6	0.7	4	0.5
毛南语边缘区	748	559	74.7	137	18.3	52	7.0

边缘区和中心区的毛南语使用情况用柱状图来表示如图 2-1 所示。

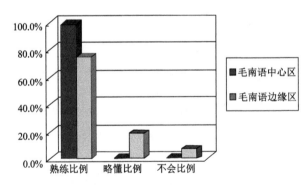

图 2-1　边缘区和中心区的毛南语使用情况柱状图

可以看出，边缘区的毛南语使用与中心区有明显区别，突出地表现在："熟练"级的人数和比例大大低于中心区，而"略懂"级和"不会"级的人数和比例远高于中心区。

表 2-14 是笔者随机选取的毛南语边缘区部分居民的语言使用情况（共 221 户，748 人），表 2-14 进一步显示毛南语边缘区居民使用毛南语的特点。

表 2-14　毛南语边缘区部分居民的语言使用情况表

姓名	性别	民族	年龄	家庭关系	文化程度	第一语言	毛南语水平
谭中农	男	毛南	45	户主	初中	毛南语	熟练
谭茂竹	女	毛南	81	母亲	半文盲	毛南语	熟练
谭中立	男	毛南	48	户主	高中	毛南语	熟练
谭彩腊	女	毛南	41	妻子	小学	毛南语	熟练
谭翠朴	女	毛南	20	长女	大学	毛南语	熟练
谭家欢	男	毛南	16	次子	高中在读	毛南语	熟练
谭庆懂	男	毛南	42	户主	初中	毛南语	熟练
谭兰香	女	毛南	38	妻子	初中	毛南语	熟练
谭荣成	男	毛南	16	长子	高中在读	毛南语	熟练
谭彩朗	女	毛南	13	次女	初中在读	毛南语	熟练
杨广如	男	汉	76	户主	小学	汉语	不会
谭运鲜	女	毛南	59	妻子	小学	毛南语	熟练
杨武	男	毛南	32	长子	初中	毛南语	熟练
谭珍宏	男	毛南	67	户主	小学	毛南语	熟练
谭美坤	女	毛南	71	户主	文盲	毛南语	熟练
谭善周	男	毛南	41	长子	初中	毛南语	熟练
卢成武	男	毛南	38	户主	初中	毛南语	熟练
卢接祖	男	毛南	48	户主	初中	毛南语	熟练
谭梅孩	女	毛南	49	妻子	高中	毛南语	熟练
卢芸妍	女	毛南	25	长女	初中	毛南语	熟练
卢芸婷	女	毛南	21	次女	大学	毛南语	熟练
谭应足	男	毛南	65	户主	文盲	毛南语	熟练
谭秋兰	女	毛南	33	妻子	初中	毛南语	熟练
谭永杰	男	毛南	35	长子	初中	毛南语	熟练
谭胜科	男	毛南	7	孙子	小学在读	毛南语	熟练
谭永钢	男	毛南	43	户主	初中	毛南语	熟练
谭瑞桃	女	毛南	39	妻子	初中	毛南语	熟练
谭玉叶	女	毛南	15	长女	初中在读	毛南语	熟练
谭玉琪	女	毛南	10	次女	小学在读	毛南语	熟练
谭金顺	男	毛南	57	户主	初中	毛南语	熟练
谭花素	女	毛南	53	妻子	初中	壮语	略懂

续表

姓名	性别	民族	年龄	家庭关系	文化程度	第一语言	毛南语水平
谭正朋	男	毛南	31	长子	初中	壮语	略懂
谭荣爱	女	毛南	26	长媳	初中	毛南语	熟练
谭小苗	女	毛南	27	次女	高中	壮语	略懂
谭正喜	男	毛南	23	次子	初中	壮语	略懂
谭贵山	男	毛南	59	户主	初中	毛南语	熟练
谭花朵	女	毛南	61	妻子	小学	壮语	略懂
谭美娥	女	毛南	32	长女	初中	毛南语	熟练
谭国报	男	毛南	30	长子	初中	毛南语	熟练
谭金泳	男	毛南	35	户主	高中	壮语	熟练
谭月温	女	毛南	32	妻子	初中	壮语	略懂
谭荟佺	女	毛南	9	长女	小学在读	壮语	不会
谭冠初	男	毛南	52	户主	初中	毛南语	熟练
卢远周	女	毛南	51	妻子	初中	毛南语	熟练
谭继规	男	毛南	29	长子	初中	毛南语	熟练
谭继环	男	毛南	24	次子	初中	毛南语	熟练
谭冠良	男	毛南	41	户主	初中	壮语	略懂
谭冠龙	男	毛南	37	户主	初中	毛南语	熟练
谭瑞殿	女	毛南	34	妻子	初中	毛南语	熟练
谭志兄	男	毛南	14	长子	初中在读	壮语	略懂
谭志发	男	毛南	11	次子	小学在读	壮语	略懂
谭金会	男	毛南	55	户主	初中	毛南语	熟练
谭向东	男	毛南	25	儿子	初中	壮语	略懂
谭金光	男	毛南	56	户主	高中	毛南语	熟练
谭勇兵	男	毛南	32	长子	初中	毛南语	熟练
谭拥宜	男	毛南	27	户主	初中	毛南语	熟练
谭兰茂	女	毛南	25	妻子	初中	壮语	略懂
谭永壮	男	毛南	40	户主	初中	毛南语	熟练
彦兰善	女	毛南	35	妻子	初中	毛南语	熟练
谭聪干	男	毛南	14	长子	初中在读	壮语	略懂
谭云凤	女	毛南	9	长女	小学在读	壮语	不会
谭宝财	男	毛南	83	父亲	文盲	毛南语	熟练

续表

姓名	性别	民族	年龄	家庭关系	文化程度	第一语言	毛南语水平
谭金勋	男	毛南	45	户主	初中	毛南语	熟练
韦建机	女	壮	40	妻子	小学	壮语	不会
谭拥根	男	毛南	19	长子	初中	壮语	略懂
谭拥军	男	毛南	16	次子	中专	壮语	略懂
杨大成	男	汉	58	户主	小学	毛南语	熟练
覃花团	女	壮	53	妻子	小学	壮语	略懂
杨吉	男	汉	29	长子	初中	毛南语	熟练
杨甫	男	毛南	27	次子	中专	毛南语	熟练
谭水召	男	毛南	50	户主	高中	毛南语	熟练
谭兰爱	女	毛南	48	妻子	小学	毛南语	熟练
谭云愿	女	毛南	26	长女	高中	毛南语	熟练
谭云霞	女	毛南	22	次女	高中	毛南语	熟练
谭柳絮	女	毛南	53	户主	初中	毛南语	熟练
谭增添	男	毛南	47	户主	高中	毛南语	熟练
谭月妹	女	毛南	45	妻子	小学	毛南语	熟练
谭银露	女	毛南	19	次女	中专	毛南语	熟练
谭日布	女	毛南	87	母亲	文盲	毛南语	熟练
谭健饶	男	毛南	37	户主	高中	毛南语	熟练
莫凤彩	女	毛南	35	妻子	小学	壮语	略懂
谭炯炯	男	毛南	14	长子	初中在读	毛南语	熟练
谭梅金	女	毛南	64	户主	小学	毛南语	熟练
谭小高	男	毛南	33	儿子	初中	毛南语	熟练
谭利勉	女	毛南	27	儿媳	小学	壮语	略懂
谭花美	女	毛南	56	户主	小学	毛南语	熟练
谭朋但	男	毛南	30	长子	初中	毛南语	熟练
谭荣欣	女	毛南	25	次女	初中	毛南语	熟练
谭显机	男	毛南	70	户主	小学	壮语	略懂
谭月蕊	女	毛南	58	妻子	文盲	壮语	不会
谭电波	男	毛南	27	长子	初中	毛南语	略懂
谭合义	男	毛南	55	户主	初中	毛南语	熟练
谭美蔺	女	毛南	49	妻子	初中	毛南语	熟练

续表

姓名	性别	民族	年龄	家庭关系	文化程度	第一语言	毛南语水平
谭增纯	男	毛南	30	长子	初中	毛南语	熟练
谭美娥	女	毛南	28	长媳	初中	毛南语	熟练
谭秀丽	女	毛南	28	长女	初中	毛南语	熟练
谭洪松	男	毛南	35	户主	初中	毛南语	熟练
覃善梅	女	毛南	32	妻子	初中	壮语	略懂
谭雅耐	女	毛南	12	长女	小学在读	壮语	不会
谭梅俩	女	毛南	59	户主	小学	毛南语	熟练
谭宏锋	男	毛南	36	长子	高中	毛南语	熟练
谭合尚	男	毛南	48	户主	初中	毛南语	熟练
谭少卿	女	毛南	48	妻子	初中	毛南语	熟练
谭继猛	男	毛南	26	长子	初中	毛南语	熟练
谭春娇	女	毛南	22	次女	高中	毛南语	熟练
谭东轮	男	毛南	41	户主	初中	毛南语	熟练
卢花在	女	毛南	43	妻子	初中	毛南语	熟练
谭宇宏	男	毛南	16	长子	高中	毛南语	熟练
谭宇雷	男	毛南	11	次子	小学在读	毛南语	熟练
韦美金	女	毛南	70	户主	文盲	壮语	略懂
谭永望	男	毛南	46	长子	初中	毛南语	熟练
卢树茂	男	毛南	46	户主	高中	毛南语	熟练
卢金瑞	男	毛南	15	长子	初中在读	毛南语	熟练
蒙美姬	女	毛南	45	户主	初中	毛南语	熟练
谭海林	男	毛南	39	户主	初中	毛南语	熟练
谭思胜	女	毛南	35	妻子	小学	毛南语	熟练
谭凤玉	女	毛南	13	次女	初中在读	毛南语	熟练
谭翠松	女	毛南	82	母亲	文盲	毛南语	熟练
谭金眉	男	毛南	59	户主	初中	毛南语	熟练
谭乃旁	女	毛南	52	妻子	初中	毛南语	熟练
谭瑞端	男	毛南	26	长子	初中	毛南语	熟练
谭东明	男	毛南	33	户主	初中	毛南语	熟练
谭东浪	男	毛南	32	次子	初中	毛南语	熟练
谭金侣	男	毛南	65	父亲	小学	毛南语	熟练

姓名	性别	民族	年龄	家庭关系	文化程度	第一语言	毛南语水平
谭锦善	女	毛南	63	母亲	小学	毛南语	熟练
谭金昌	男	毛南	49	户主	高中	毛南语	熟练
谭美情	女	毛南	49	妻子	初中	毛南语	熟练
谭江湖	男	毛南	28	长子	高中	毛南语	熟练
谭秀边	女	毛南	25	次女	初中	毛南语	熟练
谭杨春	男	毛南	46	户主	初中	毛南语	熟练
谭爱菊	女	毛南	45	妻子	初中	毛南语	熟练
谭梦映	女	毛南	20	长女	高中	毛南语	熟练
谭佳礼	男	毛南	19	次子	高中在读	毛南语	熟练
谭振厚	男	毛南	48	次子	小学	毛南语	熟练
谭美庆	女	毛南	41	户主	初中	毛南语	熟练
唐伟英	男	壮	51	丈夫	初中	壮语	略懂
唐漫国	男	毛南	17	长子	初中	毛南语	熟练
唐海晨	男	毛南	21	次子	高中在读	毛南语	熟练
谭建屯	男	毛南	57	户主	高中	毛南语	熟练
谭兰畅	女	毛南	51	妻子	初中	毛南语	熟练
谭孟锟	男	毛南	25	次子	初中	毛南语	熟练
谭孟根	男	毛南	27	三子	初中	毛南语	熟练
谭孟佗	男	毛南	28	户主	中专	毛南语	熟练
谭振正	男	毛南	41	户主	小学	毛南语	熟练
谭继续	女	毛南	61	户主	小学	毛南语	熟练
谭美定	女	毛南	31	长媳	初中	毛南语	熟练
谭水江	男	毛南	29	长子	中专	毛南语	熟练
谭家宝	男	毛南	6	孙子	小学在读	壮语	不会
谭振更	男	毛南	57	户主	初中	毛南语	熟练
谭月敏	女	毛南	51	妻子	初中	毛南语	熟练
谭双树	男	毛南	26	长子	初中	毛南语	熟练
谭志永	男	毛南	36	户主	初中	毛南语	熟练
谭振旅	女	壮	36	妻子	初中	毛南语	熟练
谭绿宇	女	毛南	7	次女	小学在读	壮语	不会
谭建楚	男	毛南	59	父亲	初中	毛南语	熟练

续表

姓名	性别	民族	年龄	家庭关系	文化程度	第一语言	毛南语水平
谭志能	男	毛南	34	户主	初中	毛南语	熟练
谭春苗	女	毛南	29	妻子	初中	毛南语	熟练
谭月满	女	毛南	56	母亲	小学	毛南语	熟练
谭合唱	男	毛南	48	户主	初中	毛南语	熟练
谭柳枝	女	毛南	42	妻子	小学	毛南语	熟练
谭龙行	男	毛南	18	长子	初中	毛南语	熟练
谭龙豪	男	毛南	16	次子	初中	毛南语	熟练
谭振作	男	毛南	77	父亲	小学	毛南语	熟练
谭爱清	女	毛南	77	母亲	文盲	毛南语	熟练
谭晏培	男	毛南	68	户主	小学	壮语	略懂
谭美灵	女	毛南	44	户主	小学	壮语	略懂
吴为成	男	毛南	54	户主	小学	汉语	不会
谭梅春	女	毛南	48	妻子	小学	毛南语	熟练
吴龙奎	男	毛南	29	长子	初中	壮语	略懂
吴龙教	男	毛南	24	次子	初中	壮语	略懂
吴素仙	女	毛南	26	三女	初中	壮语	略懂
谭阳涛	男	毛南	43	户主	初中	毛南语	熟练
谭美莲	女	毛南	42	妻子	初中	壮语	熟练
谭龙印	男	毛南	20	长子	初中	毛南语	熟练
谭素怀	女	毛南	18	长女	初中	毛南语	熟练
谭顺凡	男	毛南	86	父亲	小学	毛南语	熟练
谭庆果	男	毛南	36	户主	初中	毛南语	熟练
谭火乾	男	毛南	70	父亲	小学	毛南语	熟练
谭月府	女	毛南	67	母亲	小学	毛南语	熟练
谭杨少	男	毛南	46	户主	初中	毛南语	熟练
谭翠倪	女	毛南	46	妻子	初中	毛南语	熟练
谭晓丹	女	毛南	19	长女	初中	毛南语	熟练
谭晓源	女	毛南	13	次女	初中在读	毛南语	熟练
谭素柳	女	毛南	48	户主	初中	毛南语	熟练
谭海泉	男	毛南	27	长子	初中	毛南语	熟练
谭海周	男	毛南	25	次子	初中	毛南语	熟练

续表

姓名	性别	民族	年龄	家庭关系	文化程度	第一语言	毛南语水平
覃笔俊	女	壮	35	户主	初中	壮语	略懂
谭周婷	女	毛南	12	长女	小学	壮语	略懂
谭勤学	男	毛南	57	户主	初中	毛南语	熟练
谭庆佩	男	毛南	40	户主	初中	毛南语	熟练
谭梅绢	女	毛南	39	妻子	初中	毛南语	熟练
谭彩姣	女	毛南	15	长女	初中在读	毛南语	熟练
谭炳生	男	毛南	60	户主	高中	毛南语	熟练
谭柳爱	女	毛南	59	妻子	初中	毛南语	熟练
谭庆勋	男	毛南	31	长子	初中	毛南语	熟练
谭庆姿	女	毛南	36	户主	初中	毛南语	熟练
谭辉前	男	毛南	62	户主	小学	毛南语	熟练
谭海关	男	毛南	37	长子	初中	毛南语	熟练
莫凤寨	女	毛南	52	户主	初中	壮语	略懂
谭龙仪	男	毛南	30	长子	中专	汉语	略懂
谭龙丁	男	毛南	27	户主	中专	汉语	略懂
谭少平	女	毛南	44	户主	初中	毛南语	熟练
覃建国	男	毛南	48	丈夫	小学	壮语	不会
谭凤乐	男	毛南	23	长子	初中	壮语	熟练
谭凤秀	女	毛南	21	长女	初中	毛南语	熟练
谭梅花	女	毛南	82	母亲	小学	毛南语	熟练
覃素飞	女	毛南	69	户主	小学	毛南语	熟练
谭顺局	男	毛南	47	长子	小学	毛南语	熟练
谭仁权	男	毛南	45	户主	初中	毛南语	熟练
谭顺进	女	毛南	35	妻子	小学	毛南语	熟练
谭翠嫩	女	毛南	13	长女	初中在读	壮语	略懂
卢树生	男	毛南	52	户主	高中	毛南语	熟练
卢青青	女	毛南	40	长女	初中	毛南语	熟练
卢鸿雁	男	毛南	29	长子	大学	毛南语	熟练
卢鸿建	男	毛南	26	户主	初中	毛南语	熟练
谭美林	女	毛南	56	母亲	小学	毛南语	熟练
谭永革	男	毛南	41	户主	初中	毛南语	熟练

姓名	性别	民族	年龄	家庭关系	文化程度	第一语言	毛南语水平
谭翠玩	女	毛南	43	妻子	初中	毛南语	熟练
谭楸楸	女	毛南	21	长女	高中	毛南语	熟练
谭莹莹	女	毛南	16	次女	初中	毛南语	熟练
谭庆福	男	毛南	44	户主	初中	毛南语	熟练
谭翠勉	女	毛南	37	妻子	初中	毛南语	熟练
谭荣办	男	毛南	19	长子	初中	毛南语	熟练
谭彩云	女	毛南	18	次女	高中在读	毛南语	熟练
谭耐寒	女	毛南	66	户主	小学	壮语	熟练
谭敢乐	男	毛南	46	户主	初中	壮语	熟练
谭兰芳	女	毛南	43	妻子	初中	壮语	熟练
谭玉铁	男	毛南	21	长子	高中在读	壮语	熟练
谭玉芬	女	毛南	7	长女	小学在读	壮语	略懂
谭立勋	男	毛南	57	户主	小学	壮语	熟练
姚美世	女	布依	49	妻子	初中	壮语	不会
谭艳妮	女	毛南	37	长女	初中	壮语	熟练
谭蕊红	女	毛南	23	次女	初中	壮语	熟练
谭启航	男	毛南	20	长子	初中	壮语	熟练
袁美林	女	毛南	45	户主	小学	壮语	熟练
谭孟捷	男	毛南	23	长子	小学	壮语	熟练
谭梦梅	女	毛南	21	长女	初中	壮语	熟练
谭继光	男	毛南	43	户主	小学	壮语	熟练
谭连素	女	毛南	38	妻子	小学	毛南语	熟练
谭朋	男	毛南	9	长子	小学在读	壮语	略懂
谭继豪	男	毛南	46	户主	初中	壮语	熟练
韦吉飞	女	壮	38	妻子	小学	壮语	略懂
谭思练	女	壮	19	长女	高中在读	壮语	略懂
谭思用	女	壮	19	次女	高中在读	壮语	略懂
谭思露	女	壮	15	三女	初中在读	壮语	略懂
莫乃兵	女	毛南	71	母亲	文盲	壮语	熟练
谭孟宇	女	毛南	36	户主	小学	壮语	略懂
谭沿东	男	毛南	37	丈夫	初中	壮语	熟练

续表

姓名	性别	民族	年龄	家庭关系	文化程度	第一语言	毛南语水平
谭建鸿	男	毛南	14	长子	初中在读	壮语	熟练
谭月彩	女	毛南	62	母亲	文盲	壮语	熟练
谭树大	男	毛南	62	户主	小学	壮语	熟练
王冬平	男	毛南	6	儿子	小学在读	壮语	不会
谭闯	女	毛南	12	长女	小学在读	壮语	不会
谭水愿	女	毛南	32	次女	初中	壮语	熟练
谭继汉	男	毛南	43	户主	初中	壮语	熟练
覃兰绘	女	毛南	41	妻子	小学	毛南语	熟练
谭秋益	女	毛南	21	长女	高中	壮语	熟练
谭秋丽	女	毛南	16	次女	初中在读	壮语	熟练
谭作	男	毛南	74	父亲	高中	壮语	熟练
覃少云	女	毛南	69	母亲	小学	毛南语	熟练
谭保生	男	毛南	46	户主	小学	壮语	熟练
谭美团	女	毛南	37	妻子	小学	壮语	熟练
谭晨亮	男	毛南	14	长子	初中在读	壮语	熟练
谭永政	男	毛南	46	户主	小学	壮语	熟练
谭纯项	男	毛南	22	长子	高中在读	壮语	熟练
谭小项	男	毛南	19	次子	初中	壮语	熟练
谭汉洲	男	毛南	80	父亲	小学	壮语	熟练
谭志强	男	毛南	42	户主	初中	壮语	熟练
莫玉川	女	壮	28	妻子	小学	壮语	不会
谭先梧	男	毛南	58	户主	初中	壮语	熟练
谭火艳	女	毛南	58	妻子	初中	壮语	熟练
谭娱秋	女	毛南	33	女儿	高中	壮语	熟练
谭勇参	男	毛南	27	儿子	初中	壮语	熟练
金泽情	女	布依	25	儿媳	初中	布依语	不会
谭爱春	女	毛南	47	妻子	小学	毛南语	熟练
谭金米	女	毛南	27	女儿	初中	壮语	熟练
谭飞龙	男	毛南	25	户主	初中	壮语	熟练
谭海川	男	毛南	53	户主	高中	壮语	熟练
谭彩衣	女	毛南	79	母亲	文盲	壮语	熟练

续表

姓名	性别	民族	年龄	家庭关系	文化程度	第一语言	毛南语水平
谭朝康	男	毛南	35	户主	初中	壮语	熟练
莫美足	女	毛南	64	母亲	小学	壮语	熟练
谭玉苗	女	毛南	14	侄女	初中在读	壮语	熟练
谭玉珊	女	毛南	9	侄女	小学在读	壮语	熟练
谭花幸	女	毛南	69	户主	小学	壮语	熟练
谭黎楚	女	毛南	40	长女	初中	壮语	熟练
谭阳照	男	毛南	39	长子	初中	壮语	熟练
谭扬帆	男	毛南	26	三子	初中	壮语	熟练
谭壮恒	男	毛南	43	户主	初中	壮语	熟练
谭彩艳	女	毛南	36	妻子	初中	毛南语	熟练
谭美志	女	毛南	35	妹妹	初中	壮语	熟练
谭壮立	男	毛南	45	户主	小学	壮语	熟练
谭花培	女	毛南	67	母亲	小学	壮语	熟练
谭好明	男	毛南	41	户主	小学	壮语	熟练
谭玉朵	女	毛南	39	妻子	小学	壮语	熟练
谭利纳	女	毛南	15	长女	初中在读	壮语	熟练
谭杨开	男	毛南	9	长子	小学在读	壮语	不会
谭好问	男	毛南	52	户主	初中	壮语	熟练
谭好贤	男	毛南	58	户主	小学	壮语	熟练
袁善法	女	毛南	54	妻子	小学	壮语	略懂
谭政党	男	毛南	25	长子	初中	壮语	熟练
谭敢望	男	毛南	40	户主	小学	壮语	熟练
谭花汁	女	毛南	34	妻子	小学	毛南语	熟练
谭玉富	男	毛南	13	儿子	初中在读	壮语	熟练
谭丽霞	女	毛南	8	女儿	小学在读	壮语	略懂
谭月宜	女	毛南	67	母亲	小学	壮语	熟练
谭春电	女	毛南	37	妹妹	小学	壮语	熟练
谭冠益	男	毛南	39	户主	小学	壮语	熟练
覃祖查	女	毛南	33	妻子	初中	壮语	略懂
谭茂长	女	毛南	12	长女	小学在读	壮语	不会
谭先觉	男	毛南	73	父亲	小学	壮语	熟练

续表

姓名	性别	民族	年龄	家庭关系	文化程度	第一语言	毛南语水平
谭月万	女	毛南	71	母亲	小学	毛南语	熟练
谭黎郡	女	毛南	45	姐姐	初中	壮语	熟练
谭安华	男	毛南	60	户主	小学	毛南语	熟练
谭瑞灵	女	毛南	36	长女	小学	壮语	略懂
谭瑞沙	女	毛南	33	次女	初中	毛南语	略懂
谭瑞柳	女	毛南	30	三女	小学	壮语	略懂
谭宜政	男	毛南	41	户主	初中	壮语	熟练
韦妙娟	女	毛南	42	妻子	初中	壮语	熟练
谭雅	女	毛南	20	长女	大学在读	壮语	略懂
谭琼	男	毛南	15	长子	初中在读	壮语	熟练
谭万农	男	毛南	40	户主	小学	壮语	略懂
谭杏谷	女	毛南	38	妻子	小学	壮语	熟练
谭丽娇	女	毛南	16	长女	初中	壮语	熟练
黎忠乐	男	毛南	62	户主	小学	毛南语	熟练
谭素佩	女	毛南	62	妻子	初中	毛南语	熟练
黎小康	男	毛南	37	长子	初中	壮语	熟练
黎建召	男	毛南	28	次子	初中	壮语	熟练
黎永康	男	毛南	39	户主	初中	毛南语	熟练
谭杏微	女	毛南	37	妻子	初中	毛南语	熟练
黎承宇	男	毛南	18	长子	大学在读	毛南语	熟练
黎承盼	女	毛南	11	长女	小学在读	壮语	略懂
卢志豪	男	毛南	33	户主	初中	毛南语	熟练
谭美鲜	女	毛南	30	妻子	初中	毛南语	熟练
卢迅	男	毛南	7	儿子	小学在读	壮语	略懂
谭月荷	女	毛南	64	母亲	小学	毛南语	熟练
谭优学	男	毛南	43	户主	初中	毛南语	熟练
韦永纯	女	壮	35	妻子	初中	壮语	略懂
谭国典	男	毛南	16	长子	初中	毛南语	熟练
谭启界	男	毛南	37	户主	初中	毛南语	熟练
谭丽娟	女	毛南	28	妻子	初中	毛南语	熟练
谭启优	男	毛南	40	户主	初中	毛南语	熟练

姓名	性别	民族	年龄	家庭关系	文化程度	第一语言	毛南语水平
谭兰娟	女	毛南	32	长女	初中	毛南语	熟练
谭款	男	毛南	8	长子	小学在读	壮语	不会
韦竹叶	女	毛南	68	母亲	小学	壮语	略懂
谭启根	男	毛南	26	弟弟	初中	毛南语	熟练
谭伍妹	女	毛南	63	户主	小学	毛南语	熟练
黎素晚	女	毛南	38	长女	初中	毛南语	熟练
黎健福	男	毛南	32	长子	初中	毛南语	熟练
黎锦铎	男	毛南	25	次子	初中	壮语	熟练
谭向益	男	毛南	54	户主	初中	毛南语	熟练
谭兰玉	女	毛南	55	妻子	小学	毛南语	熟练
谭彩练	女	毛南	29	长女	初中	壮语	熟练
谭胜标	男	毛南	27	长子	初中	壮语	熟练
谭永兵	男	毛南	40	户主	初中	毛南语	熟练
谭兰杏	女	毛南	34	妻子	初中	毛南语	熟练
谭孟	女	毛南	17	长女	高中在读	毛南语	熟练
谭建海	男	毛南	30	户主	初中	毛南语	熟练
覃志远	女	毛南	27	妻子	初中	壮语	略懂
覃兰玉	女	毛南	54	母亲	小学	壮语	熟练
谭金谋	男	毛南	57	户主	小学	毛南语	熟练
谭建军	男	毛南	35	长子	初中	壮语	熟练
覃兰选	女	毛南	30	长媳	初中	毛南语	熟练
谭永汉	男	毛南	47	户主	初中	毛南语	熟练
谭利乃	女	毛南	19	女儿	初中	毛南语	熟练
谭贵接	男	毛南	80	父亲	小学	毛南语	熟练
谭永河	男	毛南	41	户主	初中	毛南语	熟练
谭永良	男	毛南	37	长弟	初中	毛南语	熟练
谭永实	男	毛南	26	次弟	初中	毛南语	熟练
谭贵林	男	毛南	72	父亲	小学	毛南语	熟练
谭兰舍	女	毛南	68	母亲	小学	毛南语	熟练
谭会英	男	毛南	71	户主	小学	毛南语	熟练
谭花金	女	毛南	66	妻子	小学	毛南语	熟练

续表

姓名	性别	民族	年龄	家庭关系	文化程度	第一语言	毛南语水平
谭树稳	男	毛南	32	长子	初中	毛南语	熟练
谭爱知	女	毛南	28	长女	初中	毛南语	熟练
谭会清	男	毛南	74	户主	小学	毛南语	熟练
谭吉长	男	毛南	48	长子	初中	毛南语	熟练
覃田相	女	毛南	45	长媳	初中	壮语	略懂
谭进吾	男	毛南	19	长孙	初中	壮语	略懂
谭彩腊	女	毛南	20	长女	初中	壮语	熟练
谭泽会	男	毛南	48	户主	初中	毛南语	熟练
谭杏刘	女	毛南	38	妻子	初中	毛南语	熟练
谭椿念	女	毛南	18	长女	初中	毛南语	熟练
谭松	男	毛南	13	长子	初中在读	壮语	熟练
覃三良	女	毛南	74	母亲	小学	壮语	略懂
谭向教	男	毛南	40	户主	小学	壮语	熟练
谭向弟	男	毛南	52	户主	初中	毛南语	熟练
覃爱群	女	毛南	38	妻子	初中	毛南语	熟练
谭彩苹	女	毛南	19	长女	初中	毛南语	熟练
谭金都	男	毛南	55	户主	高中	毛南语	熟练
谭杏红	女	毛南	55	妻子	高中	毛南语	熟练
谭建波	男	毛南	31	长子	初中	毛南语	熟练
谭华丽	女	毛南	26	长媳	初中	毛南语	熟练
谭奶军	女	毛南	89	母亲	小学	毛南语	熟练
谭国壮	男	毛南	47	户主	初中	壮语	熟练
谭金宁	女	毛南	47	妻子	高中	毛南语	熟练
谭建良	男	毛南	23	长子	初中	毛南语	熟练
谭继昌	男	毛南	75	父亲	小学	毛南语	熟练
谭连双	女	毛南	50	户主	初中	毛南语	熟练
谭柳顺	女	毛南	22	长女	高中	汉语	熟练
谭小妹	女	毛南	16	次女	高中在读	汉语	熟练
谭木稿	男	毛南	75	户主	小学	毛南语	熟练
覃美情	女	毛南	70	妻子	小学	壮语	熟练
谭杏定	女	毛南	39	长女	初中	毛南语	熟练

姓名	性别	民族	年龄	家庭关系	文化程度	第一语言	毛南语水平
谭贵庭	男	毛南	30	长子	初中	毛南语	熟练
谭杏宣	女	毛南	36	次女	初中	毛南语	熟练
谭兰凤	女	毛南	26	三女	初中	毛南语	熟练
谭小杨	男	毛南	33	户主	小学	毛南语	熟练
谭香棉	女	毛南	31	长妹	小学	毛南语	熟练
谭小棉	女	毛南	29	次妹	小学	毛南语	熟练
谭三杨	男	毛南	27	弟弟	小学	毛南语	熟练
谭宝塔	男	毛南	53	户主	高中	毛南语	熟练
谭花妙	女	毛南	47	妻子	初中	毛南语	熟练
谭丽娟	女	毛南	23	长女	大学	毛南语	熟练
谭丽纯	女	毛南	20	次女	初中	毛南语	熟练
谭丽妨	女	毛南	14	三女	初中在读	毛南语	熟练
谭美清	女	毛南	80	母亲	小学	毛南语	熟练
谭丰恩	男	毛南	64	户主	初中	毛南语	熟练
覃枝厚	女	毛南	62	妻子	初中	毛南语	熟练
谭建含	男	毛南	27	次子	初中	毛南语	熟练
谭建宝	男	毛南	29	户主	小学	毛南语	熟练
谭炳阁	男	毛南	71	户主	小学	壮语	熟练
韦月想	女	毛南	68	妻子	小学	壮语	略懂
谭万彪	男	毛南	33	三子	小学	壮语	熟练
谭爱伦	女	毛南	31	长女	初中	壮语	熟练
谭连介	男	毛南	78	户主	初中	毛南语	熟练
谭美金	女	毛南	69	妻子	小学	毛南语	熟练
谭秋青	女	毛南	46	女儿	初中	毛南语	熟练
谭喜	女	毛南	10	户主	小学	壮语	不会
谭华楠	男	毛南	45	户主	初中	壮语	熟练
谭会勉	女	毛南	46	妻子	初中	壮语	熟练
谭丽抓	女	毛南	25	长女	初中	壮语	熟练
谭丽迪	女	毛南	23	次女	中转	壮语	熟练
谭丽芳	女	毛南	20	三女	初中在读	壮语	熟练
谭万邝	男	毛南	46	户主	小学	壮语	熟练

续表

姓名	性别	民族	年龄	家庭关系	文化程度	第一语言	毛南语水平
谭素江	女	毛南	42	妻子	初中	壮语	熟练
谭丽苑	女	毛南	21	长女	初中	壮语	熟练
谭丽宾	女	毛南	17	次女	初中在读	壮语	熟练
谭永结	男	毛南	40	户主	初中	壮语	熟练
谭素维	女	毛南	37	妻子	初中	毛南语	熟练
谭莉莉	女	毛南	16	长女	初中在读	壮语	熟练
谭继旺	男	毛南	9	长子	小学在读	壮语	不会
谭冠豪	男	毛南	72	父亲	小学	壮语	熟练
谭月鲜	女	毛南	68	母亲	小学	壮语	熟练
谭丽娟	女	毛南	36	妹妹	初中	壮语	熟练
谭权威	男	毛南	32	户主	初中	壮语	熟练
谭华露	女	毛南	33	妻子	高中	壮语	熟练
谭润韬	男	毛南	8	长子	小学在读	壮语	不会
谭华拉	女	毛南	29	户主	初中	壮语	熟练
谭慧江	女	毛南	58	户主	高中	壮语	熟练
谭圣华	男	毛南	32	长子	初中	壮语	熟练
谭万里	男	毛南	35	户主	初中	壮语	熟练
谭柳词	女	毛南	33	妻子	初中	壮语	熟练
谭丽卯	女	毛南	12	长女	初中在读	壮语	熟练
谭丽硕	女	毛南	8	次女	小学在读	壮语	不会
谭月美	女	毛南	70	母亲	小学	壮语	不会
谭初法	男	毛南	45	户主	初中	壮语	熟练
覃乃记	女	毛南	43	妻子	初中	壮语	熟练
谭丁炮	男	毛南	21	长子	初中	壮语	熟练
谭丁娜	女	毛南	18	长女	初中在读	壮语	熟练
谭祖辉	男	毛南	52	户主	初中	壮语	熟练
覃少姐	女	毛南	47	妻子	初中	壮语	熟练
谭新颖	女	毛南	25	长女	初中	壮语	熟练
刘保贵	男	汉	25	长婿	初中	壮语	不会
谭小颖	女	毛南	23	次女	初中	壮语	熟练
谭荣成	男	毛南	50	户主	初中	壮语	熟练

续表

姓名	性别	民族	年龄	家庭关系	文化程度	第一语言	毛南语水平
覃美范	女	毛南	45	妻子	初中	壮语	略懂
谭建强	男	毛南	24	长子	初中	壮语	熟练
谭建昂	男	毛南	22	次子	初中	壮语	熟练
谭妈成	女	毛南	88	母亲	小学	壮语	不会
谭初晚	女	毛南	45	妹妹	初中	壮语	熟练
谭祖健	男	毛南	35	户主	初中	壮语	熟练
兰月连	女	瑶	32	妻子	小学	瑶语	不会
谭东生	男	毛南	9	长子	小学在读	壮语	不会
卢桂长	男	毛南	64	户主	小学	毛南语	熟练
卢建立	男	毛南	27	长子	初中	壮语	熟练
谭海斌	女	毛南	26	长媳	初中	壮语	熟练
卢凤婷	女	毛南	7	次女	初中	壮语	熟练
谭亚鲁	男	毛南	29	户主	小学	毛南语	熟练
谭美园	女	毛南	27	妻子	初中	壮语	熟练
谭玉珠	男	毛南	65	父亲	小学	壮语	熟练
谭爱娟	女	毛南	63	母亲	小学	壮语	熟练
谭卢甫	男	毛南	54	户主	初中	壮语	熟练
卢月秋	女	毛南	54	妻子	小学	毛南语	熟练
谭昆腾	男	毛南	26	长子	初中	壮语	熟练
谭应合	女	毛南	74	母亲	小学	壮语	熟练
谭荣光	男	毛南	48	户主	初中	壮语	熟练
谭美妙	女	毛南	44	妻子	初中	壮语	熟练
谭丽霄	女	毛南	21	长女	初中	壮语	熟练
谭丽胸	女	毛南	19	次女	高中在读	壮语	熟练
谭善给	男	毛南	35	户主	小学	壮语	熟练
梁美是	女	毛南	35	妻子	小学	壮语	熟练
谭良欢	女	毛南	13	长女	初中在读	壮语	熟练
谭政	男	毛南	7	长子	小学	壮语	不会
谭素飞	女	毛南	39	姐姐	初中	壮语	熟练
谭素满	女	毛南	33	妹妹	初中	壮语	熟练
谭安定	男	毛南	37	户主	小学	壮语	熟练

续表

姓名	性别	民族	年龄	家庭关系	文化程度	第一语言	毛南语水平
谭雪芬	女	毛南	32	妻子	初中	壮语	熟练
谭秋枝	女	毛南	10	长女	小学在读	壮语	熟练
谭美儒	女	毛南	58	户主	小学	壮语	熟练
谭雪孟	女	毛南	34	长女	初中	壮语	熟练
田昌敏	男	毛南	11	孙子	小学在读	壮语	不会
谭全优	男	毛南	39	户主	初中	壮语	熟练
谭兰英	女	毛南	40	妻子	小学	壮语	略懂
谭佳	女	毛南	13	长女	初中在读	壮语	熟练
谭简	女	毛南	8	次女	小学在读	壮语	不会
谭连山	男	毛南	82	父亲	小学	壮语	熟练
韦再田	女	毛南	80	母亲	小学	壮语	熟练
谭梅雪	女	毛南	33	妹妹	小学	壮语	熟练
谭冠林	男	毛南	61	户主	小学	壮语	熟练
谭月皓	女	毛南	61	妻子	小学	壮语	熟练
谭至凤	女	毛南	38	次女	初中	壮语	熟练
谭建业	男	毛南	28	长子	初中	壮语	熟练
谭羲彩	女	毛南	26	长媳	初中	壮语	熟练
谭顺业	男	毛南	26	次子	初中	壮语	熟练
谭国按	男	毛南	53	户主	高中	壮语	熟练
谭月庆	女	毛南	48	妻子	初中	壮语	熟练
谭喜贡	男	毛南	28	长子	初中	壮语	熟练
谭暖笑	女	毛南	27	长媳妇	初中	壮语	熟练
谭丽选	女	毛南	24	长女	初中	壮语	熟练
韦柳香	女	毛南	52	户主	小学	壮语	不会
谭华将	男	毛南	28	长子	初中	壮语	熟练
谭华珍	女	毛南	26	长女	初中	壮语	熟练
谭目邦	男	毛南	54	户主	初中	壮语	熟练
罗照双	女	壮	45	妻子	小学	壮语	不会
谭意锐	男	毛南	26	长子	初中	壮语	熟练
谭罗粉	女	壮	23	长女	初中	壮语	不会
谭造拔	男	毛南	45	户主	小学	壮语	熟练

续表

姓名	性别	民族	年龄	家庭关系	文化程度	第一语言	毛南语水平
谭杏斋	女	毛南	44	妻子	小学	壮语	熟练
谭意烟	男	毛南	23	长子	小学	壮语	熟练
谭秒	女	毛南	21	长女	小学在读	壮语	熟练
谭义慈	男	毛南	36	户主	初中	壮语	熟练
谭顺海	男	毛南	48	户主	高中	壮语	熟练
覃素干	女	毛南	48	妻子	初中	壮语	熟练
谭圣勇	男	毛南	26	长子	初中	壮语	熟练
覃李技	女	毛南	88	母亲	小学	壮语	不会
谭俊范	男	毛南	58	户主	中专	壮语	熟练
谭意纯	男	毛南	38	户主	初中	壮语	熟练
谭良宵	女	毛南	38	妻子	初中	壮语	熟练
谭西昌	男	毛南	12	长子	初中在读	壮语	熟练
谭意凡	男	毛南	31	户主	高中	壮语	熟练
谭顺觉	男	毛南	48	户主	初中	壮语	熟练
谭素恒	女	毛南	45	妻子	初中	壮语	熟练
谭意转	男	毛南	26	长子	初中	壮语	熟练
谭意浪	男	毛南	24	次子	初中	壮语	熟练
谭奶纯	女	毛南	84	母亲	小学	壮语	不会
谭良锋	女	毛南	40	户主	中专	壮语	熟练
谭姣姣	女	毛南	15	长女	初中在读	壮语	熟练
玉兰英	女	毛南	57	户主	小学	壮语	熟练
谭凤笑	女	毛南	32	长女	初中	壮语	熟练
谭志明	男	毛南	30	长子	高中	壮语	熟练
谭叁冠	男	毛南	29	户主	初中	壮语	熟练
谭万包	男	毛南	38	户主	小学	壮语	熟练
蒙凤依	女	毛南	31	妻子	小学	壮语	熟练
谭明	男	毛南	9	长子	小学在读	壮语	不会
谭万科	男	毛南	35	户主	初中	壮语	熟练
谭庆博	男	毛南	8	长子	小学在读	壮语	熟练
谭素利	女	毛南	33	妹妹	初中	壮语	熟练
谭勇坚	男	毛南	33	户主	初中	壮语	不会

续表

姓名	性别	民族	年龄	家庭关系	文化程度	第一语言	毛南语水平
莫海流	女	毛南	30	妻子	初中	壮语	熟练
谭晓生	男	毛南	8	长子	小学在读	壮语	不会
谭石根	男	毛南	66	户主	初中	壮语	熟练
韦勤猜	女	毛南	61	妻子	小学	壮语	熟练
谭次年	男	毛南	36	次子	初中	壮语	熟练
谭又年	男	毛南	34	户主	初中	壮语	熟练
谭雅灵	女	毛南	33	妻子	初中	壮语	熟练
谭宇昕	女	毛南	6	长女	小学	壮语	不会
谭荣冠	男	毛南	31	户主	初中	壮语	熟练
谭林研	女	毛南	31	妻子	初中	壮语	熟练
覃采荷	女	毛南	66	户主	小学	壮语	熟练
谭凤仙	女	毛南	41	长女	初中	壮语	熟练
谭凤菊	女	毛南	36	次女	初中	壮语	熟练
谭蓓蓓	女	毛南	13	孙女	初中在读	壮语	熟练
谭恩龙	男	毛南	32	户主	初中	壮语	熟练
谭恩文	男	毛南	30	户主	初中	壮语	熟练
谭万宏	男	毛南	49	户主	初中	壮语	熟练
谭春茂	女	毛南	47	妻子	初中	壮语	熟练
谭运顺	男	毛南	23	次子	初中在读	壮语	熟练
谭月温	女	毛南	80	母亲	小学	壮语	熟练
谭万重	男	毛南	44	户主	初中	壮语	熟练
谭凤妍	女	毛南	45	妻子	初中	壮语	熟练
谭珍妮	女	毛南	20	长女	高中	壮语	熟练
谭葵	男	毛南	16	长子	初中	壮语	熟练
谭炳康	男	毛南	82	父亲	小学	壮语	熟练
韦甘眉	女	毛南	61	户主	小学	壮语	熟练
谭万保	男	毛南	30	长子	初中	壮语	熟练
谭爱四	女	毛南	29	长媳	初中	壮语	熟练
谭顺恩	男	毛南	46	户主	初中	壮语	熟练
吴志标	男	毛南	36	户主	初中	壮语	熟练
谭会娥	女	毛南	36	妻子	初中	壮语	熟练

续表

姓名	性别	民族	年龄	家庭关系	文化程度	第一语言	毛南语水平
吴骁璀	男	毛南	13	儿子	初中在读	壮语	熟练
吴骁琴	女	毛南	8	女儿	小学在读	壮语	不会
谭瑞枝	女	毛南	62	母亲	小学	壮语	熟练
吴雪连	女	毛南	29	妹妹	初中	壮语	熟练
谭顺锋	男	毛南	67	户主	小学	壮语	熟练
韦温泉	女	毛南	61	妻子	小学	壮语	略懂
谭晨露	女	毛南	38	女儿	高中	壮语	熟练
谭志扬	男	毛南	41	户主	初中	壮语	熟练
谭良娟	女	毛南	41	妻子	初中	毛南语	熟练
谭晓韦	女	毛南	19	长女	高中	壮语	熟练
谭晓莉	女	毛南	15	次女	初中在读	壮语	熟练
莫德掌	男	毛南	58	户主	初中	毛南语	熟练
谭秀萍	女	毛南	53	妻子	高中	壮语	略懂
莫曲浪	男	毛南	27	次子	大学	壮语	熟练
莫曲波	男	毛南	30	户主	中专	壮语	熟练
谭宏果	男	毛南	33	户主	初中	壮语	熟练
谭卫娟	女	毛南	33	妻子	初中	壮语	略懂
谭华祚	男	毛南	10	长子	小学在读	壮语	不会
岑美玉	女	毛南	75	母亲	文盲	壮语	略懂
谭暖笑	女	毛南	40	姐姐	初中	壮语	熟练
谭健	男	毛南	75	户主	初中	壮语	熟练
谭志伟	男	毛南	36	户主	初中	壮语	熟练
黎利夏	女	毛南	33	妻子	初中	壮语	熟练
谭雄发	男	毛南	7	儿子	小学在读	壮语	不会
谭月领	女	毛南	56	户主	小学	毛南语	熟练
谭淋丹	女	毛南	30	女儿	中专	壮语	略懂
谭智仁	男	毛南	25	儿子	中专	壮语	略懂
谭明信	男	毛南	53	户主	初中	毛南语	熟练
莫爱飞	女	毛南	48	妻子	小学	壮语	熟练
谭立庄	女	毛南	30	女儿	初中	壮语	略懂
谭顺杰	男	毛南	28	儿子	初中	壮语	略懂

续表

姓名	性别	民族	年龄	家庭关系	文化程度	第一语言	毛南语水平
谭幸候	女	毛南	45	户主	初中	壮语	熟练
谭祖刚	男	毛南	37	丈夫	初中	壮语	熟练
谭茨恙	女	毛南	15	女儿	初中在读	壮语	熟练
谭雄展	男	毛南	12	儿子	初中在读	壮语	略懂
谭爱秋	女	毛南	76	母亲	文盲	壮语	略懂
覃美想	女	毛南	57	户主	小学	壮语	略懂
谭素棉	女	毛南	38	女儿	初中	壮语	略懂
谭志坚	男	毛南	30	儿子	初中	壮语	略懂
谭志恒	男	毛南	35	户主	初中	壮语	熟练
谭亚露	女	毛南	34	妻子	初中	壮语	略懂
谭龙海	男	毛南	11	儿子	小学在读	壮语	不会
谭剑锋	男	毛南	49	户主	高中	壮语	略懂
谭美群	女	毛南	43	妻子	初中	壮语	略懂
谭斌	男	毛南	14	儿子	初中在读	壮语	略懂
谭金武	男	毛南	47	户主	初中	壮语	熟练
谭美灿	女	毛南	44	妻子	小学	毛南语	熟练
谭智文	男	毛南	24	长子	初中	壮语	略懂
谭智化	男	毛南	21	次子	初中	壮语	略懂
谭月伴	女	毛南	75	户主	文盲	壮语	略懂
谭祖华	男	毛南	43	儿子	初中	壮语	略懂
覃七贤	女	毛南	43	儿媳	初中	壮语	略懂
谭凤婷	女	毛南	21	长孙女	初中	壮语	略懂
谭淑缘	女	毛南	36	次女	初中	壮语	略懂
谭凤姿	女	毛南	16	次孙女	初中	壮语	熟练
谭兰玉	女	毛南	55	户主	小学	毛南语	熟练
谭祖生	男	毛南	32	四子	初中	壮语	略懂
韦暖温	女	壮	28	四媳	初中	壮语	略懂
谭茨勉	女	毛南	7	孙女	小学在读	壮语	不会
谭祖昌	男	毛南	37	户主	初中	壮语	熟练
卢桂园	女	毛南	35	妻子	初中	壮语	熟练
谭雄琨	男	毛南	12	儿子	初中在读	壮语	不会

姓名	性别	民族	年龄	家庭关系	文化程度	第一语言	毛南语水平
谭祖希	男	毛南	35	户主	初中	壮语	略懂
谭美娥	女	毛南	32	妻子	初中	壮语	略懂
谭荣林	男	毛南	11	儿子	小学在读	壮语	不会
谭志云	男	毛南	42	户主	初中	壮语	熟练
韦安尉	女	毛南	43	妻子	初中	毛南语	熟练
谭姣姣	女	毛南	16	长女	初中在读	壮语	熟练
谭雪姣	女	毛南	9	次女	小学在读	壮语	略懂
谭志根	男	毛南	38	户主	初中	壮语	熟练
谭少练	女	毛南	35	妻子	小学	毛南语	熟练
谭顺研	女	毛南	11	女儿	小学在读	壮语	略懂
谭冠军	男	毛南	40	户主	初中	壮语	略懂
覃牡猜	女	毛南	36	妻子	初中	壮语	略懂
谭丰宝	男	毛南	15	儿子	初中在读	壮语	略懂
谭丽莎	女	毛南	9	女儿	小学在读	壮语	不会
谭冠秋	男	毛南	37	户主	初中	壮语	略懂
谭杏专	女	毛南	35	妻子	初中	壮语	略懂
谭奔	女	毛南	14	女儿	初中在读	壮语	熟练
谭冠堂	男	毛南	35	户主	初中	壮语	略懂
谭兰清	女	毛南	71	母亲	小学	壮语	略懂
谭任财	男	毛南	38	户主	初中	壮语	略懂
谭兰杏	女	毛南	34	妻子	小学	壮语	略懂
谭莹露	女	毛南	13	长女	初中在读	壮语	熟练
谭莹	女	毛南	9	次女	小学在读	壮语	不会
谭炳国	男	毛南	68	父亲	小学	毛南语	熟练
谭小妹	女	毛南	73	母亲	文盲	毛南语	熟练
谭玉盾	男	毛南	59	户主	小学	壮语	略懂
谭月团	女	毛南	59	妻子	文盲	壮语	略懂
谭志光	男	毛南	37	长子	初中	壮语	略懂
谭志教	男	毛南	33	次子	初中	壮语	略懂
谭卫城	男	毛南	43	户主	初中	壮语	熟练
谭良师	女	毛南	40	妻子	小学	毛南语	熟练

续表

姓名	性别	民族	年龄	家庭关系	文化程度	第一语言	毛南语水平
谭金禄	男	毛南	20	长子	初中	壮语	略懂
谭金航	男	毛南	15	次子	初中在读	壮语	略懂
谭明泉	男	毛南	47	户主	中专	毛南语	熟练
谭暖怀	女	毛南	47	妻子	高中	壮语	熟练
谭增项	男	毛南	24	次子	大学	壮语	略懂
谭永胜	男	毛南	83	父亲	文盲	毛南语	熟练
谭月宁	女	毛南	41	妹妹	初中	毛南语	熟练
谭晓冬	女	毛南	25	妻子	初中	壮语	略懂
谭顺业	男	毛南	27	长子	初中	壮语	略懂
谭明贤	男	毛南	55	户主	初中	毛南语	熟练
谭伟立	男	毛南	27	儿子	初中	壮语	略懂
谭玉丹	女	毛南	25	女儿	初中	壮语	略懂
谭兰敏	女	毛南	59	户主	小学	毛南语	熟练
谭伟芬	女	毛南	31	长女儿	中专	壮语	熟练
谭伟含	女	毛南	30	次女	中专	壮语	略懂
谭学会	男	毛南	38	户主	初中	壮语	略懂
谭良方	女	毛南	35	妻子	小学	壮语	略懂
谭雪梅	女	毛南	12	女儿	初中在读	壮语	略懂
谭兰鲜	女	毛南	62	母亲	小学	壮语	略懂
谭氏	女	毛南	85	奶奶	文盲	壮语	略懂
谭继超	男	毛南	45	户主	初中	壮语	熟练
覃素叶	女	毛南	43	妻子	高中	壮语	略懂
谭俊锐	男	毛南	17	儿子	初中	壮语	略懂
谭雨霏	女	毛南	10	女儿	小学在读	壮语	不会
谭继革	男	毛南	38	户主	小学	壮语	略懂
谭月英	女	毛南	65	母亲	小学	毛南语	熟练
谭继凯	男	毛南	35	户主	初中	壮语	熟练
颜元	女	毛南	27	妻子	中专	毛南语	熟练
谭登毅	男	毛南	51	户主	初中	壮语	熟练
韦合好	女	毛南	48	妻子	小学	壮语	略懂
谭秀女	女	毛南	22	次女	中专	壮语	略懂

续表

姓名	性别	民族	年龄	家庭关系	文化程度	第一语言	毛南语水平
谭秀美	女	毛南	20	三女儿	初中	壮语	不会
谭登瑶	男	毛南	60	户主	小学	壮语	熟练
覃先念	女	毛南	61	妻子	初中	壮语	略懂
谭文重	男	毛南	35	长子	中专	壮语	略懂
谭文弟	男	毛南	30	次子	初中	壮语	略懂
谭登积	男	毛南	43	户主	初中	壮语	略懂
谭卫东	男	毛南	43	户主	高中	壮语	略懂
韦素贞	女	毛南	42	妻子	初中	壮语	不会
谭维乾	男	毛南	14	儿子	初中在读	壮语	略懂
谭顺福	男	毛南	40	户主	小学	壮语	略懂
谭希	男	毛南	78	父亲	小学	壮语	熟练
谭宏举	男	毛南	44	户主	初中	壮语	熟练
覃兰菲	女	毛南	45	妻子	小学	壮语	略懂
谭华帅	男	毛南	24	长子	初中	壮语	略懂
谭华俊	男	毛南	20	次子	初中	壮语	略懂
谭顺荣	男	毛南	37	户主	小学	壮语	熟练
谭花清	女	毛南	76	母亲	文盲	毛南语	熟练
谭昌庆	男	毛南	53	户主	初中	壮语	熟练
杨桂娥	女	毛南	50	妻子	初中	壮语	略懂
谭江雷	男	毛南	30	长子	小学	壮语	略懂
罗小维	女	汉	24	儿媳	初中	汉语	不会
谭江涛	男	毛南	27	次子	初中	壮语	熟练
谭梦玲	女	毛南	13	女儿	初中在读	壮语	略懂
谭政德	男	毛南	43	户主	初中	壮语	熟练
何喜温	女	毛南	39	妻子	初中	壮语	略懂
谭国维	男	毛南	16	长子	初中在读	壮语	略懂
谭洪洲	男	毛南	91	祖父	小学	壮语	熟练
谭日辉	男	毛南	67	户主	小学	壮语	熟练
谭月朗	女	毛南	64	妻子	小学	壮语	熟练
谭政吉	男	毛南	39	长子	初中	壮语	熟练
谭政龙	男	毛南	35	三子	初中	壮语	熟练
谭双凤	女	毛南	33	女儿	初中	壮语	略懂
谭山川	男	毛南	28	户主	初中	壮语	熟练

续表

姓名	性别	民族	年龄	家庭关系	文化程度	第一语言	毛南语水平
韦彩愿	女	壮	25	妻子	初中	壮语	略懂
谭政多	男	毛南	30	户主	初中	壮语	熟练

边缘区熟练使用毛南语的人数占调查总人数比例低，而"略懂"级、"不会"级比例偏高，原因有以下几点。

（1）地理与交通因素。毛南语边缘区位于水源镇、洛阳镇、川山镇三个壮族乡镇的包围之中，加上下南乡通往水源镇、洛阳镇、川山镇3个壮族聚居区的交通要道正好穿过毛南语边缘区，方便了毛南语边缘区毛南族人与壮族地区壮族人的联系，毛南语边缘区语言文化受壮族影响大。需要注意的是，仪凤村5个调查点之间毛南语使用情况的差异也与地理和交通因素密切相关。5个调查点可以分为3种类型：第一种类型包括大屯和内卯屯，这一类村屯远离通往壮族地区的交通要道，同时，离毛南语中心区较近，受壮族影响不大，毛南语保存相对较好；第二种类型包括后沙屯和肯仇屯，这一类村屯虽然离毛南语中心区较远，但由于距离通往壮族地区的交通要道较远，与壮族交流不便，环境相对封闭，因此毛南语也保存得相对较好；第三种类型包括三阳屯，这一类村屯远离毛南语中心区，与中心区交流不便，同时靠近通往壮族地区的交通要道，与壮族交流机会多，毛南语受到壮语的冲击也比较大，毛南语的使用出现松动迹象。地理与交通因素（图2-2）是边缘区毛南语松动的基础。

图 2-2　毛南语边缘区的地理与交通情况图

（2）族际通婚因素。在毛南语边缘区调查的 221 户中，有 28 户为族际婚姻家庭，其中谭祖辉一户有户主与妻子、长女与长婿两对族际婚姻夫妻，占边缘区调查总户数的 12.7%，比例高于中心区比例。族际婚姻家庭比例的提高加剧了边缘区毛南语使用的松动现象。族际通婚是边缘区毛南语松动的直接原因。

（3）倾向于学习和使用壮语、汉语的语言态度及对毛南语发展趋势的不自信。在毛南语边缘区，许多村民具有倾向于学习和使用壮语、汉语的语言态度。比如，仪凤村大屯农民谭贵山，当问他说哪种语言最重要时，他说："普通话最重要，普通话是国家推行的，肯定会有大发展，而且全国到哪里都可以说。壮语和桂柳话，在广西区内基本上都可以说，也很重要，也需要发展。毛南语的话，除了下南这一片，你说别人也听不懂。我是觉得毛南语应该要发展，但是我无法想象它还能不能继续发展。"在毛南语边缘区，由于与壮族地区交流频繁，许多孩子一出生就学习壮语或汉语，许多父母认为这样方便孩子将来与周边壮族的交流，也为将来孩子到下南以外的壮族地区或汉族地区学习、工作打下基础。倾向于学习和使用壮语、汉语的语言态度，以及对毛南语发展趋势的不自信，是边缘区毛南语出现松动的根本原因。

（二）不同年龄段的毛南语使用情况

笔者将毛南语中心区调查对象分 6～12 岁、13～19 岁、20～59 岁、60 岁及 60 岁以上四个年龄段进行了考察，他们的毛南语能力的具体情况如表 2-15～表 2-19 所示。

1. 60 岁及 60 岁以上

表 2-15　毛南语中心区 60 岁及 60 岁以上的毛南语能力的具体情况表

调查点		样本量/人	熟练		略懂		不会	
			人数/人	比例/%	人数/人	比例/%	人数/人	比例/%
仪凤村	大屯	25	20	80	4	16	1	4
	后沙屯	14	14	100	0	0	0	0
	肯仇屯	20	18	90	2	10	0	0
	内卯屯	24	19	79.2	1	4.2	4	16.7
	三阳屯	21	13	61.9	8	38.1	0	0
合计		104	84	80.8	15	14.4	5	4.8

表 2-15 可以看出，在毛南语边缘区，60 岁及 60 岁以上这一年龄段调查对象毛南语水平的特点是：80.8%的调查对象的毛南语水平是"熟练"级，虽然比中心区毛南语水平"熟练"级比例最低的年龄段的"熟练"级比例还低 16 个百分点，但在毛南语边缘区，这一比例是 4 个年龄段毛南语水平"熟练"级比例中最高的。有 14.4%的老人毛南语水平属"略懂"级，即基本能听懂毛南语，只会说简单的日常用语，还有 4.8%的老人完全不会毛南语，60 岁以上这一年龄段毛南语水平"略懂"级和"不会"级比例均为边缘区 4 个年龄段中最低的。因此，毛南语边缘区 60 岁及 60 岁以上的老人毛南语整体水平不如中心区，但相对于边缘区其他年龄段，毛南语在 60 岁及 60 岁以上的老人这一群体中保存得是最好的。

另外可以看到，在调查的 5 个屯中，后沙屯 60 岁及 60 岁以上老人全部能够熟练使用毛南语，比例最低的是三阳屯，其毛南语水平"熟练"级比例仅为 61.9%。除后沙屯外，还有肯仇屯和三阳屯 2 个屯，60 岁及 60 岁以上的老人完全不会毛南语的情况没有，他们至少能听懂。毛南语水平"不会"级比例最高的是内卯屯，"不会"级比例达 16.7%。虽然三阳屯没有完全不会毛南语的 60 岁及 60 岁以上老人，但是其不会说毛南语的老人占老人总数的比例是最高的，达到 38.1%，最少的是后沙屯，平均有 19.2%的老人不会说毛南语。

2. 20～59 岁

表 2-16 毛南语中心区 20～59 岁的毛南语能力的具体情况表

调查点		样本量/人	熟练		略懂		不会	
			人数/人	比例/%	人数/人	比例/%	人数/人	比例/%
仪凤村	大屯	164	138	84.1	22	13.4	4	2.4
	后沙屯	56	49	87.5	4	7.1	3	5.4
	肯仇屯	73	65	89	8	11	0	0
	内卯屯	117	109	93.2	2	1.7	6	5.1
	三阳屯	112	50	44.6	59	52.7	3	2.7
合计		522	411	78.7	95	18.2	16	3.1

从表 2-16 可以看出，在毛南语边缘区，20～59 岁这一年龄段村民毛南语水平的特点是：毛南语水平"熟练"级的比例为 78.7%，"略懂"级比例为 18.2%，"不会"级比例为 18.2%，三个等级的比例均在 4 个年龄段中处于中高地位，这与这一年龄段在中心区的特点是一致的。毛南语水平"熟练"级比例和"略懂"级

比例在 5 个调查点之间存在一定差异：毛南语水平"熟练"级比例最高的是内卯屯，"熟练"级比例达 93.2%，而"熟练"级比例最低的是三阳屯，其"熟练"级比例仅为 44.6%；与"熟练"级比例正好相反，毛南语水平"略懂"级比例最高的是三阳屯，其"略懂"级比例高达 52.7%，而"略懂"级比例最低的是内卯屯，其"略懂"级比例仅为 1.7%。相比之下，20～59 岁这一年龄段，5 个调查点之间毛南说不清楚水平"不会"级比例就显得相对平均了。

3. 13～19 岁

表 2-17　毛南语中心区 13～19 岁的毛南语能力的具体情况表

调查点		样本量/人	熟练		略懂		不会	
			人数/人	比例/%	人数/人	比例/%	人数/人	比例/%
仪凤村	大屯	25	20	80.0	5	20.0	0	0
	后沙屯	10	7	70.0	3	30.0	0	0
	肯仇屯	12	11	91.7	1	8.3	0	0
	内卯屯	9	9	100.0	0	0	0	0
	三阳屯	15	8	53.3	7	46.7	0	0
合计		71	55	77.5	16	22.5	0	0

从表 2-17 可以看出，在毛南语边缘区，13～19 岁这一年龄段毛南语水平的特点是：5 个调查点之间的毛南语"熟练"级比例和"略懂"级比例差异较大。5 个调查点中，内卯屯 13～19 岁的青少年全部都能熟练使用毛南语，毛南语水平"熟练"级比例最高，三阳屯毛南语水平"熟练"级比例为 53.3%，是 5 个调查点中最低的，边缘区毛南语水平"熟练"级平均比例为 77.5%；毛南语水平"略懂"级比例的情况则正好相反，内卯屯 13～19 岁的青少年中，没有人毛南语水平为"略懂"，毛南语水平"略懂"级比例最低，三阳屯 13～19 岁的青少年中，有 46.7%的人毛南语水平为"略懂"，是毛南语边缘区 5 个调查点中毛南语水平"略懂"级比例最高的屯。在边缘区的 5 个调查点中，在 13～19 岁这一年龄段中，完全不会毛南语的人是不存在的。笔者注意到，这一年龄段的青少年多数正在位于毛南语中心区的下南中学读初中，或刚刚从下南中学毕业不久，到毛南语中心区学习、生活。这是这一年龄段青少年学习、使用毛南语的良机，也是这一年龄段青少年都能听懂毛南语的重要原因。

4. 6～12 岁

表 2-18　毛南语中心区 6～12 岁的毛南语能力的具体情况表

调查点		样本量/人	熟练		略懂		不会	
			人数/人	比例/%	人数/人	比例/%	人数/人	比例/%
仪凤村	大屯	10	3	30	2	20	5	50
	后沙屯	8	1	12.5	3	37.5	4	50
	肯仇屯	3	0	0	2	66.7	1	33.3
	内卯屯	16	5	31.3	0	0	11	68.8
	三阳屯	14	0	0	4	28.6	10	71.4
合计		51	9	17.6	11	21.6	31	60.8

从表 2-18 可以看出，在毛南语边缘区，6～12 岁这一年龄段毛南语水平的特点是：这一年龄段的毛南语水平"熟练"级比例低，仅为 17.6%，毛南语水平"不会"级比例高达 60.8%，仅有不到 40% 的儿童能听懂毛南语，超过 80% 的儿童不会说毛南语，毛南语的使用在这一年龄段出现衰退现象。

从 5 个调查点分别来看，肯仇屯、三阳屯这 2 个调查点的儿童都不会说毛南语，而毛南语水平"熟练"级比例最高的内卯屯，其毛南语水平"熟练"级比例也仅为 31.3%，还不及中心区这一年龄段毛南语水平"熟练"级最低比例的一半。毛南语水平"不会"级比例最低的是肯仇屯，比例为 33.3%，最高的是三阳屯，比例达到 71%，除了肯仇屯，另外 4 个调查点毛南语"不会"级比例都在 50% 以上。

毛南语边缘区 6～12 岁的调查对象共有 51 名，他们的语言使用情况如表 2-19 所示。

表 2-19　毛南语边缘区 6～12 岁的调查对象的语言使用情况表

姓名	性别	民族	年龄/岁	文化程度	第一语言	毛南语水平
谭家宝	男	毛南	6	小学在读	壮语	不会
王冬平	男	毛南	6	小学在读	壮语	不会
谭宇昕	女	毛南	6	小学在读	壮语	不会
谭胜科	男	毛南	7	小学在读	毛南语	熟练
谭绿宇	女	毛南	7	小学在读	壮语	不会
谭玉芬	女	毛南	7	小学在读	壮语	略懂
卢迅	男	毛南	7	小学在读	壮语	略懂

续表

姓名	性别	民族	年龄/岁	文化程度	第一语言	毛南语水平
卢凤婷	女	毛南	7	小学在读	壮语	熟练
谭政	男	毛南	7	小学在读	壮语	不会
谭雄发	男	毛南	7	小学在读	壮语	不会
谭茨勉	女	毛南	7	小学在读	壮语	不会
谭丽霞	女	毛南	8	小学在读	壮语	略懂
谭款	男	毛南	8	小学在读	壮语	不会
谭润韬	男	毛南	8	小学在读	壮语	不会
谭丽硕	女	毛南	8	小学在读	壮语	不会
谭简	女	毛南	8	小学在读	壮语	不会
谭庆博	男	毛南	8	小学在读	壮语	熟练
谭晓生	男	毛南	8	小学在读	壮语	不会
吴骁琴	女	毛南	8	小学在读	壮语	不会
谭荟佞	女	毛南	9	小学在读	壮语	不会
谭云凤	女	毛南	9	小学在读	壮语	不会
谭朋	男	毛南	9	小学在读	壮语	略懂
谭玉珊	女	毛南	9	小学在读	壮语	熟练
谭杨开	男	毛南	9	小学在读	壮语	不会
谭继旺	男	毛南	9	小学在读	壮语	不会
谭东生	男	毛南	9	小学在读	壮语	不会
谭明	男	毛南	9	小学在读	壮语	不会
谭雪姣	女	毛南	9	小学在读	壮语	略懂
谭丽莎	女	毛南	9	小学在读	壮语	不会
谭莹	女	毛南	9	小学在读	壮语	不会
谭玉琪	女	毛南	10	小学在读	毛南语	熟练
谭喜	女	毛南	10	小学在读	壮语	不会
谭秋枝	女	毛南	10	小学在读	壮语	熟练
谭华祚	男	毛南	10	小学在读	壮语	不会
谭雨霏	女	毛南	10	小学在读	壮语	不会
谭志发	男	毛南	11	小学在读	壮语	略懂
谭宇雷	男	毛南	11	小学在读	毛南语	熟练
黎承盼	女	毛南	11	小学在读	壮语	略懂

续表

姓名	性别	民族	年龄/岁	文化程度	第一语言	毛南语水平
田昌敏	男	毛南	11	小学在读	壮语	不会
谭龙海	男	毛南	11	小学在读	壮语	不会
谭荣林	男	毛南	11	小学在读	壮语	不会
谭顺研	女	毛南	11	小学在读	壮语	略懂
谭雅耐	女	毛南	12	小学在读	壮语	不会
谭周婷	女	毛南	12	小学在读	壮语	略懂
谭闯	女	毛南	12	小学在读	壮语	不会
谭茂长	女	毛南	12	小学在读	壮语	不会
谭丽卯	女	毛南	12	初中在读	壮语	熟练
谭西昌	男	毛南	12	初中在读	壮语	熟练
谭雄展	男	毛南	12	初中在读	壮语	略懂
谭雄琨	男	毛南	12	初中在读	壮语	不会
谭雪梅	女	毛南	12	初中在读	壮语	略懂

表 2-19 中，只有 7 岁的谭胜科、10 岁的谭玉琪和 11 岁的谭宇雷第一语言为毛南语，3 人均来自大屯，其他调查对象的第一语言均为壮语。再从毛南语水平来看，51 人中仅 9 人毛南语水平为"熟练"级，占该年龄段调查对象总数的 17.6%，这部分毛南语水平"熟练"级的调查对象，一部分是因为到毛南语中心区上学，经常接触毛南语而习得的，如当我们问到谭继旺为什么不会说毛南语时，仪凤村党支部书记谭耀楼说："因为没有去下南（中心小学）读书。"而表 2-19 已经在下南中学读初中的 5 名调查对象中，只有谭雄琨一个还完全听不懂也不会说毛南语。还有一部分毛南语水平"熟练"级的调查对象，由于其母亲是毛南语中心区嫁入的媳妇，如 8 岁的谭庆博，其母从下南社区嫁来仪凤，到外祖母家需要用毛南语交流，因此谭庆博会说毛南语，而且很流利。

三、毛南语 500 词测试

为了考察下南乡毛南族人使用毛南语的能力差异，笔者对从下南乡毛南语中心区四个年龄段的居民中随机抽取了 17 人进行毛南语 500 词水平测试。这 500 词又可以分为 18 个类别（天文类、地理类、方位类、时间类、动物类、植物类、身体类、称谓类、病痛类、农事类、饮食类、动作类、颜色类、修饰与性状类、数词类、量词类、人称代词类、副词类），以毛南族人民日常生活中的常用词为主。在测试中，对调查对象每个词的掌握情况分为四级：A 级表示熟练，能熟练说出；B 级表示思考后说出；C 级表示提示后能懂；D 级表示不懂。

随机抽取的 17 位测试对象的具体情况如表 2-20 所示。

表 2-20　随机抽取的 17 位测试对象情况

序号	姓名	年龄/岁	文化程度	住址
1	谭孟桃	9	小学在读	下南社区下南街
2	谭丽娟	10	小学在读	下南社区下南街
3	谭云龙	11	小学在读	下南社区下南街
4	谭松	11	小学在读	下南社区下南街
5	谭磊	11	小学在读	下南社区下南街
6	王冲	11	小学在读	仪凤村
7	谭丽环	13	初中在读	下南社区东谈屯
8	覃雪芬	28	—	下南社区松现屯
9	谭赠葵	30	—	中南村三圩屯
10	覃俊周	35	中专	下南社区松现屯
11	叶初诚	39	—	玉环村千秋屯
12	谭国光	41	—	波川村东发屯
13	谭合教	53	—	波川村庭木屯
14	谭健儿	54	—	下南
15	谭根孚	61	—	下南社区东谈屯
16	谭金书	64	—	波川村松仁屯
17	谭玉昌	67	—	下南社区中里屯

对这 17 人进行毛南语 500 词测试的测试结果如表 2-21 所示。

表 2-21　对 17 人进行毛南语 500 词测试的测试结果表

姓名	年龄/岁	不同等级的词汇掌握情况							
		A		B		C		D	
		数量/个	比例/%	数量/个	比例/%	数量/个	比例/%	数量/个	比例/%
谭孟桃	9	121	24.2	70	14	55	11	254	50.8
覃丽娟	10	213	42.6	52	10.4	23	4.6	212	42.4

续表

姓名	年龄/岁	不同等级的词汇掌握情况							
		A		B		C		D	
		数量/个	比例/%	数量/个	比例/%	数量/个	比例/%	数量/个	比例/%
谭云龙	11	424	84.8	13	2.6	35	7	28	5.6
谭松	11	307	61.4	61	12.2	132	26.4	0	0
谭磊	11	142	28.4	20	4	21	4.2	317	63.4
王冲	11	97	19.4	9	1.8	2	0.4	392	78.4
谭丽环	13	325	65	90	18	70	14	15	3
覃雪芬	28	434	86.8	48	9.6	14	2.8	4	0.8
谭赠葵	30	415	83	35	7	45	9	5	1
覃俊周	35	454	90.8	40	8	5	1	1	0.2
叶初诚	39	482	96.4	18	3.6	0	0	0	0
谭国光	41	474	94.8	21	4.2	1	0.2	4	0.8
谭合教	53	467	93.4	24	4.8	9	1.8	0	0
谭健儿	54	380	76	71	14.2	22	4.4	27	5.4
谭根孚	61	465	93	23	4.6	7	1.4	5	1
谭金书	64	472	94.4	14	2.8	0	0	14	2.8
谭玉昌	67	498	99.6	2	0.4	0	0	0	0

本书的第六章"青少年语言状况"将详细描述 6~12 岁与 13~19 岁两个年龄段的语言使用情况,笔者这里主要分析 20~59 岁和 60 岁及 60 岁以上两个年龄段的 500 词测试情况。

(一)不同年龄段的毛南语 500 词测试情况

1. 60 岁及 60 岁以上

如表 2-21,本次测试抽取的 3 位 60 岁及 60 岁以上的调查对象分别是谭根孚、谭金书和谭玉昌。以上 3 位调查对象测试结果中 A 级比例都在 90% 以上,A 级比例最高的是谭玉昌,其 A 级比例达到 99.6%,只有 2 个词需要思考才能说出。A 级比例最低的是谭根孚,其 A 级比例也达到了 93%。另外,3 位调查对象测试结果中 D 级比例都在 3% 以下,也就是说,3 位调查对象掌握的词语比例都在 97% 以上,只是熟练与否的差别。其中,D 级比例最低的是谭玉昌,其 D 级比例为 0%,

即 500 词中没有不会的词。D 级比例最高的是谭金书，其 D 级比例为 2.8%，有
14 个词语不会，在这 14 个词语中，植物类词语 1 个，占植物类词语总数的 4.8%，
身体类词语 2 个，占身体类词语总数的 6.9%，动作类词语 10 个，占动作类词语
总数的 5.2%，修饰与性状类词语 1 个，占修饰与性状类词语总数的 1.5%。谭根
孚测试结果中 D 级比例仅为 1%，有 5 个词语不会，分别是动物类的"旱蚂蟥"，
身体类的"无名指"和动作类的"溢（水溢出）""点（头）""扶（扶起来）"。

综上所述，60 岁及 60 岁以上这一年龄段掌握毛南语 500 常用词的特点是：
基本能掌握 500 常用词，并且能流利对答的词语比例高，完全不会的比例低，这
是这一年龄段稳定使用毛南语的有力证据。

表 2-22 列出了 60 岁及 60 岁以上年龄段的毛南语 500 词测试的详细结果，从
而进一步显示这一年龄段掌握毛南语 500 常用词的情况。

表 2-22　60 岁及 60 岁以上年龄段的毛南语 500 词测试的结果

序号	分类	词语	国际音标	谭根孚	谭金书	谭玉昌
1	天文	天	$bən^1$	A	A	A
2	天文	太阳	$la{:}k^8van^1$	A	A	A
3	天文	月亮	ni^4njen^2	A	A	A
4	天文	星星	$zət^7$	A	A	A
5	天文	风	$ləm^1$	A	A	A
6	天文	雨	fin^1	A	A	A
7	地理	山	$koŋ^3pja^3$	A	A	A
8	地理	田（水田）	$ʔja^5$	A	A	A
9	地理	石头	$tu{:}i^2$	A	A	A
10	地理	火	vi^1	A	A	A
11	方位	面前	na^3	A	A	A
12	方位	里面	$ja{:}u^3$	A	A	A
13	方位	右	fa^1	A	A	A
14	方位	左	ze^4	A	A	A
15	方位	旁边	jen^1	A	A	A
16	时间	从前	$ku{:}n^5$	A	A	A
17	时间	年	$mbɛ^1$	A	A	A
18	时间	今年	$mbɛ^1na{:}i^6$	A	A	A

续表

序号	分类	词语	国际音标	谭根孚	谭金书	谭玉昌
19	时间	明年	mbe^{1}ʔna^3	A	A	A
20	时间	去年	mbe^{1}ta^6	A	A	A
21	时间	前年	mbe^{1}ku:n^5	A	A	A
22	时间	月（月份）	ȵɔ:t^8	A	A	A
23	时间	一月	njen^{2}tseŋ^1	A	A	A
24	时间	二月	ȵi^{6}ȵɔ:t^8	A	A	A
25	时间	天（日）	van^1	A	A	A
26	时间	今天	van^{1}na:i^6	A	A	A
27	时间	昨天	van^{1}ʔȵuŋ^1	A	A	A
28	时间	白天	ta^{5}van^1	A	A	A
29	时间	夜里	ta^{5}ʔȵam^5	A	A	A
30	时间	早晨	ta^{6}ji:t^7	A	A	A
31	动物	牛	pɔ^4	A	A	A
32	动物	黄牛	pɔ^4	A	A	A
33	动物	水牛	kwi^2	A	A	A
34	动物	羊	zo^2	A	A	A
35	动物	猪	mu^5	A	A	A
36	动物	公猪（一般的）	mu^{5}ceu^2	A	A	A
37	动物	狗	ma^1	A	A	A
38	动物	老虎	məm^4	A	A	A
39	动物	熊	moi^1	A	A	A
40	动物	猴子	mu:n^6	A	A	A
41	动物	野猪	da:i^5	A	A	B
42	动物	老鼠	ȵɔ^3	A	A	A
43	动物	鸡	ka:i^5	A	A	A
44	动物	公鸡	ka:i^{5}sai^3	B	A	A
45	动物	雉鸡（野鸡）	nɔk^{8}kuk^7	A	B	A
46	动物	鸭子	ʔɛp^7	A	A	A
47	动物	鸟	nɔk^8	A	A	A
48	动物	老鹰	ȵa:u^2	A	B	B
49	动物	猫头鹰	kau^1	A	B	A

续表

序号	分类	词语	国际音标	谭根孚	谭金书	谭玉昌
50	动物	蝙蝠	ko^2	A	B	A
51	动物	蛇	$zu{:}i^2$	A	A	A
52	动物	虫	ta^1	A	A	A
53	动物	蝴蝶	$buŋ^4ba^4$	A	A	A
54	动物	蜘蛛	$kuŋ^6ka{:}ŋ^2$	C	A	A
55	动物	蟑螂（烧甲）	$da{:}p^8$	B	A	A
56	动物	蜈蚣	ta^1chap^7	B	A	A
57	动物	蚂蚁	$mət^8$	B	A	A
58	动物	蚂蚁洞	$koŋ^1mət^8$	A	B	A
59	动物	蝉	$vi{:}t^8$	A	A	A
60	动物	螳螂	$təm^2təŋ^2$	A	B	A
61	动物	蚱蜢	$djak^6$	A	A	A
62	动物	蜜蜂	luk^8	A	A	A
63	动物	苍蝇	$ɲuŋ^4vjan^1$	A	A	A
64	动物	蚊子	$ɲuŋ^4ŋɔ{:}ŋ^5$	A	A	A
65	动物	跳蚤	mat^7	C	A	A
66	动物	臭虫	$ndiŋ^1$	B	A	A
67	动物	虱子（衣服上的）	nan^1	A	B	A
68	动物	头虱	tu^1	A	A	A
69	动物	蛆	$nu{:}n^1$	B	A	A
70	动物	蛔虫	$tɛ^6$	A	B	A
71	动物	蚯蚓	zan^4	B	A	A
72	动物	蛙（小的）	$kwai^3$	A	A	A
73	动物	田鸡（大青蛙）	$kəp^7$	Ḃ	A	A
74	动物	癞蛤蟆	$kəp^7pa{:}t^7$	B	A	A
75	动物	蝌蚪	$pi^2choŋ^3$	C	A	A
76	动物	旱蚂蟥	$mbiŋ^1$	D	A	A
77	动物	螺蛳（田螺）	$khui^3$	A	A	A
78	动物	鱼	$mbjai^3$	A	A	A
79	动物	黄鳝	$ta{:}ŋ^6tsjen^4$	A	B	A
80	动物	泥鳅	$tɔ^2zon^4$	A	A	A

续表

序号	分类	词语	国际音标	谭根孚	谭金书	谭玉昌
81	动物	羽毛	$sən^1$	A	A	A
82	动物	毛	$sən^1ka:i^5$	A	A	A
83	动物	翅膀	va^5	A	A	A
84	动物	鸡尾	$sət^7ka:i^5$	A	A	A
85	植物	树	mai^4	A	A	A
86	植物	树林	$dɔŋ^2$	A	A	A
87	植物	树枝	$ŋa^5mai^4$	A	A	A
88	植物	树叶	va^5	A	A	A
89	植物	甘蔗	$ʔu:i^3$	A	A	A
90	植物	草	$caŋ^1$	A	A	A
91	植物	茅草	hi^1	A	A	A
92	植物	棉花	$wa:i^5$	A	A	A
93	植物	竹子	mai^4tim^3	A	A	A
94	植物	竹笋	$na:ŋ^1$	A	A	A
95	植物	竹节	$phoŋ^3$	A	A	A
96	植物	水稻	fiu^4ja^5	A	A	A
97	植物	秧	ca^3	A	A	A
98	植物	禾苗	ca^3	A	A	A
99	植物	稻草	$fa:ŋ^1$	A	A	A
100	植物	花生	tau^6ti^5	A	A	A
101	植物	蔬菜	$ʔma^1$	A	A	A
102	植物	苦瓜	kwa^1kam^1	B	B	A
103	植物	瓢（葫芦瓜）	$bɛ^6$	A	D	A
104	植物	甘薯（红薯）	$la:k^8man^2$	A	A	A
105	植物	芋头	$la:k^8ʔi:k^7$	A	A	A
106	身体	头	ko^3	A	A	A
107	身体	头发	$pjam^1$	A	A	A
108	身体	辫子	$pjen^4$	A	A	A
109	身体	脸	na^3	A	A	A
110	身体	腮颊	$ŋai^5$	A	A	A
111	身体	耳朵	kha^1	A	A	A

续表

序号	分类	词语	国际音标	谭根乎	谭金书	谭玉昌
112	身体	眼睛	nda¹	A	A	A
113	身体	鼻子	ʔnaŋ¹	A	A	A
114	身体	嘴	pa:k⁷	A	A	A
115	身体	牙齿	hi:u³na³	A	A	A
116	身体	舌头	ma²	A	A	A
117	身体	喉咙	kɔ:ŋ⁴	A	A	A
118	身体	脖子	dən⁴	A	A	A
119	身体	手	si:m³	A	A	A
120	身体	拇指	ni⁴si:m³	A	A	A
121	身体	食指	la:k⁸tjɔŋ¹zja:ŋ⁶	A	D	A
122	身体	中指	la:k⁸tjɔŋ¹tu⁶ta⁵	B	A	A
123	身体	无名指	kam³me²da:n²	D	D	A
124	身体	小指	la:k⁸tjɔŋ¹mi²	A	A	A
125	身体	指甲	dip⁷	A	A	A
126	身体	拳头	con²	A	A	A
127	身体	脚	ti:n¹	A	A	A
128	身体	膝盖	kam⁶ko⁶	A	A	A
129	身体	腿	pja¹	A	A	A
130	身体	大腿	pja¹	A	A	A
131	身体	鼻涕	muk⁸	A	A	A
132	身体	口水	ŋa¹	A	A	A
133	身体	汗	vən⁵	A	A	A
134	身体	屎	ce⁴	A	A	A
135	称谓	曾祖父	kɔŋ⁵ma:ŋ⁶	A	A	A
136	称谓	曾祖母	pa²ma:ŋ⁶	A	A	A
137	称谓	祖父	kɔŋ⁵	A	A	A
138	称谓	祖母	pa²	A	A	A
139	称谓	父母	tɛ²ni⁴	A	A	A
140	称谓	父亲	tɛ²	A	A	A
141	称谓	母亲	ni⁴	A	A	A
142	称谓	妻子	lja³	A	A	A

序号	分类	词语	国际音标	谭根孚	谭金书	谭玉昌
143	称谓	哥哥	va:i^4	A	A	A
144	称谓	嫂子	ve^{2}lja^3	A	A	A
145	称谓	弟弟	nuŋ^4	A	A	A
146	称谓	姐姐	ve^2	A	A	A
147	称谓	儿子	la:k^8	A	A	A
148	称谓	儿媳	la:k^{8}lja^3	A	A	A
149	称谓	女儿	la:k^{8}bi:k^8	A	A	A
150	称谓	孙子	la:k^{8}cha:n^1	A	A	A
151	称谓	孙女	la:k^{8}cha:n^{1}bi:k^8	A	A	A
152	称谓	儿童	la:k^{8}ce^3	A	A	A
153	病痛	结巴	ʔai^{1}da^3	A	A	A
154	病痛	驼子	kuŋ^{5}kɛ:ŋ^5	A	A	A
155	病痛	聋子	ʔai^{1}kha^{1}dak^8	A	A	A
156	农事	家	ja:n^1	A	A	A
157	农事	粮仓（谷仓）	zən^5	A	A	A
158	农事	菜园	fjen^1	A	A	A
159	农事	门	tɔ^1	A	A	A
160	农事	路	khun^1	A	A	A
161	农事	布	ʔi^1	A	A	A
162	农事	筷子	tso^6	A	A	A
163	农事	锅铲	me^{6}zi^2	A	A	A
164	农事	刀	mit^8	A	A	A
165	农事	桌子	cen^6	A	A	A
166	农事	椅子	ŋut^8	A	A	A
167	农事	扫帚	ŋu:i^{6}kwa:t^7	A	A	A
168	农事	梳子	chi^1	A	A	A
169	农事	秤	ndaŋ^5	A	A	A
170	农事	锁	ni^{4}zi^2	A	A	A
171	农事	钥匙	sai^{2}zi^2	A	A	A
172	农事	锄头	la:k^{8}kau^1	A	A	A
173	农事	扁担	mai^{4}ŋa:n^1	A	A	A

续表

序号	分类	词语	国际音标	谭根孚	谭金书	谭玉昌
174	农事	山歌	pi³	A	A	A
175	农事	乡	ja:ŋ⁵	A	A	A
176	农事	场（集）	huɪ¹	A	A	A
177	农事	村	ba:n⁴	A	A	A
178	农事	毛南族	ma:u⁴ma:n⁶	A	A	A
179	农事	神	ma:ŋ¹	A	B	A
180	饮食	米	fiu⁴	A	A	A
181	饮食	饭	ʔu⁵	A	A	A
182	饮食	糍粑	zi²	A	A	A
183	饮食	肉	na:n⁴	A	A	A
184	饮食	牛肉	na:n⁴pɔ⁴	A	A	A
185	饮食	盐	kwo¹	A	A	A
186	饮食	酒（烧酒）	kha:u³	A	A	A
187	饮食	蛋	kai⁵	A	A	A
188	动作	断（扁担断了）	tjak⁷	A	A	A
189	动作	撞（车撞在墙上）	na:m⁵	A	A	A
190	动作	倒（树倒了）	lam⁵	A	A	A
191	动作	塌（倒塌）	lam⁵	A	A	A
192	动作	着（火着了）	chuːt⁷	A	A	A
193	动作	烧（野火烧山）	ta:u³	A	A	A
194	动作	灭（灯灭了）	dap⁸	A	A	A
195	动作	溢（水溢）	bot	D	B	A
196	动作	漏（水桶漏水）	lɔ⁶	A	A	A
197	动作	漏出	ln	A	A	A
198	动作	摆动（树枝摆动）	nai¹	A	D	A
199	动作	啃（啃骨头）	cip⁷	A	B	A
200	动作	蛰（马蜂蜇人）	tai³	A	A	A
201	动作	叫（母鸡叫小鸡）	ju⁵	A	A	A
202	动作	叫（母鸡下蛋时叫）	can²	A	A	A
203	动作	叫（鸟叫）	hiːt⁷	A	A	A
204	动作	爬（蛇在地上爬）	la:i⁵	A	A	A

续表

序号	分类	词语	国际音标	谭根孚	谭金书	谭玉昌
205	动作	飞	vin^3	A	A	A
206	动作	缠绕	con	A	D	A
207	动作	游（鱼游水）	wai^1	A	A	A
208	动作	脱（蛇脱皮）	$phoŋ^1$	A	A	A
209	动作	结果	fin^1dat^8	B	A	A
210	动作	枯萎	wo	A	A	A
211	动作	落（树叶落）	$tɔk^7$	A	A	A
212	动作	烂（瓜果烂了）	li^1	A	A	A
213	动作	像（他像你）	$daːu^4$	A	A	A
214	动作	成（成为）	fin	A	A	A
215	动作	有	me^2	A	A	A
216	动作	没有（我没有书）	kam^3me^2	A	A	A
217	动作	来	$taŋ^1$	A	A	A
218	动作	去	$paːi^1$	A	A	A
219	动作	回	ma^1	A	A	A
220	动作	回来	$ma^1lɔn^1$	A	A	A
221	动作	回去	$paːi^1ma^1$	A	A	A
222	动作	出	$ʔuːk^7$	A	A	A
223	动作	进	$daːu^4$	A	A	A
224	动作	上（上山）	sa^5	A	A	A
225	动作	下（下楼）	$luːi^5$	A	A	A
226	动作	后悔	$tɔk^7lən^2$	A	A	A
227	动作	担心	$lɔn^2li^1$	A	A	A
228	动作	可怜	$daːi^2ȵaːm^1$	A	A	A
229	动作	可惜	hoi^3	A	A	A
230	动作	发抖	zan^2	A	A	A
231	动作	疼（痛）	$ciːt^7$	A	A	A
232	动作	咳嗽	$fin^1ȵiːk^8$	A	A	A
233	动作	呕吐	$ndok^7$	A	A	A
234	动作	死	tai^1	A	A	A
235	动作	活（救活了）	$ʔnaŋ^1$	A	A	A

续表

序号	分类	词语	国际音标	谭根孚	谭金书	谭玉昌
236	动作	出（嫁）	$pa:i^1$	A	A	A
237	动作	嫁	ca	A	A	A
238	动作	娶	$ʔa:u^1$	A	A	A
239	动作	怀孕	$ȵak^7la:k^8$	B	A	A
240	动作	生（生孩子）	$za:ŋ^4$	A	A	A
241	动作	过年	$na^4tseŋ^1$	A	A	A
242	动作	抬（头）	$ʔjɔ^1$	A	A	A
243	动作	低头	$tsam^3$	A	A	A
244	动作	点（头）	$ŋa:u^2$	D	A	A
245	动作	摇（头）	pi^1	A	A	A
246	动作	笑	cu^1	A	A	A
247	动作	哭	$ȵe^3$	A	A	A
248	动作	说	$ca:ŋ^3$	A	A	A
249	动作	问	$sa:i^3$	A	A	A
250	动作	夸奖	jan^5	A	A	A
251	动作	准备	$cwɛ^2$	A	D	A
252	动作	喊	ju^5	A	A	A
253	动作	唱（歌）	$tshi:ŋ^5$	A	A	A
254	动作	闹（小孩闹）	$də:t^8$	A	A	A
255	动作	哄（哄小孩使不哭）	lau^4	A	A	A
256	动作	骗	lan^4	A	D	A
257	动作	吵（架）	$də:t^8$	A	D	A
258	动作	骂	ba^6	A	A	A
259	动作	喝	na^4	A	A	A
260	动作	吃	na^4	A	A	A
261	动作	尝（尝尝够不够味）	$chi:m^1$	A	A	A
262	动作	咬	cit^8	A	A	A
263	动作	嚼	$ma:k^7$	A	A	A
264	动作	咽	dan^2	A	A	A
265	动作	舔	pe^6	A	A	A
266	动作	流（流口水）	loi^1	B	A	A

序号	分类	词语	国际音标	谭根孚	谭金书	谭玉昌
267	动作	搅	$n\,da\!:\!u^1$	A	A	A
268	动作	打哈欠	$kh\mathfrak{o}^1$	B	A	A
269	动作	抽（抽烟）	na^4	A	A	A
270	动作	伸（伸舌头）	$ja\eta^4$	A	A	A
271	动作	吹口哨	$z\mathfrak{\partial}p^8$	B	A	A
272	动作	看	kau^5	A	A	A
273	动作	看见	$kau^5 du^6$	A	A	A
274	动作	眯（眼）	$khap^7$	A	A	A
275	动作	眨（眼）	$djap^7$	A	A	A
276	动作	闭（闭眼）	$khap^7$	A	A	A
277	动作	瞄（准）	nju^4	A	A	A
278	动作	听	$\mathfrak{P}ni^3$	A	A	A
279	动作	闻（嗅）	$n\mathfrak{\partial}n^4$	A	A	A
280	动作	坐	$zu\!:\!i^6$	A	A	A
281	动作	躺	$nu\!:\!n^2$	A	A	A
282	动作	歇	za^5	A	A	A
283	动作	休息	za^5	A	A	A
284	动作	睡	$nu\!:\!n^2$	A	A	A
285	动作	醒（睡醒）	dju^2	A	A	A
286	动作	醉（酒醉）	$m\varepsilon^1$	A	A	A
287	动作	在	$\eta a\!:\!u^6$	A	A	A
288	动作	等（人）	ka^5	A	A	A
289	动作	爬（爬树）	$tjeu^5$	A	A	A
290	动作	过（过河）	ta^6	B	A	A
291	动作	超过	$l\mathfrak{o}^3$	A	A	A
292	动作	玩（耍）	$ka\!:\!u^2$	A	A	A
293	动作	跌倒	$cham^5$	A	A	A
294	动作	出汗	$\mathfrak{P}uk^7$	A	A	A
295	动作	见面	$tu^6 tam^3$	A	A	A
296	动作	跟	$njem$	A	A	A
297	动作	碰（桌子）	$kw\varepsilon^6$	A	D	A

续表

序号	分类	词语	国际音标	谭根孚	谭金书	谭玉昌
298	动作	陪（客）	taŋ⁴	C	A	A
299	动作	教	son¹	A	A	A
300	动作	找（找虱子）	ʔȵim¹	A	A	A
301	动作	赶（鸟）	nɖau³	A	A	A
302	动作	赶（走）	pa	B	A	A
303	动作	挤（挤进去）	dik⁸	A	A	A
304	动作	带（红领巾）	zap⁸	A	A	A
305	动作	带（钱）	djak	A	A	A
306	动作	带（带孩子）	kau⁵	A	D	A
307	动作	穿（穿鞋）	tan³	A	A	A
308	动作	戴（戴头巾）	zap⁸	A	D	A
309	动作	扛	ʔuːn¹	A	A	A
310	动作	抬	tjuŋ¹	A	A	A
311	动作	挑（挑谷子）	taːp⁷	A	A	A
312	动作	背（背孩子）	ʔma⁵	A	A	A
313	动作	围（上来）	hɔm⁵	A	A	A
314	动作	打架（孩子打架）	tu⁶can⁴	A	A	A
315	动作	熏（用烟熏肉）	pən³	A	D	A
316	动作	烤（烤火）	pɔ⁶	A	A	A
317	动作	燃（火燃了）	ʔɔ⁵	A	A	A
318	动作	熄（熄灯）	dap⁸	A	A	A
319	动作	要（我要这个）	ʔaːu¹	A	A	A
320	动作	给（给钱）	na⁵	A	A	A
321	动作	拢（靠拢）	nap⁷	A	A	A
322	动作	洗（洗脸）	zuk⁷	A	A	A
323	动作	洗（碗）	jaːn⁵	A	A	A
324	动作	留（留饭）	ziːŋ³	A	A	A
325	动作	喂（用食具喂小孩）	sa¹	A	A	A
326	动作	堆（堆积泥土）	tap⁸	A	A	A
327	动作	压（用石头压住）	djam¹	A	A	A
328	动作	竖（把柱子竖起来）	taŋ¹	A	A	A

续表

序号	分类	词语	国际音标	谭根乎	谭金书	谭玉昌
329	动作	拆（拆房子）	lit^8	A	A	A
330	动作	挂（挂在墙上）	lɔi^3	A	A	A
331	动作	收拾	cɔn^6	B	A	A
332	动作	伸（伸手）	jaŋ^4	A	A	A
333	动作	招（招手）	waːŋ^4	A	A	A
334	动作	举（举手）	ʔjɔ^1	A	A	A
335	动作	拿（拿书）	tsau^4	A	A	A
336	动作	抱（抱小孩）	ʔuːm^3	A	A	A
337	动作	握（握刀把）	am	A	A	A
338	动作	扔（扔掉）	vət^7	A	A	A
339	动作	扶（扶起来）	zɛ^3	D	A	A
340	动作	擤（擤鼻涕）	jaːŋ^5	A	A	A
341	动作	做（做工）	ve^4	A	A	A
342	动作	端（端着汤碗）	tsau^4	A	A	A
343	动作	拧（拧毛巾）	bit^8	B	A	A
344	动作	推倒	kai^{4}cham^5	A	A	A
345	动作	牵（牵牛）	chɔŋ^3	A	A	A
346	动作	折（折断树枝）	ʔjaːu^3	A	A	A
347	动作	打（打人）	map^8	A	A	A
348	动作	捉（捉鸡）	sap^7	A	A	A
349	动作	放（放盐）	zɔ^4	A	A	A
350	动作	甩（把水甩干）	vət^7	A	A	A
351	动作	绑	zuk^8	A	A	A
352	动作	解（解绳结）	tsi^5	A	D	A
353	动作	砍（砍树）	tɐ^5	A	A	A
354	动作	削（削果皮）	huːt^7	A	A	A
355	动作	磨（磨刀）	pjan^2	A	A	A
356	动作	舂（舂米）	sa^5	A	A	A
357	动作	筛（筛米）	jaŋ^1	A	A	A
358	动作	量（量布）	wo^1	A	A	A
359	动作	称（称东西）	ndaŋ^5	A	A	A

序号	分类	词语	国际音标	谭根孚	谭金书	谭玉昌
360	动作	夹（用筷子夹菜吃）	ɲep⁷	A	A	A
361	动作	梳（梳头）	chi¹	A	A	A
362	动作	剪	kat⁷	A	A	A
363	动作	走	sa:m³	A	A	A
364	动作	锄（锄地）	ŋguŋ¹	A	A	A
365	动作	犁（犁地）	kwai	A	B	A
366	动作	插（插秧）	djam¹	A	A	A
367	动作	浇（浇菜）	zɔ⁴	C	A	A
368	动作	浇水	zɔ⁴nam³	C	A	A
369	动作	拔（拔草）	cu:n¹	A	A	A
370	动作	煮（煮饭）	tuŋ¹	A	A	A
371	动作	捡	tsəp⁷	A	A	A
372	动作	热（热饭）	do⁴	A	A	A
373	动作	切（切菜）	tsa:p⁸	A	A	A
374	动作	烫（用开水烫）	lɔt⁷	B	A	A
375	动作	赶集（赶墟）	pa:i¹hɯ³	A	A	A
376	动作	买	ndjai³	A	A	A
377	动作	卖	pje¹	A	A	A
378	动作	谢谢	seŋ³zju⁶	A	A	A
379	动作	明白	wɔ³	A	A	A
380	动作	干活儿	ve⁴kɔŋ¹	A	A	A
381	颜色	红	la:n³	A	A	A
382	颜色	黄	ma:n³	A	A	A
383	颜色	蓝	pha¹	A	A	A
384	颜色	白	pok⁸	A	A	A
385	颜色	黑	nam¹	A	A	A
386	颜色	绿	ju¹	A	A	A
387	颜色	紫	kam²	A	A	A
388	颜色	灰（颜色）	pha¹	B	A	A
389	颜色	青（山色青青）	ju¹	A	A	A
390	颜色	光	lau¹	A	A	A

序号	分类	词语	国际音标	谭根孚	谭金书	谭玉昌
391	修饰与性状	亮（屋子很亮）	ca:ŋ¹	A	A	A
392	修饰与性状	暗（屋子很暗）	lap⁷	C	A	A
393	修饰与性状	甜（糖很甜）	fa:n¹	A	A	A
394	修饰与性状	甜（萝卜很甜）	fa:n¹	A	A	A
395	修饰与性状	酸	səm³	A	A	A
396	修饰与性状	苦	kam¹	A	A	A
397	修饰与性状	辣	ma:n⁵	A	A	A
398	修饰与性状	咸	njaŋ⁵	A	A	A
399	修饰与性状	淡（酒淡）	tsit⁷	A	A	A
400	修饰与性状	淡（不咸）	tsit⁷	A	A	A
401	修饰与性状	新鲜	mai⁵	A	A	A
402	修饰与性状	香（花香）	nda:ŋ¹	A	A	A
403	修饰与性状	臭	ʔȵin¹	A	A	A
404	修饰与性状	大	la:u⁴	A	A	A
405	修饰与性状	小	ʔni⁵	A	A	A
406	修饰与性状	长	ʔja:i⁸	A	A	A
407	修饰与性状	短	din⁴	A	A	A
408	修饰与性状	厚	na¹	A	A	A
409	修饰与性状	薄	ba:ŋ¹	A	A	A
410	修饰与性状	圆（球很圆）	don²	A	A	A
411	修饰与性状	宽（路宽）	ba⁶	A	A	A
412	修饰与性状	窄（路窄）	ja:p⁷	A	A	A
413	修饰与性状	高	voŋ¹	A	A	A
414	修饰与性状	矮	djam⁶	A	A	A
415	修饰与性状	低	djam⁶	A	A	A
416	修饰与性状	滑（路很滑）	lau¹	A	A	A
417	修饰与性状	尖（山很尖）	sam¹	A	A	A
418	修饰与性状	歪（帽子戴歪了）	koi²	A	A	A
419	修饰与性状	满（水满了）	tik⁷	A	A	A
420	修饰与性状	饱满（谷子饱满）	tik⁷	A	A	A
421	修饰与性状	硬	ca³	A	A	A

序号	分类	词语	国际音标	谭根孚	谭金书	谭玉昌
422	修饰与性状	软	ʔma^3	A	A	A
423	修饰与性状	脆	hiːm^1	A	A	A
424	修饰与性状	干净	sɛu^5	A	A	A
425	修饰与性状	脏（衣服脏）	ʔwa^5	A	A	A
426	修饰与性状	深（水深）	ʔjam^1	A	A	A
427	修饰与性状	稠（粥很稠）	tən^6	A	A	A
428	修饰与性状	稀（粥很稀）	lju^1	A	A	A
429	修饰与性状	轻	khu^1	A	A	A
430	修饰与性状	重	zan^1	A	A	A
431	修饰与性状	多	coŋ^2	A	A	A
432	修饰与性状	远	ci^1	A	A	A
433	修饰与性状	近	phjai^5	A	A	A
434	修饰与性状	快（走得快）	liu^5	A	A	A
435	修饰与性状	慢（走得慢）	ʔjaŋ^1	A	A	A
436	修饰与性状	早（很早起来）	sam^1	A	A	A
437	修饰与性状	晚（很晚才睡）	fɛ^1	A	A	A
438	修饰与性状	热（天气热）	tuːn^1	A	A	A
439	修饰与性状	冷（天气冷）	jaːm^5	A	A	A
440	修饰与性状	饱	tjaŋ^5	A	A	A
441	修饰与性状	饿	$\text{biːk}^8\text{lɔŋ}^2$	A	A	A
442	修饰与性状	困	lja^2	A	A	A
443	修饰与性状	累	lja^2	A	A	A
444	修饰与性状	高兴	maŋ^4	A	A	A
445	修饰与性状	瞎	buːt^8	A	A	A
446	修饰与性状	痒	cit^8	A	A	A
447	修饰与性状	好	daːi^2	A	A	A
448	修饰与性状	坏	cɔːp^8	A	A	A
449	修饰与性状	差	khə^3	A	A	A
450	修饰与性状	新	mai^5	A	A	A
451	修饰与性状	生（生肉）	dip^8	A	A	A
452	修饰与性状	熟（熟肉）	zɔk^8	A	A	A

续表

序号	分类	词语	国际音标	谭根孚	谭金书	谭玉昌
453	修饰与性状	乱（头发乱）	lon^6	A	A	A
454	修饰与性状	年轻	$nɔːm^3$	A	A	A
455	修饰与性状	老（人老）	ce^5	A	A	A
456	修饰与性状	胖	pi^2	A	A	A
457	修饰与性状	瘦（人瘦）	$ʔwon^1$	A	A	A
458	修饰与性状	瘦（地瘦）	$tsɛn^4$	A	D	A
459	数词	一	$tɔ^2$	A	A	A
460	数词	二	ja^2	A	A	A
461	数词	三	$saːm^1$	A	A	A
462	数词	四	si^5	A	A	A
463	数词	五	$ŋɔ^4$	A	A	A
464	数词	六	$ljɔk^8$	A	A	A
465	数词	七	$çit^7$	A	A	A
466	数词	八	$pjaːt^7$	A	A	A
467	数词	九	cu^3	A	A	A
468	数词	十	$zəp^8$	A	A	A
469	数词	十一	$zep^8ʔjit^7$	A	A	A
470	数词	十二	$zəp^8n̩i^6$	A	A	A
471	量词	个（一个人）	$ʔai^1$	A	A	A
472	量词	只（一只鸡）	$tɔ^2$	A	A	A
473	量词	棵（一棵树）	$zɔŋ^2$	A	A	A
474	量词	根（一根棍子）	$chaːŋ^5$	A	A	A
475	量词	粒（一粒米）	$n̩uːi^6$	A	A	A
476	量词	间（一间房子）	$hɔk^7$	A	A	A
477	量词	件（一件衣服）	$tsɔŋ^2$	A	A	A
478	量词	件（一件事）	$jaːŋ^2$	A	A	A
479	量词	张（一张纸）	va^5	A	A	A
480	称代	我	fie^2	A	A	A
481	称代	你	$ŋ^2$	A	A	A
482	称代	他	man^2	A	A	A
483	称代	我们	nde^1	A	A	A

续表

序号	分类	词语	国际音标	谭根孚	谭金书	谭玉昌
484	称代	咱们	nda:u¹	A	A	A
485	称代	你们	se¹	A	A	A
486	称代	他们	te¹	A	A	A
487	称代	自己	zi⁶	A	A	A
488	称代	别人	che¹	A	A	A
489	称代	这（近指）	na:i⁶	A	A	A
490	称代	这里	ci⁶na:i⁶	A	A	A
491	称代	那（中指）	ca⁵	A	A	A
492	称代	那（远指）	ci¹ca⁵	A	A	A
493	称代	谁	ʔai¹ɲau¹	A	A	A
494	称代	什么	ni⁴man²	A	A	A
495	副词	还（还没有来）	ʔnaŋ¹	A	A	A
496	副词	都（大家都来了）	ju:n³	A	A	A
497	副词	再（明天再来）	leŋ⁶	A	A	A
498	副词	全（全村、全国）	ju:n³	A	A	A
499	副词	不（他不来）	kam³	A	A	A
500	副词	别（别跑）	joŋ⁶	B	A	A

2. 20～59 岁

如表 2-21 所示，本次测试抽取的 7 位 20～59 岁的调查对象分别是覃雪芬、谭赠葵、覃俊周、叶初诚、谭国光、谭合教和谭健儿。在这 7 位调查对象中，测试结果 A 级比例最高的是叶初诚，其 A 级比例为 96.4%，A 级比例最低的是谭健儿，其 A 级比例为 76%，覃俊周、谭国光、谭合教 3 位调查对象的 A 级比例在90%～95%，而覃雪芬、谭赠葵 2 人的 A 级比例在 85% 左右。另外，7 位调查对象测试结果中 D 级比例都不高，谭健儿测试结果的 D 级比例最高，为 5.4%，其余 6 位调查对象测试结果的 D 级比例都在 1% 以下，其中谭合教和叶初诚测试结果的 D 级比例为 0%，即全部掌握毛南语 500 常用词。

综上所述，20～59 岁这一年龄段掌握毛南语 500 常用词的特点是：基本能掌握 500 常用词，并且能流利对答的词语比例较高，不及 60 岁及 60 岁以上年龄段的水平，但个体间差异较大，完全不会的比例低，这也说明这一年龄段稳定使用毛南语。

表 2-23 列出了 20～59 岁年龄段毛南语 500 词测试的详细结果，从而进一步显示这一年龄段掌握毛南语 500 常用词的情况。

表 2-23　20～59 岁年龄段毛南语 500 词测试的结果

序号	分类	词语	国际音标	覃俊周	谭赠葵	覃雪芬	谭国光	谭合教	谭健儿	叶初诚
1	天文	天	bən¹	A	A	A	A	A	A	A
2	天文	太阳	la:k⁸van¹	A	A	A	A	A	A	A
3	天文	月亮	ni⁴njen²	A	B	B	A	A	A	A
4	天文	星星	zət⁷	A	A	A	A	A	A	A
5	天文	风	ləm¹	A	A	A	A	A	A	A
6	天文	雨	fin¹	A	A	A	A	A	A	A
7	地理	山	kɔŋ³pja³	A	A	A	A	A	A	A
8	地理	田（水田）	ʔja⁵	A	A	A	A	A	A	A
9	地理	石头	tu:i²	A	A	A	A	A	A	A
10	地理	火	vi¹	A	A	A	A	A	A	A
11	方位	面前	na³	A	A	A	A	A	A	A
12	方位	里面	ja:u³	A	B	B	A	A	A	A
13	方位	右	fa¹	A	A	A	A	A	A	A
14	方位	左	ze⁴	A	B	A	A	A	A	A
15	方位	旁边	jen¹	A	A	B	A	B	A	A
16	时间	从前	ku:n⁵	A	A	A	A	A	A	A
17	时间	年	mbɛ¹	A	A	A	A	A	A	A
18	时间	今年	mbɛ¹na:i⁶	A	A	A	A	A	A	A
19	时间	明年	mbɛ¹ʔna³	A	A	A	A	A	A	A
20	时间	去年	mbɛ¹ta⁶	B	A	B	A	A	A	A
21	时间	前年	mbɛ¹ku:n⁵	A	A	B	A	A	A	A
22	时间	月（月份）	nɔ:t⁸	A	A	B	A	A	A	A
23	时间	一月	njen²tseŋ¹	A	A	B	A	A	D	A
24	时间	二月	ȵi⁶nɔ:t⁸	A	A	B	A	A	A	A
25	时间	天（日）	van¹	A	A	A	A	A	A	A
26	时间	今天	van¹na:i⁶	A	A	A	A	A	A	A
27	时间	昨天	van¹ʔȵuŋ¹	A	A	A	A	A	A	A

续表

序号	分类	词语	国际音标	覃俊周	谭赠葵	覃雪芬	谭国光	谭合教	谭健儿	叶初诚
28	时间	白天	ta^5van^1	A	B	C	A	A	A	A
29	时间	夜里	$ta^5ʔn̥am^5$	A	A	A	A	A	A	A
30	时间	早晨	$ta^6ji{:}t^7$	A	A	A	A	A	A	A
31	动物	牛	$pɔ^4$	A	A	A	A	A	D	A
32	动物	黄牛	$pɔ^4$	A	A	A	A	A	A	A
33	动物	水牛	kwi^2	A	A	A	A	A	A	A
34	动物	羊	zo^2	A	A	A	A	A	A	A
35	动物	猪	mu^5	A	A	A	A	A	A	A
36	动物	公猪（一般的）	mu^5ceu^2	A	A	A	A	A	A	A
37	动物	狗	ma^1	A	A	A	A	A	A	A
38	动物	老虎	$məm^4$	A	A	A	A	A	B	A
39	动物	熊	moi^1	A	C	B	D	C	B	A
40	动物	猴子	$mu{:}n^6$	A	A	A	A	A	A	A
41	动物	野猪	$da{:}i^5$	A	C	D	A	A	A	A
42	动物	老鼠	$n̥ɔ^3$	A	A	A	A	A	A	A
43	动物	鸡	$ka{:}i^5$	A	A	B	A	A	A	A
44	动物	公鸡	$ka{:}i^5sai^3$	A	A	B	A	A	A	A
45	动物	雉鸡（野鸡）	$nɔk^8kuk^7$	B	C	C	A	C	A	A
46	动物	鸭子	$ʔɛp^7$	A	A	A	A	A	A	A
47	动物	鸟	$nɔk^8$	A	A	A	A	A	A	A
48	动物	老鹰	$n̥a{:}u^2$	A	A	A	A	B	A	A
49	动物	猫头鹰	kau^1	C	A	A	A	A	A	A
50	动物	蝙蝠	ko^2	A	A	C	B	A	A	A
51	动物	蛇	$zu{:}i^2$	A	A	A	A	A	A	A
52	动物	虫	ta^1	A	A	A	A	B	A	A
53	动物	蝴蝶	$buŋ^4ba^4$	A	A	A	A	A	A	A
54	动物	蜘蛛	$kuŋ^6ka{:}ŋ^2$	B	A	C	B	A	B	A
55	动物	蟑螂（烧甲）	$da{:}p^8$	A	A	A	B	C	B	A
56	动物	蜈蚣	ta^1chap^7	A	A	C	A	B	A	A
57	动物	蚂蚁	$mət^8$	A	A	B	A	A	A	A

序号	分类	词语	国际音标	覃俊周	谭赠葵	覃雪芬	谭国光	谭合教	谭健儿	叶初诚
58	动物	蚂蚁洞	koŋ¹mət⁸	A	A	A	A	A	B	B
59	动物	蝉	vi:t⁸	A	A	A	A	C	B	A
60	动物	螳螂	təm²təŋ²	A	C	C	A	A	C	A
61	动物	蚱蜢	djak⁶	A	A	D	D	B	C	A
62	动物	蜜蜂	luk⁸	A	A	B	A	A	A	A
63	动物	苍蝇	ɲuŋ⁴vjan¹	A	A	B	A	A	B	A
64	动物	蚊子	ɲuŋ⁴ŋɔːŋ⁵	A	A	A	A	A	B	B
65	动物	跳蚤	mat⁷	A	A	A	A	A	A	A
66	动物	臭虫	nɗiŋ¹	B	C	B	A	A	A	A
67	动物	虱子（衣服上的）	nan¹	A	C	A	C	A	A	A
68	动物	头虱	tu¹	A	A	A	A	A	A	A
69	动物	蛆	nuːn¹	C	C	C	A	A	C	A
70	动物	蛔虫	tɛ⁶	A	A	A	A	A	A	A
71	动物	蚯蚓	zan⁴	A	A	A	A	A	A	A
72	动物	蛙（小的）	kwai³	A	A	A	B	A	A	B
73	动物	田鸡（大青蛙）	kəp⁷	A	A	A	A	A	A	A
74	动物	癞蛤蟆	kəp⁷pa:t⁷	A	A	C	A	B	A	A
75	动物	蝌蚪	pi²choŋ³	B	A	C	A	B	A	A
76	动物	旱蚂蝗	mbiŋ¹	B	A	B	A	B	B	A
77	动物	螺蛳（田螺）	khui³	A	A	A	A	A	A	A
78	动物	鱼	mbjai³	A	A	A	A	A	A	A
79	动物	黄鳝	ta:ŋ⁶tsjen⁴	C	C	A	A	A	A	A
80	动物	泥鳅	tɔ²zon⁴	A	B	C	A	A	A	A
81	动物	羽毛	sən¹	B	B	B	A	A	D	A
82	动物	毛	sən¹ka:i⁵	A	B	B	A	A	C	A
83	动物	翅膀	va⁵	A	A	A	A	B	A	A
84	动物	鸡尾	sət⁷ka:i⁵	A	A	B	A	A	A	A
85	植物	树	mai⁴	A	A	A	A	A	A	A
86	植物	树林	dɔŋ²	A	A	A	A	A	B	A

续表

序号	分类	词语	国际音标	覃俊周	谭赠葵	覃雪芬	谭国光	谭合教	谭健儿	叶初诚
87	植物	树枝	ʔŋa⁵mai⁴	A	A	B	A	A	A	A
88	植物	树叶	va⁵	A	A	A	A	A	A	A
89	植物	甘蔗	ʔuːi³	A	A	A	A	A	A	A
90	植物	草	caŋ¹	A	B	A	A	A	A	A
91	植物	茅草	hi¹	B	C	A	A	A	A	B
92	植物	棉花	waːi⁵	A	C	A	A	A	A	A
93	植物	竹子	mai⁴tim³	A	C	A	A	A	A	B
94	植物	竹笋	naːŋ¹	A	A	A	A	B	A	A
95	植物	竹节	phoŋ³	A	C	A	A	A	A	A
96	植物	水稻	fiu⁴ja⁵	A	B	B	A	A	A	A
97	植物	秧	ca³	A	A	B	A	A	A	A
98	植物	禾苗	ca³	B	C	A	A	A	D	A
99	植物	稻草	faːŋ¹	A	A	A	A	A	A	A
100	植物	花生	tau⁶ti⁵	A	A	A	A	A	A	B
101	植物	蔬菜	ʔma¹	A	A	A	A	A	A	A
102	植物	苦瓜	kwa¹kam¹	B	C	B	A	A	A	A
103	植物	瓢（葫芦瓜）	bɛ⁶	A	B	A	B	B	B	A
104	植物	甘薯（红薯）	laːk⁸man²	A	A	A	A	A	A	A
105	植物	芋头	laːk⁸ʔiːk⁷	A	A	A	B	A	A	A
106	身体	头	ko³	A	A	A	A	A	A	A
107	身体	头发	pjam¹	A	A	A	A	A	A	A
108	身体	辫子	pjen⁴	B	B	A	A	A	B	A
109	身体	脸	na³	A	A	A	A	A	A	A
110	身体	腮颊	ŋai⁵	B	B	A	A	A	B	A
111	身体	耳朵	kha¹	A	A	A	A	A	A	A
112	身体	眼睛	nda¹	A	A	A	A	A	A	A
113	身体	鼻子	ʔnaŋ¹	A	A	A	A	A	A	A
114	身体	嘴	paːk⁷	A	A	A	A	A	A	A
115	身体	牙齿	hiːu³na³	A	A	A	A	A	B	A
116	身体	舌头	ma²	A	B	A	A	A	A	A
117	身体	喉咙	kɔːŋ⁴	A	A	A	A	A	C	A

续表

序号	分类	词语	国际音标	覃俊周	谭赠葵	覃雪芬	谭国光	谭合教	谭健儿	叶初诚
118	身体	脖子	$dən^4$	A	A	A	A	A	C	A
119	身体	手	$si{:}m^3$	A	A	A	A	A	A	A
120	身体	拇指	$ni^4si{:}m^3$	A	B	A	A	A	A	A
121	身体	食指	$la{:}k^8tjoŋ^1zja{:}ŋ^6$	A	A	A	A	A	A	A
122	身体	中指	$la{:}k^8tjoŋ^1tu^6ta^5$	A	A	A	A	A	A	A
123	身体	无名指	$kam^3me^2da{:}n^2$	B	A	B	A	A	D	A
124	身体	小指	$la{:}k^8tjoŋ^1mi^2$	A	A	B	A	A	A	B
125	身体	指甲	dip^7	A	A	A	A	A	A	A
126	身体	拳头	con^2	A	A	A	A	A	A	A
127	身体	脚	$ti{:}n^1$	A	A	A	A	A	A	A
128	身体	膝盖	kam^6ko^6	A	A	A	A	A	A	A
129	身体	腿	pja^1	A	A	A	A	A	B	A
130	身体	大腿	pja^1	A	A	A	A	A	C	A
131	身体	鼻涕	muk^8	A	A	A	A	A	A	A
132	身体	口水	$ŋa^1$	A	A	B	A	A	D	A
133	身体	汗	$vən^5$	A	A	A	A	A	A	A
134	身体	屎	ce^4	A	A	A	A	A	A	A
135	称谓	曾祖父	$koŋ^5ma{:}ŋ^6$	B	A	A	A	A	C	A
136	称谓	曾祖母	$pa^2ma{:}ŋ^6$	B	A	A	A	A	B	A
137	称谓	祖父	$koŋ^5$	A	A	A	A	A	B	A
138	称谓	祖母	pa^2	A	A	A	A	A	B	A
139	称谓	父母	$tɛ^2ni^4$	A	B	A	A	A	A	A
140	称谓	父亲	$tɛ^2$	A	A	A	A	A	A	A
141	称谓	母亲	ni^4	A	A	A	A	A	A	A
142	称谓	妻子	lja^3	A	A	A	A	A	A	A
143	称谓	哥哥	$va{:}i^4$	A	A	A	A	A	A	A
144	称谓	嫂子	$vɛ^2lja^3$	A	A	A	A	A	A	A
145	称谓	弟弟	$nuŋ^4$	A	A	A	A	A	A	A
146	称谓	姐姐	$vɛ^2$	A	A	A	A	A	A	A
147	称谓	儿子	$la{:}k^8$	A	A	A	A	A	A	A
148	称谓	儿媳	$la{:}k^8lja^3$	A	A	A	A	A	A	A

序号	分类	词语	国际音标	覃俊周	谭赠葵	覃雪芬	谭国光	谭合教	谭健儿	叶初诚
149	称谓	女儿	la:k⁸bi:k⁸	A	A	A	A	A	A	A
150	称谓	孙子	la:k⁸cha:n¹	A	A	A	A	A	A	A
151	称谓	孙女	la:k⁸cha:n¹bi:k⁸	A	B	A	A	A	D	A
152	称谓	儿童	la:k⁸ce³	A	B	A	A	A	A	A
153	病痛	结巴	ʔai¹da³	A	A	A	A	A	C	A
154	病痛	驼子	kuŋ⁵kɛ:ŋ⁵	A	A	B	A	A	C	A
155	病痛	聋子	ʔai¹kha¹dak⁸	A	A	A	A	A	A	A
156	农事	家	ja:n¹	A	A	A	A	A	A	A
157	农事	粮仓（谷仓）	zən⁵	A	A	A	A	A	B	A
158	农事	菜园	fjen¹	A	A	A	A	A	C	A
159	农事	门	tɔ¹	A	A	A	A	A	A	A
160	农事	路	khun¹	A	A	A	A	A	A	A
161	农事	布	ʔi¹	A	A	A	A	A	B	A
162	农事	筷子	tso⁶	A	A	A	A	A	A	A
163	农事	锅铲	me⁶zi²	B	A	A	A	A	B	A
164	农事	刀	mit⁸	A	A	A	A	A	A	A
165	农事	桌子	ceŋ⁶	A	A	A	A	A	A	A
166	农事	椅子	ŋut⁸	B	A	A	A	A	A	A
167	农事	扫帚	ɳu:i⁶kwa:t⁷	A	A	A	A	A	B	A
168	农事	梳子	chi¹	A	A	A	A	A	A	A
169	农事	秤	ndaŋ⁵	A	A	A	A	A	A	A
170	农事	锁	ni⁴zi²	C	A	B	A	A	A	A
171	农事	钥匙	sai²zi²	A	A	A	A	A	A	A
172	农事	锄头	la:k⁸kau¹	A	A	A	A	A	A	A
173	农事	扁担	mai⁴ŋga:n¹	A	A	A	A	A	B	B
174	农事	山歌	pi³	A	A	B	A	A	A	A
175	农事	乡	ja:ŋ⁵	A	B	A	A	A	B	A
176	农事	场（集）	huɪ¹	A	A	A	A	A	A	A
177	农事	村	ba:n⁴	A	A	A	A	A	B	A
178	农事	毛南族	ma:u⁴ma:n⁶	A	A	A	A	A	A	A

续表

序号	分类	词语	国际音标	覃俊周	谭赠葵	覃雪芬	谭国光	谭合教	谭健儿	叶初诚
179	农事	神	ma:ŋ¹	B	C	B	A	A	A	A
180	饮食	米	fiu⁴	A	A	A	A	A	A	A
181	饮食	饭	ʔu⁵	A	A	A	A	A	A	A
182	饮食	糍粑	zi²	A	C	A	A	A	A	A
183	饮食	肉	na:n⁴	A	A	A	A	A	A	A
184	饮食	牛肉	na:n⁴pɔ⁴	A	A	A	A	A	A	A
185	饮食	盐	kwo¹	A	A	A	A	A	A	A
186	饮食	酒（烧酒）	kha:u³	A	A	A	A	A	A	A
187	饮食	蛋	kai⁵	A	A	A	A	A	A	A
188	动作	断（扁担断了）	tjak⁷	A	A	A	A	A	B	A
189	动作	撞（车撞在墙上）	na:m⁵	A	C	B	A	A	B	A
190	动作	倒（树倒了）	lam⁵	A	A	A	A	A	B	A
191	动作	塌（倒塌）	lam⁵	A	A	A	A	A	B	A
192	动作	着（火着了）	chu:t⁷	B	A	A	A	A	B	A
193	动作	烧（野火烧山）	ta:u³	A	B	B	A	A	C	A
194	动作	灭（灯灭了）	dap⁸	A	A	A	A	A	A	A
195	动作	溢（水溢）	bot	A	C	A	A	A	B	A
196	动作	漏（水桶漏水）	lɔ⁶	A	A	A	A	A	A	A
197	动作	漏出	lən¹	A	A	A	A	B	A	A
198	动作	摆动（树枝摆动）	nai¹	A	A	A	A	A	D	A
199	动作	啃（啃骨头）	cip⁷	A	A	A	A	A	A	B
200	动作	蜇（马蜂蜇人）	tai³	A	A	B	A	A	B	A
201	动作	叫（母鸡叫小鸡）	ju⁵	A	A	B	A	A	D	A
202	动作	叫（母鸡下蛋时叫）	can²	D	A	B	A	A	B	A

120

续表

序号	分类	词语	国际音标	覃俊周	谭赠葵	覃雪芬	谭国光	谭合教	谭健儿	叶初诚
203	动作	叫（鸟叫）	hi:t⁷	A	A	A	A	A	A	A
204	动作	爬（蛇在地上爬）	la:i⁵	B	C	A	A	A	A	A
205	动作	飞	vin³	A	A	A	A	A	A	A
206	动作	缠绕	con¹	A	C	A	A	B	A	A
207	动作	游（鱼游水）	wai¹	A	A	A	A	A	A	A
208	动作	脱（蛇脱皮）	phoŋ¹	A	A	A	A	A	D	A
209	动作	结果	fin¹dat⁸	A	D	C	A	A	B	A
210	动作	枯萎	wo¹	A	A	A	A	A	A	A
211	动作	落（树叶落）	tɔk⁷	A	A	A	A	A	A	A
212	动作	烂（瓜果烂了）	li¹	A	A	A	A	A	A	A
213	动作	像（他像你）	da:u⁴	A	A	A	A	C	A	A
214	动作	成（成为）	fin¹	A	A	A	A	A	A	A
215	动作	有	mɛ²	A	A	A	A	A	A	A
216	动作	没有（我没有书）	kam³me²	A	A	A	A	A	A	A
217	动作	来	taŋ¹	A	A	A	A	A	B	A
218	动作	去	pa:i¹	A	A	A	A	A	A	A
219	动作	回	ma¹	A	A	A	A	A	B	A
220	动作	回来	ma¹lɔn¹	A	A	A	A	A	C	A
221	动作	回去	pa:i¹ma¹	A	A	A	B	A	A	A
222	动作	出	ʔu:k⁷	A	A	A	A	A	A	A
223	动作	进	da:u⁴	A	A	A	A	A	A	A
224	动作	上（上山）	sa⁵	A	A	A	A	A	A	A
225	动作	下（下楼）	lu:i⁵	A	A	A	A	A	A	B
226	动作	后悔	tɔk⁷lən²	A	B	A	A	A	A	A
227	动作	担心	lən²li¹	B	C	D	A	B	B	A
228	动作	可怜	da:i²ɲa:m¹	A	A	B	A	B	B	A
229	动作	可惜	hoi³	A	C	B	A	A	B	A
230	动作	发抖	zan²	A	A	A	A	A	A	A

续表

序号	分类	词语	国际音标	覃俊周	谭赠葵	覃雪芬	谭国光	谭合教	谭健儿	叶初诚
231	动作	疼（痛）	ci:t⁷	A	A	A	A	A	B	A
232	动作	咳嗽	fin¹n̠i:k⁸	A	A	A	A	A	A	A
233	动作	呕吐	ndok⁷	B	A	A	A	A	A	A
234	动作	死	tai¹	A	A	A	A	A	A	A
235	动作	活（救活了）	ʔnaŋ¹	A	A	A	A	A	A	A
236	动作	出（嫁）	pa:i¹	A	A	A	A	A	A	A
237	动作	嫁	ca⁵	A	A	B	A	A	A	A
238	动作	娶	ʔa:u¹	A	A	A	B	A	A	A
239	动作	怀孕	ŋak⁷la:k⁸	A	A	A	A	A	A	A
240	动作	生（生孩子）	za:ŋ⁴	A	A	A	A	A	A	A
241	动作	过年	na⁴tseŋ¹	A	B	A	A	C	C	A
242	动作	抬（头）	ʔjɔ¹	A	A	A	A	A	A	A
243	动作	低头	tsam³	A	A	A	A	A	A	A
244	动作	点（头）	ŋa:u²	A	A	A	A	A	A	A
245	动作	摇（头）	pi¹	A	A	A	A	A	A	A
246	动作	笑	cu¹	A	A	A	A	A	A	A
247	动作	哭	n̠e³	A	A	A	A	A	A	A
248	动作	说	ca:ŋ³	A	A	A	A	A	A	A
249	动作	问	sa:i³	A	A	D	A	A	A	A
250	动作	夸奖	jan⁵	B	A	A	A	A	A	A
251	动作	准备	cwɛ²	A	C	A	A	B	A	A
252	动作	喊	ju⁵	A	A	A	A	A	A	A
253	动作	唱（歌）	tshi:ŋ⁵	A	A	A	A	A	A	A
254	动作	闹（小孩闹）	dɔ:t⁸	A	A	A	A	C	D	A
255	动作	哄（哄小孩使不哭）	lau⁴	A	A	A	A	A	D	A
256	动作	骗	lan⁴	A	A	A	A	A	A	A
257	动作	吵（架）	dɔ:t⁸	A	B	A	B	A	D	A
258	动作	骂	ba⁶	A	A	A	A	A	A	A
259	动作	喝	na⁴	A	A	A	A	A	D	A
260	动作	吃	na⁴	A	A	A	A	A	A	A

序号	分类	词语	国际音标	覃俊周	谭赠葵	覃雪芬	谭国光	谭合教	谭健儿	叶初诚
261	动作	尝（尝尝够不够味）	chi:m^1	A	A	B	A	A	A	A
262	动作	咬	cit^8	A	C	A	A	A	A	A
263	动作	嚼	ma:k^7	A	A	A	A	A	A	A
264	动作	咽	dan^2	A	A	A	A	A	A	A
265	动作	舔	pe^6	A	B	A	A	A	B	A
266	动作	流（流口水）	loi	A	C	A	A	A	A	B
267	动作	搅	nda:u^1	A	A	A	A	A	A	A
268	动作	打哈欠	khɔ^1	A	C	B	A	A	B	A
269	动作	抽（抽烟）	na^4	A	A	A	A	A	A	A
270	动作	伸（伸舌头）	jaŋ^4	A	C	A	A	A	D	A
271	动作	吹口哨	zəp^8	A	A	A	A	A	D	A
272	动作	看	kau^5	A	A	A	A	A	A	A
273	动作	看见	kau^{5}du^6	A	A	A	A	A	A	A
274	动作	眯（眼）	khap^7	A	A	A	A	A	A	A
275	动作	眨（眼）	djap^7	A	A	A	B	A	A	A
276	动作	闭（闭眼）	khap	A	A	A	A	A	A	A
277	动作	瞄（准）	nju^4	A	A	A	A	B	B	A
278	动作	听	ʔni^3	A	A	A	A	A	A	A
279	动作	闻（嗅）	nən^4	A	A	A	A	A	A	A
280	动作	坐	zu:i^6	A	A	A	A	A	A	A
281	动作	躺	nu:n^2	A	A	A	A	A	A	A
282	动作	歇	za^5	A	A	A	B	A	A	A
283	动作	休息	za^5	A	A	A	A	A	A	A
284	动作	睡	nu:n^2	A	A	A	A	A	A	A
285	动作	醒（睡醒）	dju^2	A	A	A	A	A	A	A
286	动作	醉（酒醉）	mɛ^1	A	A	A	A	A	A	A
287	动作	在	na:u^6	A	A	A	A	A	B	A
288	动作	等（人）	ka^5	A	C	A	A	A	A	A
289	动作	爬（爬树）	tjeu^5	A	A	A	A	A	D	A
290	动作	过（过河）	ta^6	A	A	A	A	A	A	A

续表

序号	分类	词语	国际音标	覃俊周	谭赠葵	覃雪芬	谭国光	谭合教	谭健儿	叶初诚
291	动作	超过	lɔ³	A	A	A	B	C	A	A
292	动作	玩（耍）	kaːu²	A	A	A	A	A	A	A
293	动作	跌倒	cham⁵	A	A	A	A	A	A	A
294	动作	出汗	ʔuk⁷	A	A	A	A	A	D	A
295	动作	见面	tu⁶tam³	B	A	A	A	A	D	A
296	动作	跟	njem	A	A	A	A	A	A	A
297	动作	碰（桌子）	kwɛ⁶	A	C	A	A	B	A	A
298	动作	陪（客）	taŋ⁴	A	A	A	A	A	B	A
299	动作	教	son¹	A	A	A	A	A	A	A
300	动作	找（找虱子）	ʔȵim¹	A	A	A	A	A	A	A
301	动作	赶（鸟）	nɖau³	A	C	A	A	A	D	A
302	动作	赶（走）	paːŋ⁴	A	D	A	A	C	D	B
303	动作	挤（挤进去）	dik⁸	A	A	A	B	A	A	A
304	动作	带（红领巾）	zap⁸	B	A	A	A	A	B	A
305	动作	带（钱）	djak	A	A	A	A	A	A	A
306	动作	带（带孩子）	kau⁵	B	C	A	A	A	D	A
307	动作	穿（穿鞋）	tan³	A	A	A	A	A	A	A
308	动作	戴（戴头巾）	zap⁸	A	A	A	A	B	D	A
309	动作	扛	ʔuːn¹	A	A	A	A	A	A	A
310	动作	抬	tjuŋ¹	A	A	A	A	A	A	A
311	动作	挑（挑谷子）	taːp⁷	A	A	A	A	A	A	A
312	动作	背（背孩子）	ʔma⁵	A	A	A	A	A	A	A
313	动作	围（上来）	hɔːm³	A	A	A	B	A	A	A
314	动作	打架（孩子打架）	tu⁶can⁴	A	A	A	A	A	A	A
315	动作	熏（用烟熏肉）	pən³	B	C	C	D	A	A	A
316	动作	烤（烤火）	pɔ⁶	A	A	A	A	C	C	A
317	动作	燃（火燃了）	ʔɔ⁵	A	A	A	A	A	A	A
318	动作	熄（熄灯）	dap⁸	A	A	A	A	A	A	A
319	动作	要（我要这个）	ʔaːu¹	A	A	A	A	A	A	A

序号	分类	词语	国际音标	覃俊周	谭赠葵	覃雪芬	谭国光	谭合教	谭健儿	叶初诚
320	动作	给（给钱）	na⁵	A	A	A	A	A	A	A
321	动作	拢（靠拢）	nap⁷	A	A	A	A	A	B	A
322	动作	洗（洗脸）	zuk⁷	A	A	A	A	A	A	A
323	动作	洗（碗）	jaːn⁵	A	B	A	A	A	A	A
324	动作	留（留饭）	ziːŋ³	A	A	A	A		B	A
325	动作	喂（用食具喂小孩）	sa¹	A		A	A	A	A	A
326	动作	堆（堆积泥土）	tap⁸	A	D	A	A	B	B	A
327	动作	压（用石头压住）	djam¹	B	A	A	A	A	A	A
328	动作	竖（把柱子竖起来）	taŋ¹	A	A	A	A	A	B	A
329	动作	拆（拆房子）	lit⁸	A	A	A	A	A	A	A
330	动作	挂（挂在墙上）	lɔi³	A	A	A	A	A	A	A
331	动作	收拾	con⁶	A	A	B	A	A	B	A
332	动作	伸（伸手）	jaŋ⁴	B	A	B	A	A	A	A
333	动作	招（招手）	waːŋ⁴	A	C	A	A	B	A	A
334	动作	举（举手）	ʔjɔ¹	A	A	A	A	A	A	A
335	动作	拿（拿书）	tsau⁴	A	A	A	A	A	A	A
336	动作	抱（抱小孩）	ʔuːm³	A	A	A	A	A	A	A
337	动作	握（握刀把）	am¹	B	C	A	A	A	B	A
338	动作	扔（扔掉）	vət⁷	B	C	A	A	A	A	A
339	动作	扶（扶起来）	ze³	A	A	A	A	A	B	A
340	动作	擤（擤鼻涕）	jaːŋ⁵	A	C	A	A	A	B	B
341	动作	做（做工）	ve⁴	A	A	A	A	A	A	A
342	动作	端（端着汤碗）	tsau⁴	A	A	C	A	A	B	A
343	动作	拧（拧毛巾）	bit⁸	A	A	A	A	A	B	A
344	动作	推倒	kai⁴cham⁵	A	A	A	A	A	A	A
345	动作	牵（牵牛）	chɔŋ³	A	A	B	A	A	A	A

续表

序号	分类	词语	国际音标	覃俊周	谭赠葵	覃雪芬	谭国光	谭合教	谭健儿	叶初诚
346	动作	折（折断树枝）	ʔjaːu^3	B	C	A	B	A	B	A
347	动作	打（打人）	map^8	A	A	A	A	A	A	A
348	动作	捉（捉鸡）	sap^7	A	A	A	A	A	A	B
349	动作	放（放盐）	zɔ^4	A	A	A	A	A	A	A
350	动作	甩（把水甩干）	vət^7	A	A	B	A	A	A	A
351	动作	绑	zuk^8	A	A	A	A	A	A	A
352	动作	解（解绳结）	tsi^5	A	A	A	A	A	A	A
353	动作	砍（砍树）	te^5	A	A	A	A	A	A	A
354	动作	削（削果皮）	huːt^7	A	C	A	B	A	A	A
355	动作	磨（磨刀）	pjan^2	A	A	A	A	A	A	A
356	动作	舂（舂米）	sa^5	A	C	A	B	A	B	A
357	动作	筛（筛米）	jaŋ^1	B	A	A	A	A	B	A
358	动作	量（量布）	wo^1	B	A	A	A	A	A	A
359	动作	称（称东西）	ndaŋ^5	A	A	A	A	A	A	A
360	动作	夹（用筷子夹菜吃）	ȵep^7	A	A	A	A	A	A	A
361	动作	梳（梳头）	chi^1	A	A	A	A	A	A	A
362	动作	剪	kat^7	A	A	A	A	A	D	A
363	动作	走	saːm^3	A	A	A	A	A	A	A
364	动作	锄（锄地）	ŋguŋ^1	A	A	A	A	A	A	A
365	动作	犁（犁地）	kwai^1	A	A	A	A	A	A	A
366	动作	插（插秧）	djam^1	A	A	A	A	A	A	A
367	动作	浇（浇菜）	zɔ^4	A	A	A	A	A	C	A
368	动作	浇水	$\text{zɔ}^4\text{nam}^3$	A	A	A	A	A	A	A
369	动作	拔（拔草）	cuːn^1	A	A	A	A	A	A	A
370	动作	煮（煮饭）	tuŋ^1	A	A	A	A	A	A	A
371	动作	捡	tsəp^7	A	A	A	A	A	B	A
372	动作	热（热饭）	do^4	A	A	A	A	A	A	A
373	动作	切（切菜）	tsaːp^8	A	A	A	A	A	A	A
374	动作	烫（用开水烫）	lɔt^7	A	A	A	A	A	A	A

续表

序号	分类	词语	国际音标	覃俊周	谭赠葵	覃雪芬	谭国光	谭合教	谭健儿	叶初诚
375	动作	赶集（赶墟）	pa:i¹hu³	A	A	A	A	A	C	A
376	动作	买	ndjai³	A	A	A	A	A	A	A
377	动作	卖	pje¹	A	A	A	A	A	A	A
378	动作	谢谢	seŋ³zju⁶	A	A	A	A	A	A	A
379	动作	明白	wɔ³	A	A	A	A	A	A	A
380	动作	干活儿	ve⁴kɔŋ¹	A	A	A	A	A	A	A
381	颜色	红	la:n³	A	A	A	A	A	A	A
382	颜色	黄	ma:n³	A	A	A	A	A	A	A
383	颜色	蓝	pha¹	B	A	A	A	A	C	A
384	颜色	白	pok⁸	A	A	A	A	A	A	A
385	颜色	黑	nam¹	A	A	A	A	A	A	B
386	颜色	绿	ju¹	A	A	A	A	A	A	B
387	颜色	紫	kam²	A	C	A	A	B	D	A
388	颜色	灰（颜色）	pha¹	A	A	A	A	A	A	A
389	颜色	青（山色青青）	ju¹	A	A	A	A	A	A	A
390	颜色	光	lau¹	A	D	B	A	A	A	A
391	修饰与性状	亮（屋子很亮）	ca:ŋ¹	B	A	A	A	A	A	A
392	修饰与性状	暗（屋子很暗）	lap⁷	B	A	A	A	A	A	A
393	修饰与性状	甜（糖很甜）	fa:n¹	A	A	A	A	A	A	A
394	修饰与性状	甜（萝卜很甜）	fa:n¹	A	A	A	A	A	A	A
395	修饰与性状	酸	sɘm³	A	A	A	A	A	A	A
396	修饰与性状	苦	kam¹	A	A	A	A	A	A	A
397	修饰与性状	辣	ma:n⁵	A	A	A	A	A	A	A
398	修饰与性状	咸	njaŋ⁵	A	A	A	A	B	A	A
399	修饰与性状	淡（酒淡）	tsit⁷	A	A	C	A	A	B	A

续表

序号	分类	词语	国际音标	覃俊周	谭赠葵	覃雪芬	谭国光	谭合教	谭健儿	叶初诚
400	修饰与性状	淡（不咸）	tsit^7	A	A	A	A	A	B	A
401	修饰与性状	新鲜	mai^5	A	B	B	A	A	B	A
402	修饰与性状	香（花香）	nda:ŋ^1	A	A	A	A	A	A	A
403	修饰与性状	臭	ʔɲin^1	A	A	A	A	A	A	A
404	修饰与性状	大	la:u^4	A	A	A	A	A	A	A
405	修饰与性状	小	ʔni^5	A	A	A	A	A	A	A
406	修饰与性状	长	ʔja:i^8	A	A	A	A	A	A	A
407	修饰与性状	短	din^4	A	A	A	A	A	A	A
408	修饰与性状	厚	na^1	A	A	A	A	A	A	A
409	修饰与性状	薄	ba:ŋ^1	A	A	A	A	A	A	A
410	修饰与性状	圆（球很圆）	don^2	A	A	A	A	A	A	A
411	修饰与性状	宽（路宽）	ba^6	A	A	A	A	A	A	A
412	修饰与性状	窄（路窄）	ja:p^7	A	A	A	A	A	A	A
413	修饰与性状	高	voŋ^1	A	A	A	A	A	A	A
414	修饰与性状	矮	djam^6	A	A	A	A	A	A	A
415	修饰与性状	低	djam^6	A	B	A	A	A	A	A
416	修饰与性状	滑（路很滑）	lau^1	A	A	A	A	A	A	A
417	修饰与性状	尖（山很尖）	sam^1	A	A	A	A	A	A	A
418	修饰与性状	歪（帽子戴歪了）	koi^2	A	A	A	A	A	A	A

序号	分类	词语	国际音标	覃俊周	谭赠葵	覃雪芬	谭国光	谭合教	谭健儿	叶初诚
419	修饰与性状	满（水满了）	tik⁷	A	A	A	A	A	B	A
420	修饰与性状	饱满（谷子饱满）	tik⁷	A	A	A	A	A	D	A
421	修饰与性状	硬	ca³	A	A	A	A	A	A	A
422	修饰与性状	软	ʔma³	A	A	A	A	A	A	A
423	修饰与性状	脆	hiːm¹	A	A	A	A	A	B	A
424	修饰与性状	干净	sɛu⁵	A	A	A	A	A	A	A
425	修饰与性状	脏（衣服脏）	ʔwa⁵	A	A	A	A	A	A	A
426	修饰与性状	深（水深）	ʔjam¹	A	A	A	A	A	A	A
427	修饰与性状	稠（粥很稠）	tən⁶	A	B	A	B	A	B	A
428	修饰与性状	稀（粥很稀）	lju¹	A	B	A	A	A	B	A
429	修饰与性状	轻	khu¹	A	B	A	A	A	A	A
430	修饰与性状	重	zan¹	A	A	A	A	A	A .	A
431	修饰与性状	多	coŋ²	A	A	A	A	A	A	A
432	修饰与性状	远	ci¹	A	A	A	A	A	A	A
433	修饰与性状	近	phjai⁵	A	A	A	A	A	A	A
434	修饰与性状	快（走得快）	liu⁵	A	A	A	A	A	A	A
435	修饰与性状	慢（走得慢）	ʔjaŋ¹	A	A	A	A	A	A	A
436	修饰与性状	早（很早起来）	sam¹	A	A	A	A	A	A	A

续表

序号	分类	词语	国际音标	覃俊周	谭赠葵	覃雪芬	谭国光	谭合教	谭健儿	叶初诚
437	修饰与性状	晚（很晚才睡）	$fɛ^1$	A	A	A	A	A	C	A
438	修饰与性状	热（天气热）	$tuːn^1$	A	A	A	A	A	A	A
439	修饰与性状	冷（天气冷）	$jaːm^5$	A	A	A	A	A	A	A
440	修饰与性状	饱	$tjaŋ^5$	A	A	A	A	A	A	A
441	修饰与性状	饿	$biːk^8lɔŋ^2$	A	A	A	A	A	A	A
442	修饰与性状	困	lja^2	A	A	A	A	A	A	A
443	修饰与性状	累	lja^2	A	A	A	A	A	A	A
444	修饰与性状	高兴	$maŋ^4$	A	A	A	A	A	A	A
445	修饰与性状	瞎	$buːt^8$	A	A	A	A	A	A	A
446	修饰与性状	痒	cit^8	A	A	A	A	A	D	A
447	修饰与性状	好	$daːi^2$	A	A	A	A	A	A	A
448	修饰与性状	坏	$cɔːp^8$	A	A	A	A	A	A	A
449	修饰与性状	差	$khə^3$	A	B	A	B	A	C	A
450	修饰与性状	新	mai^5	A	A	A	A	A	A	A
451	修饰与性状	生（生肉）	dip^8	A	A	A	B	A	A	A
452	修饰与性状	熟（熟肉）	$zɔk^8$	A	A	B	A	A	A	A
453	修饰与性状	乱（头发乱）	lon^6	A	A	A	A	A	A	A
454	修饰与性状	年轻	$nɔːm^3$	A	B	B	A	A	A	A

序号	分类	词语	国际音标	覃俊周	谭赠葵	覃雪芬	谭国光	谭合教	谭健儿	叶初诚
455	修饰与性状	老（人老）	ce^5	A	A	A	A	A	A	A
456	修饰与性状	胖	pi^2	A	A	A	A	A	A	A
457	修饰与性状	瘦（人瘦）	ʔwon^1	A	A	A	A	A	A	A
458	修饰与性状	瘦（地瘦）	tsen^4	C	C	A	D	A	B	B
459	数词	一	tɔ^2	A	A	A	A	A	A	A
460	数词	二	ja^2	A	A	A	A	A	A	A
461	数词	三	saːm^1	A	A	A	A	A	A	A
462	数词	四	si^5	A	A	A	A	A	A	A
463	数词	五	ŋɔ^4	A	A	A	A	A	A	A
464	数词	六	ljɔk^8	A	A	A	A	A	A	A
465	数词	七	ɕit^7	A	A	A	A	A	A	A
466	数词	八	pjaːt^7	A	A	A	A	A	A	A
467	数词	九	cu^3	A	A	A	A	A	A	A
468	数词	十	zəp^8	A	A	A	A	A	A	A
469	数词	十一	zep^{8}ʔjit^7	A	A	A	A	A	A	A
470	数词	十二	zəp^{8}n̩i^6	A	A	A	A	A	A	A
471	量词	个（一个人）	ʔai^1	A	A	A	A	A	A	A
472	量词	只（一只鸡）	tɔ^2	A	A	A	A	A	B	A
473	量词	棵（一棵树）	zɔŋ^2	A	A	A	A	A	A	A
474	量词	根（一根棍子）	chaːŋ^5	A	A	A	A	A	A	B
475	量词	粒（一粒米）	n̩uːi^6	A	A	A	A	A	A	A
476	量词	间（一间房子）	hɔk^7	A	C	A	A	A	A	A
477	量词	件（一件衣服）	tsɔŋ^2	A	A	A	A	A	A	A
478	量词	件（一件事）	jaːŋ^2	A	A	A	A	A	A	A
479	量词	张（一张纸）	va^5	A	A	A	A	A	A	A
480	称代	我	fie^2	A	A	A	A	A	A	A

续表

序号	分类	词语	国际音标	覃俊周	谭赠葵	覃雪芬	谭国光	谭合教	谭健儿	叶初诚
481	称代	你	η^2	A	B	A	A	A	A	A
482	称代	他	man^2	A	A	A	A	A	A	A
483	称代	我们	nde^1	A	A	A	A	A	A	A
484	称代	咱们	nda:u^1	A	A	A	A	A	A	A
485	称代	你们	se^1	A	A	A	B	A	A	A
486	称代	他们	te^1	A	B	A	A	A	A	A
487	称代	自己	zi^6	A	A	A	A	A	C	A
488	称代	别人	che^1	A	A	A	A	A	A	A
489	称代	这（近指）	na:i^6	A	D	A	B	A	C	A
490	称代	这里	ci^{6}na:i^6	A	A	A	A	A	A	A
491	称代	那（中指）	ca^5	A	A	A	A	A	B	A
492	称代	那（远指）	ci^{1}ca^5	A	A	A	A	A	B	A
493	称代	谁	?ai^{1}nau^1	A	A	A	A	A	A	A
494	称代	什么	ni^{4}man^2	A	A	A	A	A	A	A
495	副词	还（还没有来）	?naŋ^1	B	C	A	A	A	A	A
496	副词	都（大家都来了）	ju:n^3	A	A	A	A	A	A	A
497	副词	再（明天再来）	leŋ^6	B	C	A	A	A	A	A
498	副词	全（全村、全国）	ju:n^3	B	B	A	A	A	A	A
499	副词	不（他不来）	kam^3	A	A	A	A	A	A	A
500	副词	别（别跑）	jɔŋ^6	A	C	A	A	B	A	A

（二）不同类别词语的掌握情况

笔者将毛南语500词测试的500个词语分为天文、地理、方位、时间、动物、植物、身体、称谓、病痛、农事、饮食、动作、颜色、修饰与性状、数词、量词、人称代词、副词等，共18类。通过考察每位调查对象了解他们对每一类词的掌握情况。

1. 天文类词语的掌握情况

天文类词语共有6个，分别是天、太阳、月亮、星星、风、雨（表2-24）。

表 2-24 调查对象对天文类词语的掌握情况

调查对象	天文 A 级/个	比例/%	天文 B 级/个	比例/%	天文 C 级/个	比例/%	天文 D 级/个	比例/%
谭孟桃	2	33.33	0	0	2	33.33	2	33.33
覃丽娟	2	33.33	1	16.67	0	0	3	50
王冲	0	0	1	16.67	0	0	5	83.33
谭云龙	6	100	0	0	0	0	0	0
谭松	3	50	0	0	3	50	0	0
谭磊	1	16.67	0	0	0	0	5	83.33
谭丽环	5	83.33	1	16.67	0	0	0	0
覃雪芬	5	83.33	1	16.67	0	0	0	0
谭赠葵	5	83.33	1	16.67	0	0	0	0
覃俊周	6	100	0	0	0	0	0	0
叶初诚	6	100	0	0	0	0	0	0
谭国光	6	100	0	0	0	0	0	0
谭合教	6	100	0	0	0	0	0	0
谭健儿	6	100	0	0	0	0	0	0
谭根孚	6	100	0	0	0	0	0	0
谭金书	6	100	0	0	0	0	0	0
谭玉昌	6	100	0	0	0	0	0	0

2. 地理类词语的掌握情况

地理类词语共有 4 个，分别是山、田、石头、火（表 2-25）。

表 2-25 调查对象对地理类词语的掌握情况

调查对象	地理 A 级/个	比例/%	地理 B 级/个	比例/%	地理 C 级/个	比例/%	地理 D 级/个	比例/%
谭孟桃	1	25	1	25	2	50	0	0
覃丽娟	2	50	2	50	0	0	0	0
王冲	1	25	0	0	0	0	3	75
谭云龙	4	100	0	0	0	0	0	0
谭松	3	75	0	0	1	25	0	0
谭磊	0	0	0	0	2	50	2	50
谭丽环	4	100	0	0	0	0	0	0

续表

调查对象	地理 A 级/个	比例/%	地理 B 级/个	比例/%	地理 C 级/个	比例/%	地理 D 级/个	比例/%
覃雪芬	4	100	0	0	0	0	0	0
谭赠葵	4	100	0	0	0	0	0	0
覃俊周	4	100	0	0	0	0	0	0
叶初诚	4	100	0	0	0	0	0	0
谭国光	4	100	0	0	0	0	0	0
谭合教	4	100	0	0	0	0	0	0
谭健儿	4	100	0	0	0	0	0	0
谭根乎	4	100	0	0	0	0	0	0
谭金书	4	100	0	0	0	0	0	0
谭玉昌	4	100	0	0	0	0	0	0

3. 方位类词语的掌握情况

方位类的词语共有 5 个，分别是面前、里面、右、左、旁边（表 2-26）。

表 2-26　调查对象对方位类词语的掌握情况

调查对象	方位 A 级/个	比例/%	方位 B 级/个	比例/%	方位 C 级/个	比例/%	方位 D 级/个	比例/%
谭孟桃	0	0	0	0	1	20	4	80
覃丽娟	5	100	0	0	0	0	0	0
王冲	1	20	0	0	0	0	4	80
谭云龙	4	80	0	0	0	0	1	20
谭松	4	80	0	0	1	20	0	0
谭磊	2	40	0	0	0	0	3	60
谭丽环	4	80	1	20	0	0	0	0
覃雪芬	3	60	2	40	0	0	0	0
谭赠葵	3	60	2	40	0	0	0	0
覃俊周	5	100	0	0	0	0	0	0
叶初诚	5	100	0	0	0	0	0	0
谭国光	5	100	0	0	0	0	0	0
谭合教	4	80	1	20	0	0	0	0
谭健儿	5	100	0	0	0	0	0	0

调查对象	方位 A 级/个	比例/%	方位 B 级/个	比例/%	方位 C 级/个	比例/%	方位 D 级/个	比例/%
谭根孚	5	100	0	0	0	0	0	0
谭金书	5	100	0	0	0	0	0	0
谭玉昌	5	100	0	0	0	0	0	0

4. 时间类词语的掌握情况

时间类词语共 15 个，分别是从前、年、今年、明年、去年、前年、月（月份）、一月、二月、天（日）、今天、昨天、白天、夜里、早晨（表 2-27）。

表 2-27　调查对象对时间类词语的掌握情况

调查对象	时间 A 级/个	比例/%	时间 B 级/个	比例/%	时间 C 级/个	比例/%	时间 D 级/个	比例/%
谭孟桃	4	26.67	0	0	3	20	8	53.33
覃丽娟	5	33.33	0	0	0	0	10	66.67
王冲	1	6.67	0	0	0	0	14	93.33
谭云龙	14	93.33	1	6.67	0	0	0	0
谭松	14	93.33	1	6.67	0	0	0	0
谭磊	5	33.33	1	6.67	4	26.67	5	33.33
谭丽环	14	93.33	1	6.67	0	0	0	0
覃雪芬	10	66.67	4	26.67	1	6.67		
谭赠葵	13	86.67	2	13.33	0	0	0	0
覃俊周	14	93.33	1	6.67	0	0	0	0
叶初诚	15	100	0	0	0	0	0	0
谭国光	15	100	0	0	0	0	0	0
谭合教	15	100	0	0	0	0	0	0
谭健儿	14	93.33	0	0	0	0	1	6.67
谭根孚	15	100	0	0	0	0	0	0
谭金书	15	100	0	0	0	0	0	0
谭玉昌	15	100	0	0	0	0	0	0

5. 动物类词语的掌握情况

动物类词语共有 54 个，分别是牛、黄牛、水牛、羊、猪、公猪（一般的）、狗、老虎、熊、猴子、野猪、老鼠、鸡、公鸡、雉鸡（野鸡）、鸭子、鸟、老鹰、头鹰、蝙蝠、蛇、虫、蝴蝶、蜘蛛、蟑螂（烧甲）、蜈蚣、蚂蚁、蚂蚁洞、蝉、螳螂、蚱蜢、蜜蜂、苍蝇、蚊子、跳蚤、臭虫、虱子（衣服上的）、头虱、蛆、蛔虫、蚯蚓、蛙（小的）、田鸡（大青蛙）、癞蛤蟆、蝌蚪、旱蚂蟥、螺蛳（田螺）、鱼、黄鳝、泥鳅、羽毛、毛、翅膀、鸡尾（表2-28）。

表2-28　调查对象对动物类词语的掌握情况

调查对象	动物A级/个	比例/%	动物B级/个	比例/%	动物C级/个	比例/%	动物D级/个	比例/%
谭孟桃	11	20.37	7	12.96	3	5.56	33	61.11
覃丽娟	17	31.48	6	11.11	0	0	31	57.41
王冲	5	9.26	0	0	0	0	49	90.74
谭云龙	52	96.3	0	0	0	0	2	3.7
谭松	22	40.74	3	5.56	29	53.7	0	0
谭磊	9	16.67	2	3.7	1	1.85	42	77.78
谭丽环	24	44.44	7	12.96	18	33.33	5	9.26
覃雪芬	32	59.26	11	20.37	9	16.67	2	3.7
谭赠葵	43	79.63	3	5.56	8	14.81	0	0
覃俊周	45	83.33	6	11.11	3	5.56	0	0
叶初诚	51	94.44	3	5.56	0	0	0	0
谭国光	47	87.04	4	7.41	1	1.85	2	3.7
谭合教	42	77.78	8	14.81	4	7.41	0	0
谭健儿	39	72.22	9	16.67	4	7.41	2	3.7
谭根孚	41	75.93	9	16.67	3	5.56	1	1.85
谭金书	45	83.33	9	16.67	0	0	0	0
谭玉昌	52	96.3	2	3.7	0	0	0	0

6. 植物类词语的掌握情况

植物类词语共有 21 个，分别是树、树林、树枝、树叶、甘蔗、草、茅草、棉花、竹子、竹笋、竹节、水稻、秧、禾苗、稻草、花生、蔬菜、苦瓜、瓢（葫芦瓜）、甘薯（红薯）、芋头（表2-29）。

表 2-29　调查对象对植物类词语的掌握情况

调查对象	植物 A 级/个	比例/%	植物 B 级/个	比例/%	植物 C 级/个	比例/%	植物 D 级/个	比例/%
谭孟桃	1	4.76	0	0	10	47.62	10	47.62
覃丽娟	2	9.52	2	9.52	0	0	17	80.95
王冲	1	4.76	0	0	0	0	20	95.24
谭云龙	14	66.67	1	4.76	6	28.57	0	0
谭松	8	38.1	0	0	13	61.9	0	0
谭磊	2	9.52	1	4.76	0	0	18	85.71
谭丽环	10	47.62	3	14.29	7	33.33	1	4.76
覃雪芬	17	80.95	4	19.05	0	0	0	0
谭赠葵	12	57.14	3	14.29	6	28.57	0	0
覃俊周	18	85.71	3	14.29	0	0	0	0
叶初诚	18	85.71	3	14.29	0	0	0	0
谭国光	19	90.48	2	9.52	0	0	0	0
谭合教	19	90.48	2	9.52	0	0	0	0
谭健儿	18	85.71	2	9.52	0	0	1	4.76
谭根孚	20	95.24	1	4.76	0	0	0	0
谭金书	19	90.48	1	4.76	0	0	1	4.76
谭玉昌	21	100	0	0	0	0	0	0

7. 身体类词语的掌握情况

身体类词语共 29 个，分别是头、头发、辫子、脸、腮颊、耳朵、眼睛、鼻子、嘴、牙齿、舌头、喉咙、脖子、手、拇指、食指、中指、无名指、小指、指甲、拳头、脚、盖、腿、大腿、鼻涕、口水、汗、屎（表 2-30）。

表 2-30　调查对象对身体类词语的掌握情况

调查对象	身体 A 级/个	比例/%	身体 B 级/个	比例/%	身体 C 级/个	比例/%	身体 D 级/个	比例/%
谭孟桃	5	17.24	0	0	12	41.38	12	41.38
覃丽娟	14	48.28	6	20.69	0	0	9	31.03
王冲	15	51.72	0	0	0	0	14	48.28
谭云龙	23	79.31	2	6.9	2	6.9	2	6.9
谭松	18	62.07	4	13.79	7	24.14	0	0

续表

调查对象	身体A级/个	比例/%	身体B级/个	比例/%	身体C级/个	比例/%	身体D级/个	比例/%
谭磊	8	27.59	0	0	1	3.45	20	68.97
谭丽环	16	55.17	6	20.69	3	10.34	4	13.79
覃雪芬	26	89.66	3	10.34	0	0	0	0
谭赠葵	25	86.21	4	13.79	0	0	0	0
覃俊周	26	89.66	3	10.34	0	0	0	0
叶初诚	28	96.55	1	3.45	0	0	0	0
谭国光	29	100	0	0	0	0	0	0
谭合教	29	100	0	0	0	0	0	0
谭健儿	20	68.97	4	13.79	3	10.34	2	6.9
谭根孚	27	93.1	1	3.45	0	0	1	3.45
谭金书	27	93.1	2	6.9	0	0	0	0
谭玉昌	29	100	0	0	0	0	0	0

8. 称谓类词语的掌握情况

称谓类词语共有18个，分别是曾祖父、曾祖母、祖父、祖母、父母、父亲、母亲、妻子、哥哥、嫂子、弟弟、姐姐、儿子、儿媳、女儿、孙子、孙女、儿童（表2-31）。

表 2-31　调查对象对称谓类词语的掌握情况

调查对象	称谓A级/个	比例/%	称谓B级/个	比例/%	称谓C级/个	比例/%	称谓D级/个	比例/%
谭孟桃	9	50	5	27.78	1	5.56	3	16.67
覃丽娟	6	33.33	2	11.11	0	0	10	55.56
王冲	8	44.44	0	0	1	5.56	9	50
谭云龙	13	72.22	0	0	5	27.78	0	0
谭松	9	50	8	44.44	1	5.56	0	0
谭磊	10	55.56	1	5.56	1	5.56	6	33.33
谭丽环	14	77.78	0	0	4	22.22	0	0
覃雪芬	18	100	0	0	0	0	0	0
谭赠葵	15	83.33	3	16.67	0	0	0	0
覃俊周	16	88.89	2	11.11	0	0	0	0

续表

调查对象	称谓A 级/个	比例/%	称谓B 级/个	比例/%	称谓C 级/个	比例/%	称谓D 级/个	比例/%
叶初诚	18	100	0	0	0	0	0	0
谭国光	18	100	0	0	0	0	0	0
谭合教	18	100	0	0	0	0	0	0
谭健儿	12	66.67	1	5.56	3	16.67	1	5.56
谭根孚	18	100	0	0	0	0	0	0
谭金书	18	100	0	0	0	0	0	0
谭玉昌	18	100	0	0	0	0	0	0

9. 病痛类词语的掌握情况

病痛类词语共3个，分别是结巴、驼子、聋子（表2-32）。

表 2-32　调查对象对病痛类词语的掌握情况

调查对象	病痛A 级/个	比例/%	病痛B 级/个	比例/%	病痛C 级/个	比例/%	病痛D 级/个	比例/%
谭孟桃	0	0	1	33.33	0	0	2	66.67
覃丽娟	0	0	0	0	0	0	3	100
王冲	0	0	0	0	0	0	3	100
谭云龙	2	66.67	0	0	0	0	1	33.33
谭松	1	33.33	1	33.33	1	33.33	0	0
谭磊	3	100	0	0	0	0	0	0
谭丽环	1	33.33	1	33.33	1	33.33	0	0
覃雪芬	2	66.67	1	33.33	0	0	0	0
谭赠葵	3	100	0	0	0	0	0	0
覃俊周	3	100	0	0	0	0	0	0
叶初诚	3	100	0	0	0	0	0	0
谭国光	3	100	0	0	0	0	0	0
谭合教	3	100	0	0	0	0	0	0
谭健儿	1	33.33	0	0	2	66.67	0	0
谭根孚	3	100	0	0	0	0	0	0
谭金书	3	100	0	0	0	0	0	0
谭玉昌	3	100	0	0	0	0	0	0

10. 农事类词语的掌握情况

农事类词语共 24 个，分别是家、粮仓（谷仓）、菜园、门、路、布、筷子、锅铲、刀、桌、椅子、扫帚、梳子、秤、锁、钥匙、锄头、扁担、山歌、乡、场（集）、村、毛南族、神（表 2-33）。

表 2-33 调查对象对农事类词语的掌握情况

调查对象	农事 A 级/个	比例/%	农事 B 级/个	比例/%	农事 C 级/个	比例/%	农事 D 级/个	比例/%
谭孟桃	6	25	2	8.33	3	12.5	13	54.17
覃丽娟	9	37.5	3	12.5	0	0	12	50
王冲	3	12.5	2	8.33	0	0	19	79.17
谭云龙	17	70.83	2	8.33	4	16.67	1	4.17
谭松	10	41.67	3	12.5	11	45.83	0	0
谭磊	4	16.67	1	4.17	0	0	19	79.17
谭丽环	16	66.67	4	16.67	4	16.67	0	0
覃雪芬	21	87.5	3	12.5	0	0	0	0
谭赠葵	22	91.67	1	4.17	1	4.17	0	0
覃俊周	20	83.33	3	12.5	1	4.17	0	0
叶初诚	23	95.83	1	4.17	0	0	0	0
谭国光	24	100	0	0	0	0	0	0
谭合教	24	100	0	0	0	0	0	0
谭健儿	16	66.67	7	29.17	1	4.17	0	0
谭根孚	24	100	0	0	0	0	0	0
谭金书	23	95.83	1	4.17	0	0	0	0
谭玉昌	24	100	0	0	0	0	0	0

11. 饮食类词语的掌握情况

饮食类词语共 8 个，分别是米、饭、糍粑、肉、牛肉、盐、酒（烧酒）、蛋（表 2-34）。

表 2-34　调查对象对饮食类词语的掌握情况

调查对象	饮食A 级/个	比例/%	饮食B 级/个	比例/%	饮食C 级/个	比例/%	饮食D 级/个	比例/%
谭孟桃	3	37.5	0	0	2	25	3	37.5
覃丽娟	7	87.5	0	0	0	0	1	12.5
王冲	1	12.5	1	12.5	0	0	6	75
谭云龙	7	87.5	0	0	0	0	1	12.5
谭松	7	87.5	1	12.5	0	0	0	0
谭磊	5	62.5	0	0	2	25	1	12.5
谭丽环	8	100	0	0	0	0	0	0
覃雪芬	8	100	0	0	0	0	0	0
谭赠葵	7	87.5	0	0	1	12.5	0	0
覃俊周	8	100	0	0	0	0	0	0
叶初诚	8	100	0	0	0	0	0	0
谭国光	8	100	0	0	0	0	0	0
谭合教	8	100	0	0	0	0	0	0
谭健儿	8	100	0	0	0	0	0	0
谭根孚	8	100	0	0	0	0	0	0
谭金书	8	100	0	0	0	0	0	0
谭玉昌	8	100	0	0	0	0	0	0

12. 动作类词语的掌握情况

动作类词语共 193 个，分别是断（扁担断了）、撞（车撞在墙上）、倒（树倒了）、塌（倒塌）、着（火着了）、烧（野火烧山）、灭（灯灭了）、溢（水溢）、漏（水桶漏水）、漏出、摆动（树枝摆动）、啃（啃骨头）、蛰（马蜂蜇人）、叫（母鸡叫小鸡）、叫（母鸡下蛋时叫）、叫（鸟叫）、爬（蛇在地上爬）、飞、缠绕、游（鱼游水）、脱（蛇脱皮）、结果、萎、落（树叶落）、烂（瓜果烂了）、像（他像你）、成（成为）、有、没有（我没有书）、来、去、回、回来、回去、出、进、上（上山）、下（下楼）、后悔、担心、可怜、可惜、发抖、疼（痛）、咳嗽、呕吐、死、活（救活了）、出（嫁）、嫁、娶、怀孕、生（生孩子）、过年、抬（头）、低头、点（头）、摇（头）、笑、哭、说、问、夸奖、准备、喊、唱（歌）、闹（小孩闹）、哄（哄小孩使不哭）、骗、吵（架）、骂、喝、吃、尝（尝尝够不够味）、咬、嚼、咽、舔、流（流口水）、搅、打哈欠、抽（抽烟）、伸（伸舌头）、吹口哨、看、看见、睐（眼）、眨（眼）、闭（闭眼）、瞄（准）、听、闻（嗅）、坐、躺、歇、休息、睡、醒（睡醒）、醉（酒醉）、在、等（人）、爬（爬树）、过（过河）、超过、玩（耍）、跌倒、出汗、见面、跟、碰（桌子）、陪（客）、教、找（找虱子）、赶（鸟）、赶（走）、挤（挤进去）、带（红领巾）、带（钱）、带（带孩子）、穿（穿鞋）、戴（戴头巾）、扛、抬、挑（挑谷子）、背（背孩子）、围（上来）、打架（孩子打架）、熏（用烟熏肉）、烤（烤火）、燃（火燃了）、熄（熄灯）、要（我要这个）、给（给钱）、拢（靠拢）、洗（洗脸）、洗（碗）、留（留饭）、喂（用食具喂小孩）、堆（堆积泥土）、压（用石头压住）、竖（把柱子竖起来）、拆（拆房子）、挂（挂在墙上）、收拾、伸（伸手）、招（招手）、举（举手）、拿（拿书）、抱（抱小孩）、握（握刀把）、扔（扔掉）、扶（扶起来）、擤（擤鼻涕）、做（做工）、端（端着汤碗）、拧（拧毛巾）、推倒、牵（牵牛）、折（折断树枝）、打（打人）、捉（捉鸡）、放（放盐）、甩（把水甩干）、绑、解（解绳结）、砍（砍树）、削（削果皮）、磨（磨刀）、舂（舂米）、筛（筛米）、量（量布）、称（称东西）、夹（用筷子夹菜吃）、梳（梳头）、剪、走、锄（锄地）、犁（犁地）、插（插秧）、浇（浇菜）、浇水、拔（拔草）、煮（煮饭）、捡、热（热饭）、切（切菜）、烫（用开水烫）、赶集（赶圩）、买、卖、谢谢、明白、干活儿（表 2-35）。

表 2-35　调查对象对动作类词语的掌握情况

调查对象	动作 A 级/个	比例/%	动作 B 级/个	比例/%	动作 C 级/个	比例/%	动作 D 级/个	比例/%
谭孟桃	50	25.91	23	11.92	16	8.29	104	53.89
覃丽娟	78	40.41	21	10.88	8	4.15	86	44.56
王冲	33	17.1	4	2.07	1	0.52	155	80.31
谭云龙	155	80.31	7	3.63	16	8.29	15	7.77
谭松	120	62.18	29	15.03	44	22.8	0	0
谭磊	53	27.46	4	2.07	6	3.11	130	67.36
谭丽环	125	64.77	34	17.62	29	15.03	5	2.59
覃雪芬	173	89.64	15	7.77	3	1.55	2	1.04
谭赠葵	161	83.42	6	3.11	23	11.92	3	1.55

调查对象	动作 A 级/个	比例/%	动作 B 级/个	比例/%	动作 C 级/个	比例/%	动作 D 级/个	比例/%
覃俊周	176	91.19	16	8.29	0	0	1	0.52
叶初诚	187	96.89	6	3.11	0	0	0	0
谭国光	182	94.3	10	5.18	0	0	1	0.52
谭合教	178	92.23	10	5.18	5	2.59	0	0
谭健儿	135	69.95	35	18.13	6	3.11	17	8.81
谭根孚	177	91.71	10	5.18	3	1.55	3	1.55
谭金书	180	93.26	3	1.55	0	0	10	5.18
谭玉昌	193	100	0	0	0	0	0	0

13. 颜色类词语的掌握情况

颜色类词语共 10 个，分别是红、黄、蓝、白、黑、绿、紫、灰（颜色）、青（山色青青）、光（表 2-36）。

表 2-36　调查对象对颜色类词语的掌握情况

调查对象	颜色 A 级/个	比例/%	颜色 B 级/个	比例/%	颜色 C 级/个	比例/%	颜色 D 级/个	比例/%
谭孟桃	3	30	0	0	0	0	7	70
覃丽娟	4	40	1	10	2	20	3	30
王冲	0	0	0	0	0	0	10	100
谭云龙	6	60	0	0	1	10	3	30
谭松	4	40	2	20	4	40	0	0
谭磊	2	20	0	0	3	30	5	50
谭丽环	5	50	5	50	0	0	0	0
覃雪芬	9	90	1	10	0	0	0	0
谭赠葵	8	80	0	0	1	10	1	10
覃俊周	9	90	1	10	0	0	0	0
叶初诚	8	80	2	20	0	0	0	0
谭国光	10	100	0	0	0	0	0	0
谭合教	9	90	1	10	0	0	0	0
谭健儿	8	80	0	0	1	10	1	10
谭根孚	8	80	2	20	0	0	0	0

续表

调查对象	颜色 A 级/个	比例/%	颜色 B 级/个	比例/%	颜色 C 级/个	比例/%	颜色 D 级/个	比例/%
谭金书	10	100	0	0	0	0	0	0
谭玉昌	10	100	0	0	0	0	0	0

14. 修饰与性状类词语的掌握情况

修饰与性状类词语共 68 个，分别是亮（屋子很亮）、暗（屋子很暗）、甜（糖很甜）、甜（萝卜很甜）、酸、苦、辣、咸、淡（酒淡）、淡（不咸）、新鲜、香（花香）、臭、大、小、长、短、厚、薄、圆（球很圆）、宽（路宽）、窄（路窄）、高、矮、低、滑（路很滑）、尖（山很尖）、歪（帽子戴歪了）、满（水满了）、饱满（谷子饱满）、硬、软、脆、干净、脏（衣服脏）、深（水深）、稠（粥很稠）、稀（粥很稀）、轻、重、多、远、近、快（走得快）、慢（走得慢）、早（很早起来）、晚（很晚才睡）、热（天气热）、冷（天气冷）、饱、饿、困、累、高兴、瞎、痒、好、坏、差、新、生（生肉）、熟（熟肉）、乱（头发乱）、年轻、老（人老）、胖、瘦（人瘦）、瘦（地瘦）（表 2-37）。

表 2-37 调查对象对修饰与性状类词语的掌握情况

调查对象	修饰与性状 A 级/个	比例/%	修饰与性状 B 级/个	比例/%	修饰与性状 C 级/个	比例/%	修饰与性状 D 级/个	比例/%
谭孟桃	8	11.76	28	41.18	0	0	32	47.06
覃丽娟	33	48.53	3	4.41	10	14.71	22	32.35
王冲	10	14.71	1	1.47	0	0	57	83.82
谭云龙	65	95.59	0	0	1	1.47	2	2.94
谭松	47	69.12	7	10.29	14	20.59	0	0
谭磊	13	19.12	10	14.71	1	1.47	44	64.71
谭丽环	42	61.76	23	33.82	3	4.41	0	0
覃雪芬	64	94.12	3	4.41	1	1.47	0	0
谭赠葵	60	88.24	7	10.29	1	1.47	0	0
覃俊周	65	95.59	2	2.94	1	1.47	0	0
叶初诚	67	98.53	1	1.47	0	0	0	0
谭国光	64	94.12	3	4.41	0	0	1	1.47
谭合教	67	98.53	1	1.47	0	0	0	0

调查对象	修饰与性状 A 级/个	比例/%	修饰与性状 B 级/个	比例/%	修饰与性状 C 级/个	比例/%	修饰与性状 D 级/个	比例/%
谭健儿	56	82.35	8	11.76	2	2.94	2	2.94
谭根孚	67	98.53	0	0	1	1.47	0	0
谭金书	67	98.53	0	0	0	0	1	1.47
谭玉昌	68	100	0	0	0	0	0	0

15. 数词类词语的掌握情况

数词类词语共 12 个，分别是一到十二（表 2-38）。

表 2-38　调查对象对数词类词语的掌握情况

调查对象	数词 A 级/个	比例/%	数词 B 级/个	比例/%	数词 C 级/个	比例/%	数词 D 级/个	比例/%
谭孟桃	12	100	0	0	0	0	0	0
覃丽娟	12	100	0	0	0	0	0	0
王冲	12	100	0	0	0	0	0	0
谭云龙	12	100	0	0	0	0	0	0
谭松	12	100	0	0	0	0	0	0
谭磊	12	100	0	0	0	0	0	0
谭丽环	12	100	0	0	0	0	0	0
覃雪芬	12	100	0	0	0	0	0	0
谭赠葵	12	100	0	0	0	0	0	0
覃俊周	12	100	0	0	0	0	0	0
叶初诚	12	100	0	0	0	0	0	0
谭国光	12	100	0	0	0	0	0	0
谭合教	12	100	0	0	0	0	0	0
谭健儿	12	100	0	0	0	0	0	0
谭根孚	12	100	0	0	0	0	0	0
谭金书	12	100	0	0	0	0	0	0
谭玉昌	12	100	0	0	0	0	0	0

16. 量词类词语的掌握情况

量词类词语共 9 个，分别是个（一个人）、只（一只鸡）、棵（一棵树）、根（一根棍子）、粒（一粒米）、间（一间房子）、件（一件衣服）、件（一件事）、张（一张纸）（表2-39）。

表2-39 调查对象对量词类词语的掌握情况

调查对象	量词A级/个	比例/%	量词B级/个	比例/%	量词C级/个	比例/%	量词D级/个	比例/%
谭孟桃	0	0	1	11.11	0	0	8	88.89
覃丽娟	5	55.56	0	0	3	33.33	1	11.11
王冲	0	0	0	0	0	0	9	100
谭云龙	9	100	0	0	0	0	0	0
谭松	7	77.78	1	11.11	1	11.11	0	0
谭磊	3	33.33	0	0	0	0	6	66.67
谭丽环	8	88.89	1	11.11	0	0	0	0
覃雪芬	9	100	0	0	0	0	0	0
谭赠葵	8	88.89	0	0	1	11.11	0	0
覃俊周	9	100	0	0	0	0	0	0
叶初诚	8	88.89	1	11.11	0	0	0	0
谭国光	9	100	0	0	0	0	0	0
谭合教	9	100	0	0	0	0	0	0
谭健儿	8	88.89	1	11.11	0	0	0	0
谭根孚	9	100	0	0	0	0	0	0
谭金书	9	100	0	0	0	0	0	0
谭玉昌	9	100	0	0	0	0	0	0

17. 人称代词类词语的掌握情况

人称代词类词语共 15 个，分别是我、你、他、我们、咱们、你们、他们、自己、别人、这（近指）、这里、那（中指）、那（远指）、谁、什么（表2-40）。

表2-40 调查对象对人称代词类词语的掌握情况

调查对象	人称代词A级/个	比例/%	人称代词B级/个	比例/%	人称代词C级/个	比例/%	人称代词D级/个	比例/%
谭孟桃	6	40	1	6.67	0	0	8	53.33
覃丽娟	11	73.33	1	6.67	0	0	3	20
王冲	5	33.33	0	0	0	0	10	66.67

调查对象	人称代词 A 级/个	比例/%	人称代词 B 级/个	比例/%	人称代词 C 级/个	比例/%	人称代词 D 级/个	比例/%
谭云龙	15	100	0	0	0	0	0	0
谭松	13	86.67	1	6.67	1	6.67	0	0
谭磊	10	66.67	0	0	0	0	5	33.33
谭丽环	12	80	3	20	0	0	0	0
覃雪芬	15	100	0	0	0	0	0	0
谭赠葵	12	80	2	13.33	0	0	1	6.67
覃俊周	15	100	0	0	0	0	0	0
叶初诚	15	100	0	0	0	0	0	0
谭国光	13	86.67	2	13.33	0	0	0	0
谭合教	15	100	0	0	0	0	0	0
谭健儿	11	73.33	2	13.33	2	13.33	0	0
谭根孚	15	100	0	0	0	0	0	0
谭金书	15	100	0	0	0	0	0	0
谭玉昌	15	100	0	0	0	0	0	0

18. 副词类词语的掌握情况

副词类词语共 6 个，分别是还（还没有来）、都（大家都来了）、再（明天再来）、全（全村、全国）、不（他不来）、别（别跑）（表 2-41）。

表 2-41　调查对象对副词类词语的掌握情况

调查对象	副词 A 级/个	比例/%	副词 B 级/个	比例/%	副词 C 级/个	比例/%	副词 D 级/个	比例/%
谭孟桃	0	0	1	16.67	0	0	5	83.33
覃丽娟	1	16.67	4	66.67	0	0	1	16.67
王冲	1	16.67	0	0	0	0	5	83.33
谭云龙	6	100	0	0	0	0	0	0
谭松	5	83.33	0	0	1	16.67	0	0
谭磊	3	50	0	0	0	0	3	50
谭丽环	5	83.33	0	0	1	16.67	0	0
覃雪芬	6	100	0	0	0	0	0	0
谭赠葵	2	33.33	1	16.67	3	50	0	0

调查对象	副词A级/个	比例/%	副词B级/个	比例/%	副词C级/个	比例/%	副词D级/个	比例/%
覃俊周	3	50	3	50	0	0	0	0
叶初诚	6	100	0	0	0	0	0	0
谭国光	6	100	0	0	0	0	0	0
谭合教	5	83.33	1	16.67	0	0	0	0
谭健儿	6	100	0	0	0	0	0	0
谭根孚	5	83.33	1	16.67	0	0	0	0
谭金书	6	100	0	0	0	0	0	0
谭玉昌	6	100	0	0	0	0	0	0

19. 小结

从表 2-24 至表 2-41 可以看出，动物、植物、身体、农事、动作、颜色、修饰与性状类词语的掌握情况略差，A 级比例普遍不高，D 级比例略高；天文、地理、方位、时间、称谓、病痛、饮食、数词、量词、人称代词、副词类词语的掌握情况较高，A 级比例普遍较高，D 级比例较低，其中地理类词语和数词类词语的 A 级比例都达到100%，也就是说，20～59 岁和 60 岁及 60 岁以上这两个年龄段所有调查对象均能流利地说出笔者所测试的地理类词语和数词类词语；而天文、地理、方位、病痛、农事、饮食、数词、量词、副词类词语 D 级比例均为 0%，换句话说，就是 20～59 岁和 60 岁及 60 岁以上这两个年龄段所有的调查对象都会说笔者所测试的天文、地理、方位、病痛、农事、饮食、数词、量词、副词类词语。

第二节　毛南语全民稳定使用的条件与因素

本节主要从人口居住特点、母语习得、民族凝聚力、经济模式和国家少数民族语言政策等方面，分析下南乡毛南语稳定使用的条件与因素。

一、族群高度聚居是毛南语稳定使用的客观条件

族群高度聚居有利于民族语言和文化的传承，反之，则不利于语言和文化的延续。

（一）下南乡人口特点

下南乡位于环江毛南族自治县西部，全乡总面积 278 平方千米，下辖 11 个行政村，全乡共 243 个村民小组，4619 户人家，耕地面积 16 200 亩，是全国唯一的毛南族聚集地，也是环江毛南族自治县的主体民族乡。

根据下南乡乡政府提供的最新人口统计数据（2007）[①]，全乡总人口为 19 307 人，其中壮族 123 人，汉族 39 人，苗族 2 人，瑶族 4 人，布依族 2 人，水族 2 人，侗族 2 人，其余的人都是毛南族，毛南族占全乡总人口的 99%。

下南乡毛南族和其他民族的人口比例，见图 2-3。

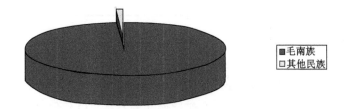

图 2-3　下南乡毛南族和其他民族的人口比例图

下南乡其他民族的人口数据图，见图 2-4。

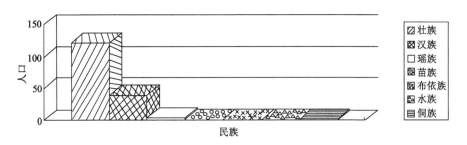

图 2-4　下南乡其他民族的人口数据图

从图 2-3 和图 2-4 的统计数据可以看到，毛南族占全乡总人口的比例高达 99% 以上。下南乡的绝大部分人都是毛南族，这种高度聚居的居住状态，为毛南语的传承提供了重要保障。

---

①下南毛南族乡志编纂组. 下南毛南族乡志（内部资料），2007.

（二）下南乡的人口分布

从下南乡人口的分布来看，毛南族的分布毫无疑问地呈现出高度聚居的状态。下南乡 11 个村中毛南族家庭户数所占比例如表 2-42 所示。

表 2-42　下南乡 11 个村中毛南族家庭户数所占比例表

行政村	全村户数/户	毛南族家庭户数/户	毛南族家庭户数占全村户数百分比/%
下南社区	1197	1196	99.9
波川村	1010	1008	99.8
才门村	154	154	100
古周村	133	133	100
景阳村	152	151	99.3
堂八村	425	425	100
希远村	106	106	100
下塘村	452	452	100
仪凤村	639	639	100
玉环村	378	378	100
中南村	880	880	100
合计	5526	5522	99.9

从表 2-42 的统计情况来看，在单一个村中，毛南族家庭占全村户数的比率最高为 100%，最低为 99.3%，平均比率高达 99.6%。也就是说，毛南族在下南乡的人口分布具有高度聚居的特点。

（三）新情况对下南乡人口分布的影响

随着社会经济的发展，族际婚姻有逐渐增多的趋势，但族际婚姻的存在没有改变下南乡毛南族人口分布的高度聚居性。下南乡族际婚姻的统计表如表 2-43 所示。

表 2-43　下南乡族际婚姻统计表

村寨	户数/户	族际婚姻家庭数/个	非毛南族家庭数/个
下南社区	1197	61	1
波川村	1010	50	2
才门村	154	7	0
古周村	133	3	0

村寨	户数/户	族际婚姻家庭数/个	非毛南族家庭数/个
景阳村	152	8	1
堂八村	425	21	0
希远村	106	2	0
下塘村	452	16	0
仪凤村	639	10	1
玉环村	378	14	0
中南村	880	46	0

从表 2-43 的数据可以看到，一方面是族际婚姻家庭较少，对毛南族聚居的总体格局影响不大；另一方面是族际婚姻家庭分布上呈分散状态，嫁入（入赘）的外族人在生活、劳动中每天所接触的都是毛南族人，大部分经过三到五年毛南语语言环境的熏陶，都能说一口流利的毛南语；少数不能说的也能听懂一些，并且能很快融入毛南族社会中，成为毛南族大家庭中的一员。

表 2-43 的数据和事实表明，下南乡的毛南族人口分布具有高度聚居的特点，族际婚姻和非毛南族家庭没有对此产生根本影响。下南乡虽还有少量壮族、汉族、苗族、瑶族等其他民族人口居住，但由于毛南族人口在全乡中占绝对优势，在民族关系中处于主导地位或优势地位，这种民族关系决定了毛南语成为该地区通用语的重要条件。这为毛南族人提供了一个母语使用的广阔空间，是毛南语能够长期完整留存下来的客观条件。

二、母语习得和母语意识是毛南语稳定使用的先决条件

家庭是母语保存的重要堡垒，语言的连续依赖家庭成员间的潜移默化和精心教育，下南乡毛南语的传承在很大程度上依赖母语习得和家庭语言环境的影响。

（一）母语习得的先天环境

毛南族人重视本民族语言的传承。在下南乡，家庭一直是毛南语使用最充分、最频繁的场所，毛南族的家长们让孩子从小就说毛南语。笔者于 2011 年 11 月到下南乡实地考察，看到那里的毛南族家庭全都使用毛南语进行交际，一家男女老少都会说毛南语，特别是青少年几乎全都会说毛南语。毛南语是下南乡的通用语。

在村里，居民交谈用毛南语；集市贸易中使用的语言主要也是毛南语，间或杂以壮语或汉语；村里开会时也用毛南语，只是在传达文件时用汉语（桂柳话，下同），下南乡的干部正式开会时说汉语，但在会下交谈仍用毛南语。下南乡波川村村委副主任谭合教（53 岁）说："无论是在家里、集市还是参加民俗活动时，我们主要是讲毛南话，只有在会上传达文件或遇到别人听不懂毛南话的情况下，才改用其他语言。"

毛南语是学生使用最普遍的交流语言。下南乡的中小学，学生们在校上课时用普通话，课后，同学之间、师生之间交流都用毛南语。根据笔者对下南乡毛南语中心区四个年龄段居民进行的毛南语 500 词水平测试，发现毛南语的传承是非常稳定的。28 岁以上的 10 名被调查者全都能够熟练使用毛南语，他们的毛南语词汇 A 级和 B 级合起来都达到了 90%及以上。对下南乡中心小学一年级和下南中学初中三年级的毛南族学生进行母语能力测试，结论是他们也都能说较完整的毛南语。9～11 岁的学龄儿童的毛南语词汇掌握程度也比较乐观，在接受调查的 6 个 9～11 岁的学龄儿童中，有 4 个学龄儿童的毛南语词汇 A 级和 B 级合起来都达到了 60%以上。总的来说，毛南语在不同年龄段中都在稳定使用。近 20 年以来，虽然家庭内部的汉语教育受到重视，出现了以汉语为第一语言的少年儿童，但是大多数家庭内部的日常用语依然是毛南语，或以毛南语为主。下南乡宿邦村谭蕲（12 岁），现在在下南乡中心小学读六年级，他说："虽然我妈妈是壮族，我也学会了壮语和普通话，但是我平常基本都是用毛南语和家人、邻居、同学交谈的，因为村里人都说毛南语，我妈妈也学会了。在学校，除上课用普通话之外，课间都是用毛南语和老师、同学交流的。"

良好的母语环境是毛南语能够顺利实现代际间语言传承的重要保证，通用语的交际地位又使得毛南语的稳定使用在日常沟通中得到强化和保持，这两者无疑都利于毛南语的稳定使用。

（二）母语意识的社会强化

毛南族人认为不说毛南语是一件羞耻的事，会被人看不起。毛南族人使用自己的母语进行交际会有一种亲切感与认同感，因此，他们不管是大人还是小孩，不管是有知识的文化人还是没上过几年学的农民，都愿意说本民族的语言。下南乡波川村谭琴培（15 岁），现就读于下南中学，她说："我们学校 80%以上的同学都是毛南族，和本民族同学说自己的母语毛南语使我觉得非常亲切。"

下南乡毛南族的母语意识还表现在：即使是走出下南乡，去外地打工或念书的下南乡毛南族，依然坚持说毛南语。下南乡下南社区的村民谭海棠（**29 岁**），10 岁以前在下南社区，后来一直在外读书，还曾在广东惠州当了几年兵，退役后在环江毛南族自治县县城工作，只是逢年过节才回老家，但是回家后还是会讲毛南话，因为老人家只会讲毛南话，交流起来比较方便。他认为外出工作的人回家不讲毛南话有点忘本，会显得有些另类和做作。

同时，外出念高中、大学的毛南族学生仍然有着强烈的母语意识，对自己的母语毛南语有着深厚的感情。据下南乡中心小学教师覃雪芬（**28 岁**）介绍，她外出读书超过 6 年，由于她的母语是毛南语，在家也是用毛南语交流，外出读书回来后，对本民族语言没有出现任何生疏感，这从我们对她进行毛南语的测试中可以看出来。

下南乡中南村下南中心小学教师谭耀作（**40 岁**）说："我的第一习得语是毛南语，虽然后来读书时又学会了壮语、桂柳话和普通话，但平常在与家人和邻居交谈时我还是会说毛南话，甚至在教学过程中，学生听不懂普通话时也是用毛南话翻译，因为学生们从小就会很熟练地用毛南语交谈。我们毛南族人都认为，说壮语的毛南族不是正宗的毛南族。"

从上述事例中可以看出，母语习得和母语意识的强化作用是毛南语稳定使用的先决条件，潜移默化的语言习得和通用语的交际功能使得毛南语在下南乡得以稳定使用。

三、民族凝聚力是毛南语得以保存的主观条件

民族意识是对民族身份、民族文化等方面的一种自觉认同心理。毛南族对民族身份的唯一性及传统文化的源远流长充满了自豪感，对母语的传承、使用与发展表现出极大的关注。毛南族稳固的民族意识对毛南语的稳定使用起到了重要作用。

（一）强烈的宗族意识

毛南族人强烈的宗族意识体现在修编宗谱的高涨热情上，他们普遍认为修缮宗谱是为了弘扬先德、沟通未来、精诚团结、惠今益后的大事。[①]凡是有些文化的

---

① 《毛南族简史》编写组. 毛南族简史[M]. 北京：民族出版社，2008.

家庭，都会有一个本子，专门记录自己的家谱和族谱。家中老人去世，子女要办的第一件事就是为死者树碑立传。

毛南族的姓氏主要有谭姓、覃姓、蒙姓、卢姓等，其中以谭姓的人数最多，约占毛南族人数的80%以上。近年来，毛南族覃姓、蒙姓、谭姓等部分姓氏先后编著成了他们的姓氏谱牒。以谭姓为例，谭氏宗谱于2003年6月24日开始成立编写委员会，于2004年10月脱稿付梓，历时16个月，是至今毛南族姓氏编著最为完整的族谱之一。参与编著的人包括退休的政府机关领导干部、学校教师还有农民，他们通过广泛的实地调查采访，获得了许多第一手资料和毛南族各村屯宗支珍藏的家谱手抄本和关于祖宗牌位、碑文的记载。在毛南族谭氏谱牒编著的过程中有众多单位、毛南族人士参与了谱牒的编写和校对工作。

除了强烈的宗族意识外，毛南族还用祭祀仪式来联系族人。在各家厅堂里都会有祖宗的纪念牌，每逢节庆日或杀牲宰畜都要在牌前焚香烧纸，敬献祭品。即使是在外地他乡只要临近清明节都会回家祭拜祖先。毛南族这种稳固的宗族意识，必然会把标志民族身份的母语放在重要位置。

（二）强烈的文化认同感

（1）毛南族的傩戏，把毛南族人紧密联系在一起。毛南族傩戏肥套，其源于原始宗教祭祀活动，源于汉地中原傩，它主要体现在毛南族人民的还愿傩舞，毛南语叫"肥套"[①]。中华人民共和国成立以前，它是毛南族民间规模最大、最普通的一种敬神祭祀活动。毛南族傩戏在其发展的过程中，曾历经多次灾难和洗劫，特别是"文化大革命"期间，面具、唱本及道具服装被收缴焚毁更是毛南族傩文化的一次特大的劫难。20世纪80年代开始，毛南族肥套又渐渐活跃起来。特别是在20世纪90年代以后有了很大的发展。现仍活跃在下南乡的傩戏班子就有五个。可见，毛南族人民对肥套有着坚定的信仰。

（2）共同的节日文化把毛南族人联系在一起。分龙节是毛南族一年一度最隆重的传统节日。毛南族人民根据自己的宗教意识，认为每年夏至后的头一日，是水龙分开之日，水龙分开就难以风调雨顺，所以要在分龙这一天祭神保禾苗，相沿而成为传统的农业祭祀节，称为分龙节。20世纪初之前，每年过节人们都先聚

---

① 《毛南族简史》编写组. 毛南族简史[M]. 北京：民族出版社，2008.

众于庙内外活动，故又称为"庙节"。供奉祖先诸神之后，即请亲友赴宴，共度节日。青年男女则相邀于水边、山上山下阴凉处，对歌游戏，约会诉衷肠，尽情欢乐。时到今日，分龙节的庙祭逐步废除，家祭家宴亦逐渐简化。但群众性的文化娱乐活动仍然保留，多以多姿多彩的民族文艺表演等形式取代过去那种神秘色彩，并丰富和充实了许多健康内容，目前分龙节仍然是毛南族最重要的欢庆节日。在这些节日中，归属感得到进一步强化，语言也得以传承和发扬。

四、毛南族经济模式是毛南语稳定使用的物质条件

下南乡总面积278平方千米，主要以农业为主，全乡耕地面积16 200亩[①]，其中水田10 545亩，旱地5655亩，种植主要以大米为主，玉米、黄豆次之。2007年，下南乡农业产业结构调整取得显著成效，地方特色经济粗具规模。在仪凤村至波川、下南至玉环、中南至下塘3条公路旁建立通道经济农业综合开发示范带，全年农业生产总值达7056万元。坚持"以牛兴乡"的发展战略，在确保粮食增产丰收的同时，实施以种草养牛为主的产业结构调整，在仪凤、中南、下塘等村公路两旁建立了500多亩的林草混交退耕还林还草养牛示范带。牧草面积达3800亩，牛存栏10 018头，养牛业走上了产业化经营之路。另外，下南乡桑园面积3200亩，甘蔗种植面积1100亩，果园面积达865亩。

传统农业的封闭性有利于语言的传承。从上面的介绍可以看到，下南乡的农业主要集中在传统种植业和家庭式畜牧业两个方面。传统种植业主要是种植水稻，水稻是需要大量劳动力的。在下南乡毛南族地区，现在仍然保留着"换工"的习俗。"换工"就是指每年从春耕到秋收，几家几户合作互助做农活，一般是男工换男工，女工换女工，不需要支付报酬只需要丰盛的菜肴招待即可。换工不仅提高了生产效率，更加促进了族民的交流和沟通，促进了语言的发展和传承。

另外，下南乡毛南族地区还是著名的"毛南菜牛"的原产地，被称为"菜牛之乡"，它不仅誉满广西而且远销海外。随着经济社会的发展，下南乡的农业生产方式也有了很大的改进，但是传统种植业和家庭式养殖业的经济模式没有根本转变，这有利于保持毛南族人村落的格局和人口稳定的局面，也有利于毛南语的稳定使用。

---

① 1亩≈666.7平方米。

五、国家少数民族语言政策是毛南语稳定使用的外在政治条件

《中华人民共和国宪法》规定，"各民族都有使用和发展本民族语言文字的自由"，这从根本上保障了各少数民族都可以根据自己的条件和意愿使用和发展本民族的语言和文字。毛南族虽然是一个人口较少的民族，但同全国其他少数民族一样享有国家民族语言政策所赋予的权利。自1954年成立环江毛南族自治县以来，国家积极支持毛南族保持传统文化、风俗、习惯及语言，环江毛南族自治县也大力扶持下南乡经济社会的发展，特别是在提干、招工、入学等方面给予了优惠政策，这大大增强了毛南族群众的民族自豪感和凝聚力。

早在中华人民共和国成立初期，下南乡就设立了文化站和图书馆，下南乡文化站在最近几年得到了更多的重视和更大的发展。2000年新文化站落成并投入使用，新站馆楼占地140平方米，共四层，总建筑面积为580平方米，内有综合娱乐室、图书室、阅览室、音像室、展览厅等。2008年落成投入使用的下南乡民族文化活动中心就在下南乡人民政府旁，活动中心总占地面积约2000平方米，内设有广场、舞台、灯光球场、活动场馆等，可同时容纳1000多人同时进行娱乐活动；其中，站馆面积1055平方米，内设有图书室、民族民俗文物展览室、室内娱乐活动室、民族民俗文化传习馆等。

这些扶持政策和设施建设，不仅方便了毛南族群众的文化活动，增强了毛南族群众传承语言文化的意识，还大大增强了毛南族群众的民族自豪感。国家民族语言政策是毛南语稳定使用的有力保障，是半个多世纪以来毛南语能够较完整保留下来的外在政治条件。

综上所述，下南乡毛南族稳定使用毛南语的原因是多方面的。族群高度聚居的人口分布特点是下南乡毛南语稳定使用的客观条件，这也为毛南语在下南乡的母语习得和母语意识创造了良好的外部环境。毛南族人强烈的宗族意识和文化认同是毛南语传承和稳定使用的主观条件，没有强烈的民族自豪感就不会有毛南语的稳定使用。同时，毛南族的经济模式及国家的少数民族语言政策也是毛南语稳定使用的重要外部条件。

第三章 下南乡毛南族普遍兼用汉语和其他民族语言情况

下南乡作为毛南族的聚居地和发源地，下南乡人不仅稳定使用本民族语言毛南语，而且绝大多数兼用汉语和其他民族语言。笔者对下南乡进行了抽样调查，通过对调查材料的分析和总结，本章将阐述和说明下南乡人使用语言的具体情况。

第一节 毛南族兼语情况及类型

毛南语虽然是下南乡人的主要交际工具，但它也只是下南乡人在乡内的交际工具，一旦离开了下南乡就需要使用到汉语或者其他民族的语言，加上下南乡被水源镇、洛阳镇、川山镇、南丹县、金城江等地方包围，下南乡人不同程度地使用壮语进行交流。甚至个别村如仪凤村，由于远离下南乡中心区而邻近其他民族语使用区，母语不是本民族语言，本民族语言只是兼用语。仪凤村四周被水源镇、洛阳镇、川山镇等使用壮语的地区包围，仪凤村的村民在村内的日常交际使用壮语，并以壮语作为母语，毛南语作为兼用的语言使用，离开了仪凤村才会使用毛南语。

一、下南乡人的语言使用情况

暂且把由于受地域条件限制而使语言的使用出现错序情况，即把其他民族语言作为母语，毛南语作为兼语的地区称为毛南语边缘区，如仪凤村。而把相对靠近下南社区，并且大多数人把毛南语作为母语，毛南语为日常交际用语的地区称为毛南语中心区，除仪凤村外，下南乡其他村都为毛南语中心区。因此，毛南语中心区普遍兼用汉语和其他民族语言，毛南语边缘区普遍兼用汉语和本民族语言。

（一）毛南语使用情况表（表3-1）

表3-1　毛南语使用情况表

调查点		样本量/人	熟练		略懂		不会	
			人数/人	百分比/%	人数/人	百分比/%	人数/人	百分比/%
中心区	下南社区	321	316	98.44	5	1.56	0	0.00
	波川村	523	518	99.04	1	0.19	4	0.76
	中南村	10	10	100	0	0.00	0	0.00
	合计	854	844	98.83	6	0.70	4	0.47
边缘区	仪凤村	748	559	74.73	137	18.32	52	6.95
合计		1602	1403	87.58	143	8.93	56	3.50

　　表3-1显示出，在有抽样调查的1062人中，毛南语中心区毛南语熟练程度达到98.83%，只有0.70%的人略懂，0.47%的人不会。而在毛南语边缘区仪凤村，也只有6.95%的人不会使用毛南语。从表3-1中不难看出，毛南语是下南乡人主要的交际工具。

（二）汉语使用情况表（表3-2）

表3-2　汉语使用情况表

调查点		样本量/人	熟练		略懂		不会	
			人数/人	百分比/%	人数/人	百分比/%	人数/人	百分比/%
中心区	下南社区	321	268	83.49	42	13.08	11	3.43
	波川村	523	310	59.27	193	36.90	20	3.82
	中南村	10	7	70.00	3	30.00	0	0.00
	合计	854	585	68.50	238	27.87	31	3.63
边缘区	仪凤村	748	542	72.46	177	23.66	29	3.88
合计		1602	1127	70.35	415	25.91	60	3.75

　　从表3-2中发现，在抽样调查的人中，只有3.75%的人不会汉语，他们多为年龄偏大的老年人，因为很少与外面社会接触，缺少接触汉语的环境，下南乡的

其他人则不同程度地使用汉语。因此，下南乡人普遍兼用汉语。

（三）壮语使用情况表（表3-3）

表3-3　壮语使用情况表

调查点		抽样人数/人	熟练		略懂		不会	
			人数/人	百分比/%	人数/人	百分比/%	人数/人	百分比/%
中心区	下南社区	321	108	33.64	129	40.19	84	26.17
	波川村	523	82	15.68	206	39.39	235	44.93
	中南村	10	1	10.00	5	50.00	4	40.00
	合计	854	191	22.37	340	39.81	323	37.82
边缘区	仪凤村	748	736	98.40	10	1.34	2	0.27
合计		1602	927	57.87	350	21.85	325	20.29

表3-3显示出，在毛南语中心区，超过一半的人不同程度地使用壮语，而在毛南语边缘区只有0.27%的人不使用壮语，就整个下南乡而言，使用壮语的人数占大部分，比例为79.71%。

（四）其他语言使用情况

在抽样调查的人中，有2人还使用其他民族的语言，一位是仪凤村后沙屯1号的金泽情，从贵州嫁来，母语为布依语，到仪凤村后略懂壮语，只能用壮语进行简单的日常交际。另一位是仪凤村内卯屯19号的兰月连，从大化县嫁入，母语为瑶语，到仪凤村后只用汉语与村民交流，不会壮语和毛南语。

二、下南乡人的兼语类型

笔者将从抽样调查的仪凤村、下南社区、中南村、波川村共484户1602人的抽样样本量中分析下南乡人使用语言的具体情况，并对语言使用的类型进行逐一分析。从下南乡人掌握的语言种类上进行分类，可分为单语型、双语型、三语型三大类。

（一）单语型

下南乡人使用单语的情况分为三种：单用汉语、单用毛南语、单用壮语。使用汉语的人共5人。一般为嫁入下南乡的汉族人，他们只会说汉语，另外，出生在外地或者出生在县城，从小没有接触到毛南语语言环境的下南乡毛南族人，他们也只会说汉语，不会说毛南语或者其他少数民族语言。共有 7 人只会说毛南语，仅仅使用毛南语的人中的 6 人为 52～71 岁的老年人，很少外出，没有受到其他语言环境的影响，4 人上过小学，2 人没有上过学，另 1 人为 7 岁的幼儿园学生，在本地上幼儿园，只会说毛南语。共有 5 人只会说壮语，都为下南乡仪凤村人，年龄为 58～88 岁的老年人，很少与外面的村屯接触，加上仪凤村出现语言使用错序的情况，他们的母语为壮语，壮语是仪凤村的日常交际工具。

下面对以上调查对象中只使用单语的情况作具体详细的说明。

1. 单用汉语

从调查中发现，在所调查的人中，坡川村有 4 人只会说汉语，仪凤村有 1 人只会说汉语。

波川村松发屯 16 号有 2 位只会说汉语。一位是杨娟，本是汉族人，从贵州嫁入，母语为汉语，并且一直在广州打工，并且没有长期生活在波川，回波川时都用汉语与当地人交流，不会使用毛南语或者其他少数民族语言。另一位是杨娟 8 岁的女儿覃钰兰，在广州出生，并一直跟随在广州打工的父母生活，平时父亲也不跟女儿说毛南语，因此只会说汉语，不会毛南语。

一位是波川村松马屯 5 号的莫兰珍，是汉族人，嫁入波川村，是广西玉林人，母语为当地白话，即汉语，嫁入时间并不长，在当地生活时间短，又在外面打工，不会说毛南语和其他少数民族语言。

一位是波川村庭木屯 15 号的覃婧，现在 7 岁，出生并生活在环江毛南族自治县县城，父母都在环江毛南族自治县县城工作，很少回到下南乡，日常生活中父母都不用毛南语交流，她很少接触到毛南语的语言环境，所以不懂毛南语。

另一位是仪凤村三阳屯 6 号的罗小维，从贵州嫁入，是汉族人，母语为汉语，嫁入时间不长，用汉语与村民交流，不会毛南语和其他民族语言。

2. 单用毛南语

调查的数据显示，共有 7 人只会说毛南语，波川村 5 人，下南社区 2 人。他们的交际大多只限于本乡，很少接触外界社会。单用毛南语情况只出现在毛南语中心区，毛南语边缘区不存在单用毛南语的情况。

波川村松马屯 24 号有 2 人，一位是 61 岁的谭日山，小学文化，没有到过外面打工，基本上都在本乡活动，很少与外界交流，缺少其他语言的语言环境，只会说毛南语。另一位是谭日山 52 岁的妻子谭月江，也是小学文化，本村人，没有到外面活动的经历，同样缺少其他语言环境的影响，只会说毛南语。波川村松仁屯有 3 人只会说毛南语，一位是松仁屯的谭环飞，66 岁，小学文化，基本上在本村活动，缺少其他语言环境的影响；一位为松仁屯 2 号的覃善荣，71 岁，没有上过学，很少到外面活动，接触到的基本上是毛南语；另一位是松仁屯 35 号 64 岁的谭月丝，没有上学，多在本乡活动，没有受到其他语言环境的影响。

下南社区有 2 人只会说毛南语，一位是东谈屯 14 号的谭继松，现今 7 岁，在上幼儿园，在家、幼儿园接触到的多为毛南语，家长、老师与其交流都是用毛南语，还没接触到其他语言的语言环境，只会说毛南语；另一位是东谈屯 7 号 63 岁的谭兰梓，只有小学文化，没有外出打过工，活动只限于本乡本社区，接触到的多为毛南语的语言环境，所以不会说其他语言。

3. 单用壮语

单用壮语的现象较为特殊，主要集中在下南乡仪凤村，仪凤村人虽多为毛南族，但母语为壮语，由于受地域等因素的影响，语言使用出现错序现象，在调查的 748 人中共有 5 人只会用壮语交流。

仪凤村大屯 31 号有一位 58 岁的谭月蕊，内卯屯 15 号 70 岁的谭月美，内卯屯 18 号 88 岁的谭妈成，内卯屯 32 号 88 岁的覃李技，内卯屯 34 号 84 岁的谭奶纯，他们年纪都比较大，全部为本村人，除谭月蕊没有上学以外，其他 4 人都是在仪凤村读小学，小学毕业后就没有到下南乡继续读书，从小生活在仪凤村。由于路途远很少到下南乡其他村屯交流，而多到邻近的使用壮语的地方活动，如到附近的水源镇、川山镇及洛阳镇等壮语使用区参加赶圩、唱山歌等活动，接触壮语环境较多，而缺少其他的语言环境的影响。

（二）双语型

根据实地调查下南乡人兼用的情况来分析，语言兼用情况较为复杂，可以概括出有这几种类型的兼用情况：①毛南语、汉语兼用；②毛南语、壮语兼用；③壮语、汉语兼用；④其他双语兼用。

1. 毛南语汉语兼用

下南乡人为了方便与外界的交流，随着社会的发展，下南乡人与外界社会的交流越来越频繁，在调查的下南社区、波川村、仪凤村、中南村中发现大多数人都能熟练地运用汉语进行交流，在调查的 1602 人中共 1542 人不同程度地会使用汉语，共 312 人兼用毛南语和汉语。其毛南语汉语兼用的具体情况见表 3-4。

表 3-4 下南乡毛南语汉语兼用情况表

调查点	样本量/人	毛南语汉语兼用人数/人	百分比/%
下南社区	321	82	25.55
波川村	523	226	43.21
中南村	10	4	40.00
合计	854	312	36.53

由于仪凤村语言使用比较特殊，母语为壮语，而毛南语只是兼用语，因此不存在毛南语、汉语兼用的情况，仪凤村属于毛南语边缘区，不列入表 3-4，表 3-4 中的数据为样本数量，都是毛南语中心区的数据。

毛南语汉语兼用具体列表如表 3-5 所示。

表 3-5 下南乡毛南语汉语兼用具体列表

序号	姓名	性别	民族	年龄/岁	住址	文化程度	毛南语水平	汉语水平
1	谭梦波	女	毛南	6	东贵屯 4 号	学前班	母语，熟练	兼语，略懂
2	谭伟	男	毛南	6	松仁屯 10 号	学前班	母语，熟练	兼语，熟练
3	谭凤星	女	毛南	6	松仁屯 12 号	小学在读	母语，熟练	兼语，熟练
4	谭孟甲	男	毛南	6	松仁屯 16 号	小学在读	母语，熟练	兼语，略懂
5	谭火炼	女	毛南	6	东谈屯 17 号	初中	母语，熟练	兼语，熟练
6	莫卫标	男	毛南	6	松现屯 12 号	小学在读	母语，熟练	兼语，熟练
7	覃春娱	女	毛南	6	松现屯 24 号	小学在读	母语，熟练	兼语，熟练
8	覃春景	女	毛南	6	松现屯 25 号	小学在读	母语，熟练	兼语，熟练
9	莫佳兴	男	毛南	6	松现屯 29 号	小学在读	母语，熟练	兼语，略懂
10	莫兴旺	男	毛南	6	松现屯 29 号	小学在读	母语，熟练	兼语，略懂
11	谭文归	男	毛南	6	中里屯 25 号	学前	母语，熟练	兼语，熟练
12	谭雪梅	女	毛南	6	中里屯 27 号	小学在读	母语，熟练	兼语，熟练
13	谭浩	男	毛南	7	松仁屯 35 号	小学在读	母语，熟练	兼语，略懂

序号	姓名	性别	民族	年龄/岁	住址	文化程度	毛南语水平	汉语水平
14	谭侣姣	女	毛南	7	庭木屯 4 号	小学在读	母语，熟练	兼语，略懂
15	卢立萱	女	毛南	7	松现屯 21 号	小学在读	母语，熟练	兼语，熟练
16	谭珍琪	女	毛南	7	中里屯 16 号	小学在读	母语，熟练	兼语，熟练
17	谭祖捷	男	毛南	7	中里屯 22 号	小学在读	母语，熟练	兼语，熟练
18	谭锦雄	男	毛南	7	中里屯 24 号	学前	母语，熟练	兼语，略懂
19	谭东海	男	毛南	7	中里屯 31 号	小学在读	母语，熟练	兼语，熟练
20	谭钰聪	男	毛南	7	中里屯 4 号	小学在读	母语，熟练	兼语，熟练
21	谭亿发	男	毛南	8	东旺屯 14 号	小学在读	母语，熟练	兼语，熟练
22	谭红熠	男	毛南	8	东旺屯 1 号	小学在读	母语，熟练	兼语，略懂
23	谭淑雨	女	毛南	8	东旺屯 3 号	小学在读	母语，熟练	兼语，略懂
24	谭贯力	男	毛南	8	松仁屯 15 号	小学在读	母语，熟练	兼语，熟练
25	覃燚源	男	毛南	8	松仁屯 20 号	小学在读	母语，熟练	兼语，熟练
26	谭远宁	男	毛南	8	松仁屯 21 号	小学在读	母语，熟练	兼语，略懂
27	谭孟勖	男	毛南	8	庭木屯 16 号	小学在读	母语，熟练	兼语，略懂
28	覃婉露	女	毛南	8	松现屯 20 号	小学在读	母语，熟练	兼语，熟练
29	谭金熙	男	毛南	8	中里屯 19 号	小学在读	母语，熟练	兼语，熟练
30	谭文召	男	毛南	8	中里屯 25 号	学前	母语，熟练	兼语，熟练
31	谭瑞荣	女	毛南	8	中里屯 34 号	小学在读	母语，熟练	兼语，熟练
32	谭秀	女	毛南	9	松发屯 5 号	小学	母语，熟练	兼语，熟练
33	谭晓东	女	毛南	9	松仁屯 28 号	小学在读	母语，熟练	兼语，略懂
34	谭江华	男	毛南	9	松仁屯 2 号	小学在读	母语，熟练	兼语，熟练
35	谭萍	女	毛南	9	松仁屯 32 号	小学在读	母语，熟练	兼语，略懂
36	谭晟	男	毛南	9	松仁屯 33 号	小学在读	母语，熟练	兼语，略懂
37	谭子睿	男	毛南	9	庭木屯 30 号	小学在读	母语，熟练	兼语，略懂
38	谭承睿	男	毛南	9	庭木屯 30 号	小学在读	母语，熟练	兼语，略懂
39	谭云莎	女	毛南	9	中里屯 12 号	小学在读	母语，熟练	兼语，熟练
40	谭云桧	男	毛南	9	中里屯 12 号	小学在读	母语，熟练	兼语，熟练
41	谭蒙玲	女	毛南	9	中里屯 32 号	小学在读	母语，熟练	兼语，熟练
42	谭涣涑	女	毛南	10	庭木屯 17 号	小学在读	母语，熟练	兼语，熟练
43	谭凌逍	男	毛南	10	庭木屯 33 号	小学在读	母语，熟练	兼语，略懂
44	谭舒杨	女	毛南	10	三圩屯 27 号	小学在读	母语，熟练	兼语，略懂

续表

序号	姓名	性别	民族	年龄/岁	住址	文化程度	毛南语水平	汉语水平
45	谭梦晓	女	毛南	11	东发屯5号	小学在读	母语，熟练	兼语，熟练
46	谭东吉	男	毛南	11	松仁屯22号	小学在读	母语，熟练	兼语，熟练
47	覃春欣	女	毛南	11	松现屯13号	小学在读	母语，熟练	兼语，熟练
48	覃想想	女	毛南	11	松现屯19号	小学在读	母语，熟练	兼语，熟练
49	覃崇文	男	毛南	11	松现屯23号	小学在读	母语，熟练	兼语，熟练
50	谭灿燕	女	毛南	11	松现屯28号	小学在读	母语，熟练	兼语，熟练
51	覃黎辉	男	毛南	11	松现屯2号	小学在读	母语，熟练	兼语，熟练
52	谭宇茜	男	毛南	11	中里屯15号	小学在读	母语，熟练	兼语，熟练
53	谭江荣	女	毛南	12	松发屯3号	初中	母语，熟练	兼语，熟练
54	谭孟滔	男	毛南	12	松仁屯16号	小学在读	母语，熟练	兼语，熟练
55	谭丽娟	女	毛南	12	松仁屯36号	小学在读	母语，熟练	兼语，熟练
56	谭小弟	男	毛南	12	庭木屯18号	初中在读	母语，熟练	兼语，熟练
57	谭丽环	女	毛南	12	东谈屯2号	初中在读	母语，熟练	兼语，熟练
58	谭文渊	女	毛南	12	中里屯23号	小学在读	母语，熟练	兼语，熟练
59	谭锦锐	男	毛南	12	中里屯24号	初中在读	母语，熟练	兼语，熟练
60	谭金帅	男	毛南	12	中里屯27号	初中在读	母语，熟练	兼语，熟练
61	谭东扬	男	毛南	12	中里屯31号	初中在读	母语，熟练	兼语，熟练
62	谭子晨	男	毛南	12	三圩屯12号	中学在读	母语，熟练	兼语，熟练
63	谭利椒	女	毛南	13	东贵屯8号	初中在读	母语，熟练	兼语，熟练
64	谭彪	男	毛南	13	松仁屯10号	初中在读	母语，熟练	兼语，熟练
65	谭娇娇	女	毛南	13	松仁屯33号	初中在读	母语，熟练	兼语，熟练
66	谭锋浩	男	毛南	13	庭木屯21号	初中在读	母语，熟练	兼语，熟练
67	莫佳勇	男	毛南	13	松现屯29号	初中在读	母语，熟练	兼语，熟练
68	谭贵珍	女	毛南	13	中里屯28号	初中在读	母语，熟练	兼语，熟练
69	谭瑞金	女	毛南	13	中里屯34号	小学在读	母语，熟练	兼语，熟练
70	谭红波	男	毛南	14	东旺屯5号	初中在读	母语，熟练	兼语，熟练
71	覃帅	男	毛南	14	松发屯16号	高中在读	母语，熟练	兼语，熟练
72	谭敬晨	男	毛南	14	松发屯1号	初中	母语，熟练	兼语，熟练
73	谭松	男	毛南	14	松仁屯14号	初中在读	母语，熟练	兼语，熟练
74	谭海温	女	毛南	14	松仁屯1号	初中在读	母语，熟练	兼语，熟练
75	谭壮宁	男	毛南	14	松仁屯21号	初中在读	母语，熟练	兼语，熟练

序号	姓名	性别	民族	年龄/岁	住址	文化程度	毛南语水平	汉语水平
76	谭俏	女	毛南	14	松仁屯 32 号	初中在读	母语，熟练	兼语，熟练
77	谭梦谦	男	毛南	14	松仁屯 40 号	初中在读	母语，熟练	兼语，熟练
78	谭东森	男	毛南	14	庭木屯 10 号	初中在读	母语，熟练	兼语，熟练
79	谭孟	男	毛南	14	庭木屯 11 号	初中	母语，熟练	兼语，熟练
80	谭孟乾	男	毛南	14	庭木屯 13 号	初中在读	母语，熟练	兼语，熟练
81	谭枫楼	女	毛南	14	东谈屯 18 号	初中在读	母语，熟练	兼语，熟练
82	覃春娥	女	毛南	14	松现屯 25 号	初中在读	母语，熟练	兼语，熟练
83	谭贵恩	男	毛南	15	东发屯 13 号	初中在读	母语，熟练	兼语，熟练
84	颜金溪	男	毛南	15	东发屯 21 号	初中在读	母语，熟练	兼语，熟练
85	谭林晓	女	毛南	15	松发屯 21 号	初中在读	母语，熟练	兼语，熟练
86	谭孟炼	女	毛南	15	松仁屯 16 号	初中在读	母语，熟练	兼语，熟练
87	谭东诚	男	毛南	15	松仁屯 23 号	初中在读	母语，熟练	兼语，熟练
88	谭凌云	男	毛南	15	庭木屯 33 号	初中	母语，熟练	兼语，略懂
89	谭丽蒙	女	毛南	15	东谈屯 5 号	初中在读	母语，熟练	兼语，熟练
90	覃路露	女	毛南	15	松现屯 20 号	初中在读	母语，熟练	兼语，熟练
91	谭日景	女	毛南	15	中里屯 14 号	初中在读	母语，熟练	兼语，熟练
92	谭钰红	女	毛南	16	松发屯 12 号	初中	母语，熟练	兼语，熟练
93	谭承贤	男	毛南	16	松发屯 13 号	初中	母语，熟练	兼语，熟练
94	谭荣升	男	毛南	16	松仁屯 12 号	初中在读	母语，熟练	兼语，熟练
95	覃燊煬	男	毛南	16	松仁屯 20 号	初中	母语，熟练	兼语，熟练
96	谭东耀	男	毛南	16	松仁屯 22 号	初中	母语，熟练	兼语，熟练
97	谭钧尹	女	毛南	16	中里屯 32 号	初中在读	母语，熟练	兼语，熟练
98	谭荣温	女	毛南	17	东旺屯 10 号	初中	母语，熟练	兼语，熟练
99	谭利潘	女	毛南	17	松仁屯 29 号	初中	母语，熟练	兼语，熟练
100	谭昌奎	男	毛南	18	东发屯 3 号	初中	母语，熟练	兼语，熟练
101	谭宏霞	女	毛南	18	松发屯 10 号	初中	母语，熟练	兼语，熟练
102	谭江宁	男	毛南	18	松仁屯 2 号	初中	母语，熟练	兼语，熟练
103	谭人凤	女	毛南	18	庭木屯 24 号	高中在读	母语，熟练	兼语，熟练
104	谭宛伊	女	毛南	18	庭木屯 30 号	初中	母语，熟练	兼语，熟练
105	覃仙瑶	女	毛南	18	松现屯 13 号	中专在读	母语，熟练	兼语，熟练
106	覃桂湘	女	毛南	18	松现屯 26 号	初中	母语，略懂	兼语，熟练

续表

序号	姓名	性别	民族	年龄/岁	住址	文化程度	毛南语水平	汉语水平
107	谭灵知	女	毛南	19	东发屯 8 号	初中	母语，熟练	兼语，熟练
108	谭灵贵	女	毛南	19	东发屯 8 号	初中	母语，熟练	兼语，略懂
109	谭荣伟	男	毛南	19	东旺屯 11 号	初中	母语，熟练	兼语，略懂
110	兰杰	男	毛南	19	松马屯 7 号	初中	母语，熟练	兼语，熟练
111	谭知昀	女	毛南	19	松仁屯 28 号	初中	母语，熟练	兼语，熟练
112	谭壮幸	女	毛南	20	东旺屯 5 号	初中	母语，熟练	兼语，熟练
113	谭承坤	女	毛南	20	松发屯 13 号	初中	母语，熟练	兼语，熟练
114	谭海苏	女	毛南	20	松仁屯 1 号	中专	母语，熟练	兼语，熟练
115	谭良东	男	毛南	20	东谈屯 14 号	初中	母语，熟练	兼语，熟练
116	谭汉涛	男	毛南	20	东谈屯 5 号	初中	母语，熟练	兼语，熟练
117	覃玉瑶	女	毛南	20	松现屯 13 号	初中	母语，熟练	兼语，熟练
118	覃棋元	女	毛南	20	松现屯 13 号	大学在读	兼语，略懂	母语，熟练
119	谭日幼	女	毛南	20	中里屯 14 号	高中在读	母语，熟练	兼语，熟练
120	谭美双	女	毛南	21	东旺屯 13 号	初中	母语，熟练	兼语，略懂
121	谭东晓	男	毛南	21	松仁屯 23 号	初中	母语，熟练	兼语，熟练
122	覃广妮	女	毛南	21	松仁屯 3 号	初中	母语，熟练	兼语，熟练
123	谭晓芬	女	毛南	21	庭木屯 21 号	初中	母语，熟练	兼语，熟练
124	谭宿宇	男	毛南	21	中里屯 10 号	初中	母语，熟练	兼语，熟练
125	谭淑丹	女	毛南	21	中里屯 30 号	初中	母语，熟练	兼语，熟练
126	谭灵研	女	毛南	22	东发屯 8 号	初中	母语，熟练	兼语，略懂
127	谭长久	男	毛南	22	东贵屯 7 号	中专在读	母语，熟练	兼语，熟练
128	谭玉纯	女	毛南	22	东贵屯 5 号	初中	母语，熟练	兼语，熟练
129	谭春华	女	毛南	22	松马屯 23 号	初中	母语，熟练	兼语，熟练
130	谭荣登	男	毛南	22	松仁屯 6 号	初中	母语，熟练	兼语，熟练
131	谭锦祥	男	毛南	22	松仁屯 15 号	初中	母语，熟练	兼语，熟练
132	谭孟维	男	毛南	22	松仁屯 16 号	初中	母语，熟练	兼语，熟练
133	谭晓龙	男	毛南	22	松仁屯 26 号	初中	母语，熟练	兼语，熟练
134	谭知欣	女	毛南	22	松仁屯 28 号	初中	母语，熟练	兼语，熟练
135	谭利勤	女	毛南	22	松仁屯 29 号	初中	母语，熟练	兼语，熟练
136	谭玉晨	女	毛南	22	松仁屯 32 号	初中	母语，熟练	兼语，熟练
137	谭智	男	毛南	22	庭木屯 19 屯	初中	母语，熟练	兼语，熟练

序号	姓名	性别	民族	年龄/岁	住址	文化程度	毛南语水平	汉语水平
138	覃瑶	女	毛南	22	松现屯 13 号	初中	母语，熟练	兼语，熟练
139	覃江西	男	毛南	22	松现屯 1 号	初中	母语，熟练	兼语，熟练
140	兰冠	男	毛南	23	松马屯 7 号	初中	母语，熟练	兼语，熟练
141	谭翠香	女	毛南	23	松仁屯 18 号	初中	母语，熟练	兼语，熟练
142	谭甘英	男	毛南	23	庭木屯 22 号	大学	母语，熟练	兼语，熟练
143	谭银俊	男	毛南	23	庭木屯 24 号	大学	母语，熟练	兼语，熟练
144	谭湖泳	男	毛南	23	庭木屯 25 号	初中	母语，熟练	兼语，熟练
145	谭金龙	男	毛南	23	中里屯 26 号	初中	母语，熟练	兼语，熟练
146	谭小艳	女	毛南	23	中里屯 37 号	初中	母语，熟练	兼语，熟练
147	谭和弟	男	毛南	24	松马屯 1 号	初中	母语，熟练	兼语，熟练
148	谭喜	男	毛南	24	松马屯 24 号	小学	母语，熟练	兼语，熟练
149	谭勇涵	男	毛南	24	松马屯 6 号	初中	母语，熟练	兼语，熟练
150	谭晓科	男	毛南	24	松仁屯 26 号	初中	母语，熟练	兼语，熟练
151	谭东海	男	毛南	24	松仁屯 36 号	初中	母语，熟练	兼语，熟练
152	谭佩云	女	毛南	24	中里屯 10 号	初中	母语，熟练	兼语，熟练
153	谭美帅	女	毛南	25	东旺屯 13 号	初中	母语，熟练	兼语，熟练
154	谭丁志	男	毛南	25	松发屯 8 号	初中	母语，熟练	兼语，熟练
155	谭海涛	女	毛南	25	松仁屯 11 号	中专	母语，熟练	兼语，熟练
156	谭翠苗	女	毛南	25	松仁屯 19 号	初中	母语，熟练	兼语，熟练
157	谭东胜	男	毛南	25	松仁屯 31 号	初中	母语，熟练	兼语，熟练
158	谭浩松	男	毛南	25	松仁屯 3 号	初中	母语，熟练	兼语，熟练
159	谭晓光	男	毛南	25	庭木屯 21 号	初中	母语，熟练	兼语，略懂
160	谭胜永	男	毛南	25	庭木屯 25 号	初中	母语，熟练	兼语，略懂
161	谭灵鲲	男	毛南	25	庭木屯 31 号	中专	母语，熟练	兼语，熟练
162	谭翔鲲	男	毛南	25	庭木屯 31 号	中专	母语，熟练	兼语，熟练
163	谭利娟	女	毛南	25	东谈屯 10 号	初中	母语，熟练	兼语，熟练
164	谭贵西	男	毛南	26	东发屯 10 号	初中	母语，熟练	兼语，熟练
165	谭健	男	毛南	26	东发屯 2 号	小学	母语，熟练	兼语，略懂
166	谭荣俊	男	毛南	26	松仁屯 6 号	初中	母语，熟练	兼语，熟练
167	谭流川	女	毛南	26	松仁屯 13 号	初中	母语，熟练	兼语，熟练
168	谭美艳	女	毛南	26	松仁屯 13 号	初中	母语，熟练	兼语，熟练

续表

序号	姓名	性别	民族	年龄/岁	住址	文化程度	毛南语水平	汉语水平
169	谭晓暖	女	毛南	26	松仁屯 27 号	初中	母语，熟练	兼语，熟练
170	谭东文	男	毛南	26	松仁屯 36 号	初中	母语，熟练	兼语，熟练
171	覃宜彪	男	毛南	26	松仁屯 38 号	初中	母语，熟练	兼语，熟练
172	谭良波	男	毛南	26	庭木屯 23 号	初中	母语，熟练	兼语，熟练
173	谭素妍	女	毛南	26	庭木屯 24 号	初中	母语，熟练	兼语，熟练
174	覃丽冬	女	毛南	26	松现屯 22 号	初中	母语，熟练	兼语，熟练
175	覃子奉	女	毛南	26	松现屯 27 号	大专	母语，熟练	兼语，熟练
176	覃海仙	女	毛南	26	松现屯 31 号	初中	母语，熟练	兼语，熟练
177	莫义政	男	毛南	27	松仁屯 14 号	初中	母语，熟练	兼语，熟练
178	蒙灵飞	女	毛南	27	松仁屯 11 号	初中	母语，熟练	兼语，熟练
179	谭福俊	男	毛南	27	松仁屯 19 号	初中	母语，熟练	兼语，熟练
180	谭毅坚	男	毛南	27	庭木屯 1 号	中专	母语，熟练	兼语，熟练
181	覃火增	男	毛南	27	松现屯 22 号	初中	母语，熟练	兼语，熟练
182	谭丽桃	女	毛南	27	中里屯 37 号	初中	母语，熟练	兼语，熟练
183	谭流猛	男	毛南	28	松仁屯 13 号	初中	母语，熟练	兼语，熟练
184	谭翠姿	女	毛南	28	松仁屯 19 号	中专	母语，熟练	兼语，熟练
185	谭晓志	男	毛南	28	松仁屯 27 号	初中	母语，熟练	兼语，熟练
186	谭净苗	女	毛南	28	庭木屯 31 号	中专	母语，熟练	兼语，熟练
187	谭建恒	男	毛南	29	松马屯 5 号	初中	母语，熟练	兼语，熟练
188	覃宜罡	男	毛南	29	松仁屯 38 号	初中	母语，熟练	兼语，熟练
189	谭俊聪	男	毛南	29	庭木屯 18 号	初中	母语，熟练	兼语，熟练
190	谭冠冕	男	毛南	29	东谈屯 10 号	初中	母语，熟练	兼语，熟练
191	谭树梅	女	毛南	29	东谈屯 17 号	初中	母语，熟练	兼语，熟练
192	谭嘉毅	男	毛南	30	东贵屯 13 号	初中	母语，熟练	兼语，略懂
193	谭华勇	男	毛南	30	松马屯 2 号	小学	母语，熟练	兼语，熟练
194	谭流刚	男	毛南	30	松仁屯 13 号	初中	母语，熟练	兼语，熟练
195	谭福恩	男	毛南	30	松仁屯 17 号	初中	母语，熟练	兼语，熟练
196	谭继新	男	毛南	30	松仁屯 35 号	初中	母语，熟练	兼语，熟练
197	谭素香	女	毛南	30	庭木屯 25 号	中专	母语，熟练	兼语，熟练
198	覃志岗	男	毛南	30	松现屯 27 号	初中	母语，熟练	兼语，熟练
199	覃海福	男	毛南	30	松现屯 31 号	中专	母语，熟练	兼语，熟练

序号	姓名	性别	民族	年龄/岁	住址	文化程度	毛南语水平	汉语水平
200	谭嘉乐	男	毛南	30	中里屯 37 号	初中	母语，熟练	兼语，熟练
201	颜爱姿	女	毛南	31	东发屯 21 号	小学	母语，熟练	兼语，略懂
202	谭顺凯	男	毛南	31	东贵屯 23 号	初中	母语，熟练	兼语，略懂
203	谭善宽	女	毛南	31	松仁屯 33 号	初中	母语，熟练	兼语，熟练
204	谭福生	女	毛南	31	松仁屯 35 号	小学	母语，熟练	兼语，熟练
205	覃宜征	男	毛南	31	松仁屯 38 号	初中	母语，熟练	兼语，熟练
206	谭鹏翔	男	毛南	31	中里屯 22 号	小学在读	母语，熟练	兼语，熟练
207	谭晓婷	女	毛南	32	松发屯 5 号	初中	母语，熟练	兼语，熟练
208	谭建敏	男	毛南	32	松发屯 5 号	初中	母语，熟练	兼语，熟练
209	谭兰香	女	毛南	32	松仁屯 17 号	初中	母语，熟练	兼语，熟练
210	谭庆年	女	毛南	32	庭木屯 21 号	初中	母语，熟练	兼语，熟练
211	覃日新	女	毛南	32	松现屯 26 号	初中	母语，熟练	兼语，熟练
212	谭瑞红	女	毛南	32	中里屯 25 号	小学	母语，熟练	兼语，熟练
213	谭华兵	女	毛南	32	三圩屯 10 号	小学	母语，熟练	兼语，熟练
214	谭柳顺	女	毛南	33	东发屯 2 号	小学	母语，熟练	兼语，略懂
215	谭洪泉	男	毛南	33	东贵屯 10 号	初中	母语，熟练	兼语，略懂
216	谭春艳	女	毛南	33	松发屯 3 号	小学	母语，熟练	兼语，熟练
217	谭鸿兵	男	毛南	33	松马屯 21 号	初中	母语，熟练	兼语，熟练
218	谭勇恩	男	毛南	33	松马屯 6 号	小学	母语，熟练	兼语，略懂
219	谭庆培	男	毛南	33	松仁屯 33 号	初中	母语，熟练	兼语，熟练
220	谭建勋	男	毛南	33	东谈屯 3 号	初中	母语，熟练	兼语，熟练
221	谭秀琴	女	毛南	33	三圩屯 27 号	初中	母语，熟练	兼语，熟练
222	谭长锐	男	毛南	34	东贵屯 12 号	小学	母语，熟练	兼语，略懂
223	谭志宽	男	毛南	34	松仁屯 14 号	小学	母语，熟练	兼语，略懂
224	谭柳川	女	毛南	34	松仁屯 15 号	初中	母语，熟练	兼语，熟练
225	谭仁和	女	毛南	34	松仁屯 36 号	初中	母语，熟练	兼语，略懂
226	谭霞红	女	毛南	35	松仁屯 10 号	初中	母语，熟练	兼语，熟练
227	谭雄玉	女	毛南	35	松仁屯 33 号	初中	母语，熟练	兼语，熟练
228	谭壮兵	男	毛南	35	庭木屯 16 号	初中	母语，熟练	兼语，熟练
229	谭健忠	男	毛南	36	松发屯 11 号	初中	母语，熟练	兼语，熟练
230	谭建全	男	毛南	36	松发屯 3 号	小学	母语，熟练	兼语，熟练

续表

序号	姓名	性别	民族	年龄/岁	住址	文化程度	毛南语水平	汉语水平
231	莫义松	男	毛南	36	松仁屯 15 号	初中	母语，熟练	兼语，熟练
232	谭淑娟	女	毛南	36	松仁屯 12 号	初中	母语，熟练	兼语，熟练
233	谭继承	男	毛南	36	松仁屯 36 号	初中	母语，熟练	兼语，熟练
234	谭凤恩	女	毛南	36	松仁屯 40 号	初中	母语，熟练	兼语，熟练
235	谭美流	女	毛南	36	庭木屯 33 号	初中	母语，熟练	兼语，略懂
236	颜金光	男	毛南	36	东谈屯 11 号	初中	母语，熟练	兼语，熟练
237	谭柳云	女	毛南	37	东发屯 16 号	小学	母语，熟练	兼语，熟练
238	谭朋恩	男	毛南	37	松仁屯 40 号	初中	母语，熟练	兼语，熟练
239	莫丽花	女	毛南	37	松现屯 29 号	初中	母语，熟练	兼语，熟练
240	谭瑞杰	男	毛南	38	松仁屯 15 号	初中	母语，熟练	兼语，熟练
241	卢柳香	女	毛南	38	松仁屯 16 号	初中	母语，熟练	兼语，熟练
242	覃敏殿	女	毛南	38	松仁屯 21 号	初中	母语，熟练	兼语，熟练
243	谭体康	男	毛南	38	松仁屯 21 号	初中	母语，熟练	兼语，熟练
244	谭志坚	男	毛南	39	松仁屯 10 号	初中	母语，熟练	兼语，熟练
245	谭灼旺	男	毛南	39	松仁屯 22 号	初中	母语，熟练	兼语，熟练
246	谭欢词	女	毛南	39	松仁屯 2 号	初中	母语，熟练	兼语，熟练
247	谭彦民	男	毛南	39	松仁屯 33 号	初中	母语，熟练	兼语，熟练
248	覃友仙	女	毛南	39	庭木屯 30 号	初中	母语，熟练	兼语，略懂
249	谭志文	男	毛南	40	松仁屯 16 号	初中	母语，熟练	兼语，熟练
250	谭春和	女	毛南	40	松仁屯 1 号	初中	母语，熟练	兼语，熟练
251	谭建科	男	毛南	40	松仁屯 2 号	初中	母语，熟练	兼语，熟练
252	覃玉红	女	毛南	40	松现屯 1 号	小学	母语，熟练	兼语，熟练
253	覃美伦	女	毛南	40	中里屯 26 号	初中	母语，熟练	兼语，熟练
254	谭秀勤	女	毛南	41	松发屯 13 号	小学	母语，熟练	兼语，略懂
255	谭长怀	男	毛南	41	松仁屯 14 号	初中	母语，熟练	兼语，熟练
256	谭掌杰	男	毛南	41	松仁屯 15 号	初中	母语，熟练	兼语，熟练
257	谭恩广	男	毛南	41	松仁屯 1 号	初中	母语，熟练	兼语，熟练
258	覃华章	男	毛南	41	松仁屯 20 号	初中	母语，熟练	兼语，熟练
259	谭顺友	男	毛南	41	松仁屯 30 号	初中	母语，熟练	兼语，熟练
260	谭树留	女	毛南	41	松仁屯 30 号	初中	母语，熟练	兼语，熟练
261	谭雅双	女	毛南	41	松仁屯 32 号	初中	母语，熟练	兼语，熟练

序号	姓名	性别	民族	年龄/岁	住址	文化程度	毛南语水平	汉语水平
262	谭庆华	男	毛南	41	松仁屯 32 号	初中	母语，熟练	兼语，熟练
263	覃美树	女	毛南	41	松仁屯 32 号	初中	母语，熟练	兼语，熟练
264	谭活当	男	毛南	41	中里屯 25 号	初中	母语，熟练	兼语，熟练
265	谭世华	男	毛南	42	松仁屯 12 号	初中	母语，熟练	兼语，熟练
266	谭美暖	女	毛南	42	松仁屯 16 号	初中	母语，熟练	兼语，熟练
267	谭志光	男	毛南	42	松仁屯 16 号	初中	母语，熟练	兼语，熟练
268	谭亚接	女	毛南	42	松仁屯 22 号	初中	母语，熟练	兼语，熟练
269	谭品旺	男	毛南	42	松仁屯 23 号	初中	母语，熟练	兼语，熟练
270	谭志康	男	毛南	42	松仁屯 32 号	初中	母语，熟练	兼语，熟练
271	蒙利沙	女	毛南	43	松仁屯 23 号	初中	母语，熟练	兼语，熟练
272	谭春兰	女	毛南	43	中里屯 14 号	初中	母语，熟练	兼语，略懂
273	谭义双	女	毛南	44	松发屯 2 号	小学	母语，熟练	兼语，熟练
274	覃雪勤	女	毛南	44	松仁屯 36 号	初中	母语，熟练	兼语，熟练
275	谭兰芳	女	毛南	44	东谈屯 18 号	初中	母语，熟练	兼语，熟练
276	谭壮明	男	毛南	44	中里屯 14 号	初中	母语，熟练	兼语，熟练
277	谭掌珠	男	毛南	45	松仁屯 28 号	初中	母语，熟练	兼语，熟练
278	覃道索	女	毛南	45	松仁屯 29 号	初中	母语，熟练	兼语，熟练
279	谭接军	男	毛南	45	松仁屯 29 号	初中	母语，熟练	兼语，熟练
280	谭希忠	男	毛南	45	松仁屯 36 号	初中	母语，熟练	兼语，熟练
281	罗素芳	女	毛南	46	松仁屯 18 号	初中	母语，熟练	兼语，熟练
282	谭淑芬	女	毛南	46	中里屯 26 号	小学	母语，熟练	兼语，略懂
283	谭会志	男	毛南	47	松仁屯 18 号	初中	母语，熟练	兼语，熟练
284	覃杏香	女	毛南	47	松仁屯 25 号	初中	母语，熟练	兼语，熟练
285	谭水旺	男	毛南	47	松仁屯 31 号	初中	母语，熟练	兼语，熟练
286	谭柳华	女	毛南	47	松仁屯 31 号	初中	母语，熟练	兼语，熟练
287	谭美玉	女	毛南	47	松仁屯 3 号	初中	母语，熟练	兼语，熟练
288	谭活健	女	毛南	47	东谈屯 11 号	小学	母语，熟练	兼语，略懂
289	谭爱军	女	毛南	49	松发屯 18 号	小学	母语，熟练	兼语，熟练
290	谭会冼	男	毛南	49	松仁屯 16 号	初中	母语，熟练	兼语，熟练
291	覃红专	女	毛南	49	松仁屯 31 号	初中	母语，熟练	兼语，熟练
292	覃素君	女	毛南	49	松仁屯 11 号	初中	母语，熟练	兼语，熟练

序号	姓名	性别	民族	年龄/岁	住址	文化程度	毛南语水平	汉语水平
293	蒙柳亚	女	毛南	49	松仁屯 26 号	初中	母语，熟练	兼语，熟练
294	谭恩生	男	毛南	50	松仁屯 11 号	初中	母语，熟练	兼语，熟练
295	谭欢送	女	毛南	50	松仁屯 13 号	初中	母语，熟练	兼语，熟练
296	谭会合	男	毛南	55	松仁屯 19 号	高中	母语，熟练	兼语，熟练
297	谭金秀	女	毛南	55	松仁屯 27 号	初中	母语，熟练	兼语，熟练
298	谭兰健	女	毛南	56	松仁屯 19 号	高中	母语，熟练	兼语，熟练
299	谭桂现	男	毛南	56	松仁屯 26 号	小学	母语，熟练	兼语，略懂
300	谭爱丰	女	毛南	57	松仁屯 38 号	高中	母语，熟练	兼语，熟练
301	谭会谷	男	毛南	58	松仁屯 35 号	文盲	母语，熟练	兼语，熟练
302	谭万福	男	毛南	59	松马屯 21 号	小学	母语，熟练	兼语，略懂
303	谭指辉	男	毛南	62	松仁屯 12 号	小学	母语，熟练	兼语，熟练
304	谭会学	男	毛南	62	松仁屯 17 号	小学	母语，熟练	兼语，熟练
305	谭爱飞	女	毛南	64	松仁屯 19 号	小学	母语，熟练	兼语，略懂
306	谭会厚	男	毛南	66	松仁屯 35 号	初中	母语，熟练	兼语，熟练
307	谭恒宣	男	毛南	70	松仁屯 22 号	小学	母语，熟练	兼语，熟练
308	谭月会	女	毛南	70	中里屯 14 号	小学	母语，熟练	兼语，略懂
309	谭三礼	男	毛南	71	中里屯 14 号	小学	母语，熟练	兼语，熟练
310	谭顺耿	男	毛南	72	松仁屯 2 号	文盲	母语，熟练	兼语，略懂
311	谭月右	女	毛南	73	庭木屯 11 号	小学	母语，熟练	兼语，略懂
312	谭金策	男	毛南	84	松仁屯 35 号	小学	母语，熟练	兼语，略懂

表 3-5 是毛南语中心区包括下南社区、波川村、中南村各屯抽样调查中毛南语汉语兼用的情况表，从表 3-5 中不难看出，在毛南语中心区，母语全部为毛南语，并且母语的熟练程度达 99.36%，汉语的熟练程度为 84.62%。只有一人母语不是毛南语，下南社区松现屯 13 号的覃棋元，出生在环江毛南族自治县县城，母语为汉语，主要受汉语环境的影响，只能使用简单的毛南语进行交流。

表 3-6 是不同年龄段熟悉汉语水平的百分比表。从表 3-5 中可以看出，不同年龄段的人们掌握汉语的水平稍有差别，小学年龄段即 6～11 岁的少年与超过 50 岁的老年人兼用汉语的熟练度比成年人的熟练度偏低，原因是 6～11 岁的青少年

都在本乡上小学，只在学校老师上课时听老师说汉语，才能接触到汉语使用环境，其他交际用语基本上是毛南语，而 50 岁以上的老年人很少到外面交流与活动，也很少接触到汉语语言环境。从 12 岁的青年至 50 岁以下的中年人掌握汉语水平的程度要稍高一些，青年多为初中生，接触到的汉语比较多，很多人初中毕业后就到外地打工，与外面社会的接触更为密切，汉语水平更高。

表 3-6

年龄段	样本量/人	熟练		略懂	
		人数/人	百分比/%	人数/人	百分比/%
6~11 岁	52	34	65.38	18	34.62
12~50 岁	243	220	90.53	23	9.47
50 岁及 50 岁以上	17	10	58.82	7	41.18

2. 毛南语壮语兼用

兼用毛南语壮语在下南乡的毛南语中心区只有少数存在着这种兼语情况。在毛南语中心区主要以毛南语为母语，壮语为兼语，而壮语在平时交际中使用得较少，与外地人交流多使用汉语。毛南语壮语兼用比较多的是在下南乡毛南语边缘区的仪凤村，由于受地理位置、交通条件、经济条件、教学条件等多种因素的影响，仪凤村村民的母语多为壮语，壮语为日常交际用语，毛南语只是兼语，只有离开仪凤村后才使用。表 3-7 为下南乡毛南语中心区与边缘区兼用毛南语壮语情况统计表。

表 3-7　下南乡毛南语中心区与边缘区兼用毛南语壮语情况统计表

调查点		样本量/人	毛南语壮语兼用人数/人	百分比/%
中心区	下南社区	321	9	2.80
	波川村	523	15	2.87
	中南村	10	0	0.00
	合计	854	24	2.81
边缘区	仪凤村	748	24	3.21

从表 3-7 可以看出，毛南语壮语兼用的情况主要集中在毛南语边缘区仪凤村，在对毛南语中心区 854 人的抽样调查中，只有 2.81% 的毛南族兼用毛南语和汉语，而仪凤村 748 人中就有 3.21% 的毛南族兼用毛南语和壮语。

表 3-8 为抽样调查样本中兼用毛南语壮语的具体信息，在抽样调查的中南村的 10 人当中，没有只兼用毛南语壮语的情况，因此表 3-8 中南村调查对象不列入其中。

表 3-8　下南社区毛南语壮语兼用情况表

序号	姓名	性别	民族	年龄/岁	住址	文化程度	毛南语	壮语
1	莫美庄	女	毛南	32	东谈屯 2 号	小学	兼语，略懂	母语，熟练
2	谭会学	男	毛南	40	东谈屯 2 号	小学	母语，熟练	兼语，熟练
3	谭国繁	男	毛南	45	东谈屯 18 号	小学	母语，熟练	兼语，略懂
4	谭爱庆	女	毛南	54	东谈屯 1 号	小学	母语，熟练	兼语，熟练
5	谭金对	女	毛南	64	东谈屯 5 号	小学	母语，熟练	兼语，熟练
6	谭凤美	女	毛南	65	东谈屯 17 号	小学	母语，熟练	兼语，熟练
7	覃花开	女	毛南	67	中里屯 32 号	小学	母语，熟练	兼语，略懂
8	谭月利	女	毛南	74	东谈屯 14 号	文盲	母语，熟练	兼语，熟练
9	谭占希	男	毛南	82	中里屯 34 号	小学	母语，熟练	兼语，熟练

从表 3-8 的数据中发现，在下南社区兼用毛南语壮语抽样的 321 人中，只有如表 3-8 所示的 9 人兼用毛南语和壮语，并且只有东谈屯 2 号的莫美庄是以壮语为母语，毛南语为兼用语的，其他人都以毛南语为母语，壮语为兼语。莫美庄是从川山嫁到下南社区，因此她的母语为壮语。表 3-8 也显示在下南村兼用壮语的人多数年龄较长，原因是他们很少接触外面的语言环境，相对来说接触壮语环境较多，能不同程度地使用壮语进行交际；他们多数只在本民族语言地区交际与活动，接触汉语语言环境少，因此不会汉语。

在波川村 523 人的抽样调查中，如表 3-9 所示，有 15 人毛南语壮语兼用，其中 81 岁的莫玉兰的母语为壮语，毛南语为兼语，从外地嫁入，嫁入后才会毛南语。从表 3-9 中不难看出兼用壮语的多为 60 岁（含 60 岁）的老年人，并且对壮语并不是很熟练，多是处于略懂的水平，他们都与汉语语言环境接触少，相对而言与壮语语言环境接触比较多，因此在与说壮语的人接触的过程中学会少量壮语。

表 3-9　波川村毛南语壮语兼用情况表

序号	姓名	性别	民族	年龄/岁	住址	文化程度	毛南语	壮语
1	谭月亮	女	毛南	60	松仁屯 12 号	文盲	母语，熟练	兼语，略懂
2	谭彩肥	女	毛南	62	松仁屯 40 号	文盲	母语，熟练	兼语，略懂
3	谭来妹	女	毛南	66	松仁屯 23 号	文盲	母语，熟练	兼语，略懂
4	谭月朗	女	毛南	67	松仁屯 14 号	小学	母语，熟练	兼语，略懂
5	谭爱花	女	毛南	69	松仁屯 33 号	文盲	母语，熟练	兼语，略懂
6	谭花水	女	毛南	72	松仁屯 21 号	文盲	母语，熟练	兼语，略懂
7	谭大妹	女	毛南	73	松仁屯 30 号	文盲	母语，熟练	兼语，略懂
8	谭花玩	女	毛南	73	松仁屯 36 号	文盲	母语，熟练	兼语，略懂
9	谭月底	女	毛南	76	松仁屯 25 号	文盲	母语，熟练	兼语，略懂
10	谭忠山	男	毛南	77	松发屯 14 号	小学	母语，熟练	兼语，熟练
11	谭兰英	女	毛南	77	松仁屯 26 号	文盲	母语，熟练	兼语，略懂
12	谭连庆	女	毛南	78	庭木屯 3 号	小学	母语，熟练	兼语，略懂
13	谭月英	女	毛南	80	松仁屯 18 号	文盲	母语，熟练	兼语，略懂
14	莫兰玉	女	毛南	81	松仁屯 28 号	文盲	兼语，熟练	母语，熟练
15	谭氏	女	毛南	91	松仁屯 13 号	文盲	母语，熟练	兼语，略懂

　　在仪凤村 748 人的抽样调查中，如表 3-10 所示，有 24 人兼用毛南语和壮语，其中 9 人的母语为毛南语，7 人为女性，她们是从下南乡其他村嫁入仪凤村，2 人为男性，是从下南乡其他村屯入赘仪凤村；其他 15 人的母语都为壮语，而毛南语是兼语，仪凤村的村民在与下南乡其他村屯的人交流中学会使用毛南语。从年龄上看，50 岁以上的人为主体，只有一位 30 岁的中年人，他们都是与外界社会接触较少，不会使用汉语，仅仅活动于本乡内，只会毛南语和壮语。在仪凤村村内壮语是他们的主要交际工具，在村内村民交流不使用毛南语，而一律使用壮语，仪凤村是下南乡比较特殊的一个村屯，因此我们称它为毛南语边缘区。

表 3-10　毛南语边缘区波川村的兼语使用情况表

序号	姓名	性别	民族	年龄/岁	住址	文化程度	毛南语	壮语
1	谭江雷	男	毛南	30	三阳屯 6 号	小学	兼语，略懂	母语，熟练
2	卢远周	女	毛南	51	大屯 20 号	初中	母语，熟练	兼语，熟练
3	谭花素	女	毛南	53	大屯 19 号	初中	兼语，略懂	母语，熟练
4	谭兰玉	女	毛南	55	肯仇屯 18 号	小学	母语，熟练	兼语，熟练
5	谭运鲜	女	毛南	59	大屯 12 号	小学	母语，熟练	兼语，熟练
6	韦甘眉	女	毛南	61	内卯屯 8 号	小学	兼语，熟练	母语，熟练
7	谭月彩	女	毛南	62	后沙屯 15 号	文盲	兼语，熟练	母语，熟练
8	谭应足	男	毛南	65	大屯 16 号	文盲	母语，熟练	兼语，熟练
9	谭耐寒	女	毛南	66	后洞屯 8 号	小学	母语，熟练	母语，熟练
10	谭月鲜	女	毛南	68	内卯屯 12 号	小学	兼语，熟练	母语，熟练
11	谭美坤	女	毛南	71	大屯 14 号	文盲	母语，熟练	母语，熟练
12	莫乃兵	女	毛南	71	后沙屯 14 号	文盲	母语，熟练	母语，熟练
13	谭应合	女	毛南	74	内卯屯 21 号	小学	母语，熟练	母语，熟练
14	谭花清	女	毛南	76	三阳屯 4 号	文盲	母语，熟练	兼语，熟练
15	谭爱清	女	毛南	77	大屯 49 号	文盲	母语，熟练	兼语，熟练
16	谭彩衣	女	毛南	79	后沙屯 20 号	文盲	兼语，熟练	母语，熟练
17	谭汉洲	男	毛南	80	后沙屯 18 号	小学	兼语，熟练	母语，熟练
18	韦再田	女	毛南	80	内卯屯 25 号	小学	兼语，熟练	母语，熟练
19	谭月温	女	毛南	80	内卯屯 6 号	小学	兼语，熟练	母语，熟练
20	谭茂竹	女	毛南	81	大屯 3 号	半文盲	母语，熟练	母语，熟练
21	谭翠松	女	毛南	82	大屯 36 号	文盲	母语，熟练	母语，熟练
22	谭连山	男	毛南	82	内卯屯 25 号	小学	母语，熟练	母语，熟练
23	谭炳康	男	毛南	82	内卯屯 7 号	小学	兼语，熟练	母语，熟练
24	谭氏	女	毛南	85	三阳屯 33 号	文盲	兼语，略懂	母语，熟练

3. 壮语汉语兼用

　　壮语汉语兼用的情况亦是毛南语边缘区仪凤村才存在的情况，毛南语中心区不存在壮汉兼用的情况。在仪凤村母语一般为壮语，但村民一旦离开仪凤村到下南乡其他村屯就需要用到毛南语。根据调查得知（表 3-11），仪凤村村民在村内使用壮语，但到下南乡其他村屯就使用毛南语，而离开下南乡则需要使用汉语。这一现象在青少年一代表现得更为明显，小学生一般不会毛南语，但是一旦到下南乡读初中后，他们都能不同程度地使用毛南语和汉语。

表 3-11　各抽样调查点壮语汉语兼用的百分比表

调查点		样本量/人	壮汉兼用人数/人	百分比/%
中心区	下南社区	321	0	0.00
	波川村	523	0	0.00
	中南村	10	0	0.00
	合计	854	0	0.00
边缘区	仪凤村	748	45	65.22

由于仪凤村的母语一般为壮语，因此存在着壮语兼用汉语的情况，而在毛南语中心区不存在着兼用壮语汉语的情况，因此对毛南语中心区不作详细列表，表3-12是仪凤村兼用壮语汉语情况表。

表 3-12　仪凤村兼用壮语汉语情况表

序号	姓名	性别	民族	年龄/岁	住址	文化	壮语	汉语
1	谭家宝	男	毛南	6	大屯45号	小学在读	母语，熟练	兼语，略懂
2	王冬平	男	毛南	6	后沙屯15号	小学在读	母语，熟练	兼语，略懂
3	谭宇昕	女	毛南	6	内卯屯3号	小学	母语，熟练	兼语，熟练
4	谭绿宇	女	毛南	7	大屯47号	小学在读	母语，熟练	兼语，略懂
5	谭政	男	毛南	7	内卯屯23号	小学	母语，熟练	兼语，熟练
6	谭雄发	男	毛南	7	三阳屯14号	小学在读	母语，熟练	兼语，熟练
7	谭茨勉	女	毛南	7	三阳屯22号	小学在读	母语，熟练	兼语，熟练
8	谭款	男	毛南	8	肯仇屯16号	小学在读	母语，熟练	兼语，熟练
9	谭润韬	男	毛南	8	内卯屯13号	小学在读	母语，熟练	兼语，熟练
10	谭丽硕	女	毛南	8	内卯屯15号	小学在读	母语，熟练	兼语，熟练
11	谭简	女	毛南	8	内卯屯25号	小学在读	母语，熟练	兼语，熟练
12	谭晓生	男	毛南	8	内卯屯38号	小学在读	母语，熟练	兼语，熟练
13	吴骁琴	女	毛南	8	三阳屯10号	小学再读	母语，熟练	兼语，熟练
14	谭荟佞	女	毛南	9	大屯1号	小学在读	母语，熟练	兼语，略懂
15	谭云凤	女	毛南	9	大屯25号	小学在读	母语，熟练	兼语，略懂
16	谭杨开	男	毛南	9	后沙屯5号	小学在读	母语，熟练	兼语，熟练

续表

序号	姓名	性别	民族	年龄/岁	住址	文化	壮语	汉语
17	谭继旺	男	毛南	9	内卯屯 12 号	小学在读	母语, 熟练	兼语, 熟练
18	谭东生	男	毛南	9	内卯屯 19 号	小学在读	母语, 熟练	兼语, 熟练
19	谭明	男	毛南	9	内卯屯 36 号	小学在读	母语, 熟练	兼语, 熟练
20	谭丽莎	女	毛南	9	三阳屯 25 号	小学在读	母语, 熟练	兼语, 熟练
21	谭莹	女	毛南	9	三阳屯 28 号	小学在读	母语, 熟练	兼语, 熟练
22	谭喜	女	毛南	10	内卯屯 23 号	小学	母语, 熟练	兼语, 略懂
23	谭华祚	男	毛南	10	三阳屯 13 号	小学在读	母语, 熟练	兼语, 熟练
24	谭雨霏	女	毛南	10	三阳屯 34 号	小学在读	母语, 熟练	兼语, 熟练
25	田昌敏	男	毛南	11	内卯屯 24 号	小学在读	母语, 熟练	兼语, 熟练
26	谭龙海	男	毛南	11	三阳屯 19 号	小学在读	母语, 熟练	兼语, 熟练
27	谭荣林	男	毛南	11	三阳屯 22 号	小学在读	母语, 熟练	兼语, 熟练
28	谭雅耐	女	毛南	12	大屯 33 号	小学在读	母语, 熟练	兼语, 略懂
29	谭闯	女	毛南	12	后沙屯 15 号	小学在读	母语, 熟练	兼语, 略懂
30	谭茂长	女	毛南	12	后沙屯 9 号	小学在读	母语, 熟练	兼语, 熟练
31	谭雄琨	男	毛南	12	三阳屯 22 号	初中在读	母语, 略懂	兼语, 熟练
32	谭秀美	女	毛南	20	三阳屯 36 号	初中	母语, 熟练	兼语, 熟练
33	谭罗粉	女	壮	23	内卯屯 29 号	初中	母语, 熟练	兼语, 熟练
34	刘保贵	男	汉	25	内卯屯 17 号	初中	母语, 熟练	兼语, 熟练
35	莫玉川	女	壮	28	后沙屯 19 号	小学	母语, 熟练	兼语, 熟练
36	谭勇坚	男	毛南	33	内卯屯 38 号	初中	母语, 熟练	兼语, 熟练
37	韦建机	女	壮	40	大屯 26 号	小学	母语, 熟练	兼语, 略懂
38	韦素贞	女	毛南	42	三阳屯 39 号	初中	母语, 熟练	兼语, 熟练
39	罗照双	女	壮	45	内卯屯 29 号	小学	母语, 熟练	兼语, 熟练
40	覃建国	男	毛南	48	大屯 5 号	小学	母语, 熟练	兼语, 略懂
41	姚美世	女	布依	49	后沙屯 11 号	初中	母语, 熟练	兼语, 熟练
42	韦柳香	女	毛南	52	内卯屯 28 号	小学	母语, 熟练	兼语, 熟练
43	吴为成	男	毛南	54	大屯 50 号	小学	兼语, 略懂	母语, 熟练
44	杨广如	男	汉	76	大屯 12 号	小学	兼语, 略懂	母语, 熟练

从表 3-12 可以看出，在仪凤村调查的 748 人的样本中，45 人使用壮语和汉语进行交际，其中只有 2 人的母语为汉语，一是大屯 50 号 54 岁的吴为成，另一位是大屯 12 号 76 岁的杨广如，两人都入赘仪凤村，母语都为汉语，入赘仪凤村后学会壮语，并能进行简单的交际。另外，三阳屯 22 号 12 岁的谭雄琨，母语虽是壮语，但是父母都是用桂柳话跟他交流，因此对壮语并不是很熟练，只会简单交际。其余 42 人的母语都为壮语，并达到熟练程度，虽然兼用的汉语水平程度不同，35 人的汉语水平达到熟练使用程度，只有 10 人的汉语水平稍微差些，能够进行简单的交际。

4. 其他的双语兼用

在下南乡，除了存在毛南语汉语、毛南语壮语、壮语汉语等双语兼用类型之外，还存在着一种兼语类型，即瑶语汉语的兼用。仪凤村内卯屯 19 号的兰月连，从大化县嫁入仪凤村，母语为瑶语，嫁入仪凤村后并没有学会壮语或者毛南语，基本上使用汉语与别人交流。

（三）三语型

随着社会的发展，下南乡人们与外界社会接触得越来越多，关系越来越密切，能不同程度使用汉语的人越来越多，汉语虽然不是下南乡人的主要交际工具，但也是他们必不可少的交际工具之一。

下南乡地处云贵高原南麓，位于环江毛南族自治县西南部，东邻该县水源镇，西靠南丹县，北接该县川山镇，南连金城江区。虽然 99% 以上是毛南族人，但是四周被使用壮语的地区包围，因此，多数下南乡人除了使用毛南语、汉语以外，还不同程度地使用壮语。

因此，下南乡人为满足各种交际需要，大多数人都能不同程度地使用毛南语、汉语和壮语进行交际。

另外，在仪凤村存在着另一种三语形式即布依语、壮语、汉语兼用的情况。

表 3-13　下南乡人抽样调查对象的毛南语、壮语、汉语兼用百分比表

调查点	样本量/人	毛南语壮语汉语兼用人数/人	百分比/%
下南社区	321	228	71.03
波川村	523	273	52.20

续表

调查点	样本量/人	毛南语壮语汉语兼用人数/人	百分比/%
中南村	10	6	60.00
仪凤村	748	672	89.84
合计	1602	1179	73.60

从表 3-13 可见，各村毛南语、壮语、汉语兼用比例均超过一半以上，下南社区为 71.03%，波川村为 52.20%，中南村为 60.00%，仪凤村为 89.84%。因此下南乡人普遍兼用毛南语、壮语、汉语。

从表 3-14 可以看出，在调查的 1602 人中，有 1179 人不同程度地兼用毛南语、汉语、壮语。从表 3-14 中不难发现，兼用毛南语、汉语、壮语只存在于 7 岁（含 7 岁）以上的年龄段的人中，各年龄段兼用毛南语、汉语、壮语的比例均超过一半以上，而在抽样调查的共 15 位 6 岁少年中不存在着毛南语、汉语、壮语兼用的情况。表 3-15 为 15 位 6 岁少年的语言使用情况表。

表 3-14　下南乡抽样调查点各年龄段毛南语、壮语、汉语兼用情况表

年龄段	样本量/人	毛南语、壮语、汉语兼用人数	
		人数/人	比例/%
6 岁	15	0	0.00
7～29 岁	529	313	59.17
30～59 岁	817	684	83.72
60 岁及 60 岁以上	241	182	75.52
合计	1602	1179	73.60

表 3-15　15 位 6 岁少年的语言使用情况表

序号	姓名	性别	民族	年龄/岁	住址	文化程度	毛南语	壮语	汉语水平
1	谭梦波	女	毛南	6	东贵屯	学前班	母语，熟悉	兼语，不懂	兼语，略懂
2	谭伟	男	毛南	6	松仁屯 10 号	学前班	母语，熟悉	兼语，不懂	兼语，熟练
3	谭凤星	女	毛南	6	松仁屯 12 号	小学	母语，熟悉	兼语，不懂	兼语，熟练

续表

序号	姓名	性别	民族	年龄/岁	住址	文化程度	毛南语	壮语	汉语水平
4	谭孟甲	男	毛南	6	松仁屯16号	小学	母语，熟悉	兼语，不懂	兼语，略懂
5	谭火炼	女	毛南	6	东谈屯17号	初中	母语，熟悉	兼语，不懂	兼语，熟练
6	莫卫标	男	毛南	6	松现屯12号	小学	母语，熟悉	兼语，不懂	兼语，熟练
7	覃春娱	女	毛南	6	松现屯24号	小学	母语，熟悉	兼语，不懂	兼语，熟练
8	覃春景	女	毛南	6	松现屯25号	小学	母语，熟悉	兼语，不懂	兼语，熟练
9	莫佳兴	男	毛南	6	松现屯29号	小学	母语，熟悉	兼语，不懂	兼语，略懂
10	莫兴旺	男	毛南	6	松现屯29号	小学在	母语，熟悉	兼语，不懂	兼语，略懂
11	谭文归	男	毛南	6	中里屯25号	学前	母语，熟悉	兼语，不懂	兼语，熟练
12	谭雪梅	女	毛南	6	中里屯27号	小学	母语，熟悉	兼语，不懂	兼语，熟练
13	谭家宝	男	毛南	6	大屯45号	小学	兼语，不懂	母语，熟练	兼语，略懂
14	王冬平	男	毛南	6	后沙屯15号	小学	兼语，不懂	母语，熟练	兼语，略懂
15	谭宇昕	女	毛南	6	内卯屯3号	小学	兼语，不懂	母语，熟练	兼语，熟练

　　表3-15为抽样调查中6岁少年的语言使用情况，处于毛南语中心区的村屯都是以毛南语为母语，不会壮语，会不同程度地使用汉语。只有大屯的谭家宝、后沙屯的王冬平和内卯屯的谭宇昕是处于毛南语边缘区仪凤村的少年，母语为壮语，3人都是小学生，在仪凤村上小学，还没有接触到毛南语语言环境，因此不会毛南语，只会不同程度地使用汉语。

　　从表3-15中看出，6岁的少年兼语类型属于双语型，兼用自己的母语和汉语，母语是从小就听家人或者村民使用，自己也会使用，母语用于日常交际，而不同程度地兼用汉语是因为他们在学校都会不同程度地听老师使用汉语授课，接触到汉语使用环境，因此也会不同程度地使用汉语。所以在6岁这个年龄段不存在布依语、壮语、汉语兼语类型。

此外，在仪凤村存在着另一种布依语、壮语、汉语兼用的情况，即布依语、壮语、汉语兼用情况，仪凤村后沙屯1号金泽情为布依族人，母语为布依语，从贵州嫁入仪凤村，嫁入后学会一些壮语，能进行简单的交际，但主要用汉语进行日常交际。

以上所述，不管是单语型、双语型还是三语型，当在与其他民族的人们进行交流时，下南乡人们都会根据具体的对象、环境、场合、目的等因素选择适当的语言进行交际，以达到交流的目的，使语言的使用达到和谐与自由。

三、下南乡人兼语的特点

（一）兼语普遍性

下南乡人多数兼用汉语和壮语，不管是老人还是小孩，不管男的女的，也不管文化程度的高低，兼语现象都是随处可见的，虽然兼语的类型有差别，有些是毛南语兼用汉语、有些是毛南语兼用壮语、有些是壮语兼用汉语，还有些是毛南语、汉语、壮语兼用，不论是哪种类型，下南乡人们语言的兼用现象是普遍可见的，因此下南乡人兼语具有普遍性。

表3-16为下南乡抽样村语言使用类型的情况表，不难看出，单语使用者只占1.06%，双语兼用者占25.28%，而三语兼用者占73.66%。可见，下南乡兼语具有普遍性。

表 3-16　下南乡抽样村语言使用类型的情况表

调查点	样本量/人	单语人数量/人	比例/%	双语人数量/人	比例/%	三语人数量/人	比例/%
下南社区	321	2	0.62	91	28.35	228	71.03
波川村	523	9	1.72	241	46.08	273	52.20
中南村	10	0	0.00	4	40.00	6	60.00
仪凤村	748	6	0.80	69	9.22	673	89.97
下南乡合计	1602	17	1.06	405	25.28	1180	73.66

（二）兼语层次性

下南乡人的兼语具有普遍性外，笔者从调查中还发现在兼语普遍性的基础上，兼语内部存在着层次性。周边地域环境、经济条件、年龄差距、人生经历及受教育程度的不同，导致不同年龄段掌握汉语、壮语等兼用语的熟练程度是不同的。

60 岁及 60 岁以上的老人和 6～11 岁读小学的少年掌握的汉语水平稍微低一点，老人很少与外面接触，掌握汉语的水平不高，小学生在家主要用母语交流，在学校只接触一些简单的汉语，也只会用简单的汉语交流。青少年与中年人因外出读书、打工等各种不同的原因，与外界的接触更为密切，因而掌握的汉语水平相对较高，而且汉语是下南乡人跟外族人交流时主要使用的语言。这是下南乡人在掌握汉语水平和使用对象上所呈现的层次性。

同样，下南乡人使用壮语也呈现明显的层次性，在毛南语中心区，主要交际用语为毛南语，不同程度兼用壮语的多为中年人或者老年人，而青少年掌握的程度则相对较低，很多青少年都不会使用壮语。在毛南语边缘区的仪凤村使用毛南语也存在着明显的层次性，一般而言，读小学阶段的儿童一般不会使用毛南语，只有到下南乡读初中后才渐渐学会使用毛南语，在村内主要是用壮语交流，离开仪凤村后才使用毛南语。

（三）兼语地域性

由于受地域条件、经济条件及交通条件等各种因素的影响，下南乡人使用兼语呈现出很强的地域性，可分为两种情况：一种情况是处于毛南语边缘区的仪凤村人的母语多数是壮语，在村内都是使用壮语交流，汉语、毛南语为兼用语，大多都是离开仪凤村后才使用的语言。这种语言错序的现象主要集中在被壮语使用区包围的仪凤村。另一种情况是除了仪凤村的其他的社区，即在毛南语中心区，多以毛南语为母语，兼用汉语，少数兼用壮语。

（四）兼语使用的差异性

下南乡人兼用多种语言，就语言使用功能上而言，存在着显著的差异性，主要表现在使用场合中。

在毛南语中心区，毛南语是下南乡的主要交际工具，绝大多数人以毛南语为母语，主要是在家庭内部、村屯内部、集市、与同族人的活动中使用，在与其他民族的人交流时就会使用到汉语，极少数人使用到壮语。在学校课堂上、政府机关等特定的环境中多数人使用汉语。

在毛南语边缘区仪凤村，村民以壮语为母语，在仪凤村内的任何交际都是用壮语进行的，而一到毛南语出现的地方就会用毛南语与其他人交流，而到了使用壮语的地方则用壮语，在与除壮族和本族的其他民族的人们交流时则使用汉语，在学校课堂上、政府机关等特定的环境中多数人也使用汉语。

第二节 毛南族兼用汉语及其他民族语言的成因和条件

下南乡人兼用汉语及其他少数民族语言是一个极为普遍的现象，那么到底是什么原因呢？有哪些条件促使这种兼语现象呢？笔者将从地域环境、经济条件、社会发展、语言态度、国家政策的普及等方面进行分析和说明。

一、地域环境

下南乡地处云贵高原南麓，位于环江毛南族自治县西南部，东邻该县水源镇，西靠南丹县，北接该县川山镇，南连金城江区（图3-1）。水源镇、南丹县、金城江区、川山镇等周边环境都为壮语使用区，下南乡人处在壮语使用环境的包围中，加上有些村屯距离该县内的各村比较远，交通条件不便，而比较靠近周边的壮语使用区，遂多与壮语使用区的壮族人交流较多。因此，受壮语环境影响极为明显。

例如，仪凤村就是一个受地域环境影响明显的村，远离下南乡其他村屯，加上交通不便，较少人到下南乡毛南语中心区活动，而更靠近川山镇、洛阳镇与水源镇，更多人到这些地方活动与交流，长期受壮语环境的影响。长此以往，仪凤村人们的母语转为壮语，而毛南语为兼语，仪凤村人们常出现母语错序的情况，地域环境的影响突出表现在毛南语壮语兼用的现象中。

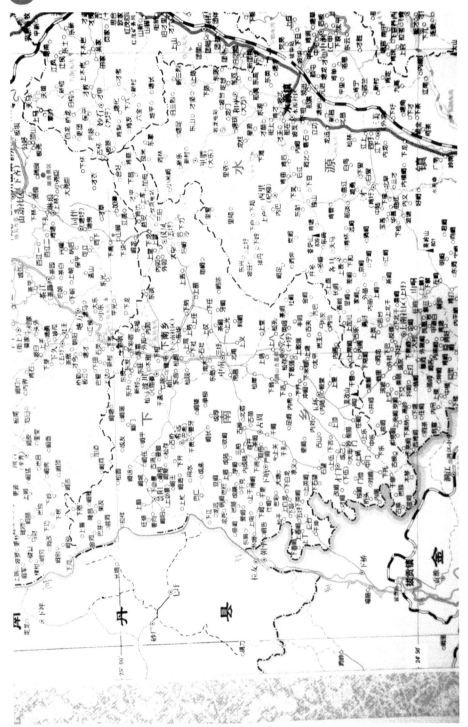

图 3-1　下南乡具体地理位置

二、经济条件

随着经济的不断发展，下南乡自 20 世纪 80 年代以来，在工业方面，鼓励多养、多产、科学饲养，把畜牧业发展作为群众脱贫致富的突破口，发动千家万户养好鸡、猪、牛，加强对畜禽蓄养春秋两个季节工作的领导；和南丹县车河镇企业办联营开采的锑矿项目已达成协议；联户办大理石厂；支持个体办的石村砖瓦加工。在农业方面，以黄豆、马铃薯等位经济作物，并形成以"毛南菜牛"养殖为支柱的产业结构，其产品远销海内外。加上下南乡储量较大的矿产资源，运输、加工、商业、饮食、服务、旅游等第三产业方兴未艾。

要使工业、农业、第三产业等不断发展，发展得更好、更快，下南乡人必须要走出下南乡，就必须多学习各方面的知识，加强与外界的交流与沟通，在与外界交流与沟通中，下南乡人必须学会汉语，以达到与外界交流的目的。这种现象在不同年龄群中有着很清晰的呈现，相对于青年人和中年人来说，老年人的汉语水平就稍差一些。

三、社会条件

随着社会的发展，人们生活水平的提高及文化程度的提高，人们在婚姻观念上有了很大程度的改变，在下南乡老一代中，基本上是同乡、同村或者同屯人之间建立婚姻关系。因此，在毛南语中心区，在这个年龄段的语言主要为毛南语，在毛南语边缘区母语转为壮语，兼语的现象相对来说比较少。在中年人一代中，外族婚配进入下南乡的人渐渐增多，因此，随之有壮语、汉语、布依语、瑶语等其他语言的进入，但他们一旦在下南乡生活，避免不了要跟当地人交流，因此会出现以下几种现象：一是用且只用汉语跟当地人交流；二是跟着当地人慢慢学会说当地的语言。

另一比较普遍的现象就是越来越多的人外出打工，一旦离开下南乡，毛南语或者壮语就不再是主要的交际用语，汉语则变成他们交际的主要工具。

随着人们生活水平的提高，日常用品、家电等也在下南乡如雨后春笋般出现，以满足下南乡人们的生活需求。各家各户大部分都具备了观看电视节目的条件，虽然下南乡没有广播站，但是收音机、DVD、电视机等各种家电普遍都有。因此，有时间时大家观看节目，看多了，听多了，也就慢慢能说一些汉语，模仿一些汉语，媒体的普及是下南乡人学习汉语的重要途径之一。

四、国家政策的普及

九年义务教育的普及，下南乡共有下南中学、下南中心小学、波川小学、仪凤小学、中南小学、堂八小学、玉环小学、下塘小学八所学校。在20世纪60年代以前，毛南语中心区的学校教学大部分使用毛南语，毛南语边缘区的仪凤小学使用壮语教学，学生只有到下南中学就学时才学会毛南语，不管在中心区还是边缘区，教学中老师使用汉语，并使用民族语言进行适当的解释。由于中学只有下南中学一所学校，加上从其他村到下南中学路途远、交通不便、家庭条件不允许等因素，大多数人只读完小学就不再读书。这一现象在老年人中体现明显。

20世纪60年代以后，学校教学基本上使用汉语方言或者是普通话，只有同学们在课后交流时才会用到民族语言，这在中年人、青少年中体现明显。随着九年义务教育的普及，上中学的人数越来越多，下南乡人就读中学也不只局限在下南中学，有些人会到环江毛南族自治县县城、金城江等地方上学，接触汉语的程度越来越深，掌握汉语的水平也越来越高。因此，九年义务教育的普及也是推动下南乡人掌握汉语的重要途径之一。

国家推广全国通用的普通话政策也是促进下南乡人兼用汉语的主要原因之一。国家推广普通话，首先表现在下南乡公共服务场所的工作人员中，他们都能熟练地使用汉语，学校也积极实施推广普通话工作，让同学们讲普通话，同时政府也加大力度在各种场合实施推广普通话工作，人们到政府、学校、邮局等场所时大部分也使用汉语，促使下南乡多数人会使用汉语。

五、语言态度

由于各方面的原因，少年的汉语水平普遍偏高，甚至有些青少年只会少数日常的毛南语。在家，父母与孩子交流时使用汉语，父母觉得从小学习汉语，上学时会更容易学习，成绩会更好，将来到外面去也都是要使用汉语进行交流的；有些人觉得汉语比其他语言更为重要，用的范围更加广泛，并且认为毛南语只能在他们生活的特定地方达到交流的目的，一旦离开下南乡就不需要使用毛南语了；还有些人认为不需要与自己的孩子用毛南语交流，他们也自然会学会，不需要特意教他们怎么说毛南语。在学校，同学们基本上也是用汉语交流，不管课堂上还是课堂外，使用汉语的情况都比较多，即使是在平时的交往中，几个人在一起也是用汉语交流，很少用到毛南语。

不仅仅只限于父母教孩子汉语，在调查中发现，不管年纪大小、男女、文化程度高低，他们中大部分认为汉语是比较重要的，甚至汉语比民族语言更为重要，因为汉语能与所有人交流，而民族语只能在一定的地域范围内使用，民族语的使用受到局限。

六、小结

下南乡多数人不同程度地兼用毛南语、汉语和壮语。兼用的水平在不同的年龄段、不同的社会经历、不同的文化水平的人中存在着比较明显的差异，并有着一定的规律性。

（1）青少年的汉语水平高于老年人；在同一年龄段中，文化水平高的人的汉语水平比较高；经历丰富的人的汉语水平比较高，即汉语水平与年龄大小呈反比，与经历丰富与否、文化水平的高低呈正比。

（2）语言使用场合也有一定的规律性，在毛南语中心区，家庭内部、同乡内、与同民族人们的交流中都使用毛南语，离开下南乡到其他地方与其他民族的人交流时使用汉语；在毛南语边缘区仪凤村内，使用壮语进行日常交际，离开仪凤村到毛南语中心区使用毛南语，到其他地方与其他民族的人交流时使用汉语；在整个下南乡内，在学校、政府、邮局等特定的场合多使用汉语。

下南乡人兼用汉语及其他民族语言，其原因是多方面的，既有地域、经济、社会、文化、国家政策等因素的影响，还与下南乡人对语言使用的态度有关。

第四章 毛南语受汉语影响引起的变化情况

毛南族与当地汉族长期交往，接触频繁，在政治、经济、文化等领域都受到汉语的深入影响。毛南语通过吸收很多汉语借词来保持和丰富自身的语言活力。因此，汉语的影响在毛南语的发展和演变过程中是一个不可忽视的重要因素。

本章以语言接触背景下毛南语受到汉语的影响为研究对象，主要从毛南语中的汉语借词、毛南语语音受汉语影响引起的变化、毛南语语法受汉语影响引起的变化、毛南语受汉语影响的主要特点、汉语影响对毛南语的独立存在作用五个方面阐释和说明汉语对毛南语的影响。

第一节 毛南语中的汉语借词

词汇是语言结构中最具开放性的语言要素，也是最容易受到影响的部分，社会、经济、政治和文化的变化会直接反映在词汇变化上。因此，从词汇上最容易捕捉到社会变迁对语言的影响。

汉语对毛南语的影响主要表现在：①汉语对毛南语词汇、语音、语法的影响；②汉语对毛南语语言交际通解度的影响，其中毛南语受汉语的影响在词汇上表现最突出。长期以来，特别是中华人民共和国成立以来，大量汉语借词进入毛南语词汇系统，使得毛南语的词汇不断与时俱进，适应不同时期的社会需要。毛南语词汇受汉语影响的主要特点表现在以下几个方面。

一、毛南语的汉语借词具有广泛性

笔者所收集到的 2692 个毛南语基本词汇中，汉语借词一共有 412 个，占统计总数比例的 15%。

（1）汉语借词广泛分布在毛南族基本生活的各个领域。例子如表 4-1 所示。

表 4-1　汉语借词广泛分布在毛南族基本生活的各个领域表

类型	汉义	毛南语	类型	汉义	毛南语
天文地理	北斗星	$pə^6 tau^3 çin^5$	天文地理	（天）地	ti^6
	天气	$t^h jen^5 c^h i^4$		空气	$c^h i^4$
	海	$ha:i^3$		波浪	$po^5 la:ŋ^4$
	（水）泡	$p^h ja:u^5$		野外	$je^3 wa:i^4$
	沙子	sa^1		金子	cim^1
	矿	$k^h wa:ŋ^4$		铜	$toŋ^2$
	钢	$ka:ŋ^1$		煤	mai^6
	水银	$swai^3 jin^6$		明矾	$mi:ŋ^6 fa:n^6$
	火种	$wo^3 tsoŋ^3$			
时间方位	春	$ts^h un^1$	时间方位	冬	$toŋ^1$
	秋	$çu^1$		星期	$çin^5 ci^6$
	点	$tiem^3$		乙（天干第二）	jit^8
	丙	$piŋ^3$		丁	$tiŋ^3$
	庚	$kəŋ^1$		辛	$çiŋ^1$
	卯	$ma:u^4$		亥	$fia:i^6$
	节气	tse		春分	$ts^h un^1 fen^1$
	雨水	$jy^3 swai^3$		大寒	$ta^4 han^2$
	谷雨	$ku^2 jy^3$		寒露	$han^2 lu^4$
	方向	$fa:ŋ^1 ja:ŋ^4$		正面	$tsjəŋ^4 mjen^4$
	背面	$fan^3 mjen^4$		东	$toŋ^1$
	南	$na:n^2$		近来	$tswai^4 ki:n^4$
动物植物	动物	$toŋ^4 u^2$	动物植物	狮子	$sɿ^5 tsɿ^3$
	象	$tsa:ŋ^4$		兔子	tu^5
	白鹭	$pə^2 lu^4$		白鹤	$pə^2 ho^2$
	凤凰	$foŋ^4 wa:ŋ^4$		鸳鸯	$wuan^5 jaŋ^5$
	龙	$loŋ^2$		蛟龙	$ceu^3 loŋ^6$
	蚕	$ts^h a:n^6$		青蛙（小）	$kwai^3$
	鲤鱼	$li^3 jy^6$		塘角鱼	$taŋ^2 ko^6 jy^6$
	鲫鱼	$tsi^6 jy^6$		草鱼	$tsha:u^3 jy^6$
	鲶鱼	$njen^3 jy^6$		鲢鱼	$ljan^6 jy^6$

续表

类型	汉义	毛南语	类型	汉义	毛南语
动物植物	贝壳	pɔ:i⁵ khɔ⁶	动物植物	烟叶	ʔjen¹
	早稻	tsa:u³ta:u⁴		晚稻	va:n³ ta:u⁴
	根	kən¹		板栗	pa:n³ li⁶
	豆子	ta:u⁶		菠菜	pɔ⁵tsʰa:i⁴
	莲藕	ljan⁶ŋou³		葱	tsʰɔŋ¹
	瓜	kwa¹		葫芦	fu⁶ lu⁵
身体器官	辫子	pjen⁴	身体器官	心	çim¹
	筋	ʔjin¹		月经	jwe² ci:n⁵
	皮肤	pi²			
人称称谓	姑母	ku⁴	人称称谓	医生	ji⁵seŋ⁵
	老师	la:u³sɿ⁵		校长	ja:u⁴tsa:ŋ³
	徒弟	tu⁶ti⁴		仇人	tsʰau²jin²
	地主	ti⁴ tsy³		商人	sa:ŋ⁵jin⁶
	巫婆	wu⁵ pɔ⁶		道士	ta:u⁴sɿ⁴
	土匪	tu³ fəi³		皇帝	hwa:ŋ⁶ ti⁴
	干部	ka:n⁴ pu⁴		老百姓	la:u³ pə⁶ sin⁴
生活用品	裙	cun²	生活用品	绸子	tshau⁶ tsɿ³
	毯子	tʰan³tsɿ³		戒指	ka:i⁴ tsi³
	瓶子	piŋ²		伞	sa:n⁵
	桶	tʰɔŋ³		刷子	swa⁶
	镜子	ciŋ⁵		电灯	tjen⁴təŋ⁵
	钉子	tiŋ¹		钟	tsɔŋ¹
	炮	pʰa:u⁵		炸弹	tsa⁴ ta:n⁴
	纸	tsi³		笔	pit⁷
	炭	tʰa:n⁵		背心（衣服）	pai⁴ siŋ⁵
交通建筑	铁路	te⁶lu⁴	交通建筑	火车	hɔ³ tshe⁵
	汽车	ci⁴tsʰe⁵		飞机	fai⁵ci⁵
	梁	lja:ŋ²		楼	lau²
	楼板	lau² pan³		楼梯	lau²tʰi⁵

续表

类型	汉义	毛南语	类型	汉义	毛南语
宗教文化	上帝	sa:ŋ⁴ti⁴	宗教文化	菩萨	pʰu⁶sa⁵
	庙	mjeu⁴		塔	tʰa⁶
	符	fu⁶			
动作行为	溅（水溅）	zin²	动作行为	冲	tsʰoŋ¹
	散	sa:n⁵		滚	kun¹
	沉	tsəm⁵		醒	siŋ¹
	种菜	tsoŋ⁵		炒	tsʰa:u³
	赌钱	tu³		差（很多）	tsʰa¹
	抢	tsʰja:ŋ³		改正	ka:i³
	欺负	cʰi⁵fu⁴		宣传	çwen⁵tsʰon⁶
	团结	tʰon⁶ce⁶		建设	cen⁴çwe⁶
	解放	ka:i³fa:ŋ⁴		操练	ljen⁶ tsha:u⁵
	辩论	pjen⁶ lən⁶			
性质状态	古怪	ku³kwa:i⁴	性质状态	空	kʰoŋ¹
	浓	noŋ²		松	soŋ¹
	乖	kwa:i¹		狡猾	ca:u³ hwa⁶
	勇敢	juŋ³ka:n³		聪明	tsʰoŋ¹min²
	糊涂	hu³ tu²		大方	ta⁴fa:ŋ⁵
数词量词	三	sa:m¹	数词量词	第四	ti⁶si⁵
	本	pən³		块	kʰwa:i⁵
	条	tjeu²		千	tsʰjen¹
	万	va:n⁶		亿	ʔi⁴
	亩	mau³		分	fən¹
	斗	tau³		升	səŋ¹

（2）汉语借词还渗入毛南语词汇系统的各个词类中，包括实词和虚词。例如：

1）实词：①名词：mjeu⁴庙；　　　tjen⁴tən⁵电灯；　　　tʰan³tsʐ³毯子。

　　　　　②动词：tsʰau³炒；　　　kʰai开；　　　cʰi⁵fu⁴欺负。

　　　　　③形容词：kwa:i⁵怪；　　　mɔ⁵hu⁶模糊；　　　juŋ³ka:n³勇敢。

2）虚词：①副词：tu⁵都；　　　ju⁴又；　　　tsu⁶就。

②连词：jy⁶kɔ³如果；　　　swai³zjen²虽然；　　　　taːn⁴ɕi⁴但是；

pu⁶ taːn⁴…ʔə⁶ tseʳ³不但…而且；　　ʔiⁱ⁶…cu⁶一（看）就（懂）；

jin⁵wai⁴因为；　　　sɔ³ ji³所以；　　　　　tɔŋ²同（他去）。

③介词：piⁱ²比；　　　　　tɔiⁱ⁵对；　　　　　　tsɔŋ²从；

pa³把；　　　　　　je³也。

④助词：tiⁱ⁰的。

（3）毛南语的汉语借词中也存在着四音格词和固定短语。例如：

①ʔɖam⁵…ʔɖam⁵…边…边…　　　（ʔɖam⁵cu¹ʔɖam⁵caːŋ³ 边笑边讲）

②ju⁴…　 ju⁴…　 又…又…　　　（ju⁴la⁴ju⁴cu¹ 又说又笑）

③jwɛ⁶…　jwɛ⁶…　越…越…　　　（越走越远）

（4）毛南语中存在汉语借词和表达同一概念的民族固有词并存的情况，汉语借词的使用频率通常比本民族固有词的高。例子如表4-2所示。

表 4-2　毛南语中的汉语借词表

汉语借词	民族固有词	汉义
lɔŋ²	ca¹	龙
pəŋ⁶	kʰui¹paːm⁴	蚌
pən¹	bɔk⁸	盆
waːŋ³	moŋ⁴	网
la⁵pa⁵	jaːŋ⁶haːu⁴	喇叭
ljaːŋ²	zai¹	梁
kaːi⁴ tsi³	wun⁵ siːm³	戒子
phjen⁵	lan⁴	欺骗
kɔ⁵	pi³	歌
saːn⁵	ʔnaːn⁵	散（雾散了）
khaːu⁵	ʔniŋ³	靠（人靠在树上）
thaːi⁴	tjuŋ¹	抬
kwaːn¹	ŋap⁸	关（关门）
thjaːu⁵	tjeu²	跳
la¹	pɛŋ¹	拉（拉风箱）
pu³	kaːŋ⁵	补（衣服）
to⁶	ȵak⁷	剁（剁肉）

		续表
汉语借词	民族固有词	汉义
ta⁴ faːŋ⁵	tai⁵ ba⁶	大方
ta⁴ kaːi⁴	ȵiːu⁴	大概
pa³	ʔaːu¹	把（把它扔掉）

（5）汉语影响深及毛南语的构词法，汉语借词进入毛南语后，有一部分汉语借词已具有造词的能力，成为毛南语合成词中的构词语素。例如：

mai⁴　　li²　梨树　　　　　　fiu⁴　　ljaːŋ⁴　　高粱
树（本）梨（汉）　　　　　　粮食　梁（汉）

tau⁶　　nam¹　黑豆　　　　　tswai⁴　kha¹　　耳垂
豆（汉）黑（本）　　　　　　垂（汉）耳（本）

thoŋ³　mai⁴　木桶　　　　　ȵi⁶　　tjem³tsoŋ¹　两点钟
桶（汉）树（本）　　　　　　二　　点钟（汉）

tu⁶　　poŋ¹　互相帮助　　　tu⁶　　taːu³　　相斗
互相（本）帮（汉）　　　　　互相（本）斗（汉）

此外，一些汉语借词还可以与本民族固有词联合，构成联合式合成词，形成语义的重叠。例如：

jen¹ pjen¹　旁边　　　　　　poi²ʔjaːu³　陪伴
旁边 边　　　　　　　　　　陪 伴

cen⁵ ca³　坚硬　　　　　　jun⁶ aːu³　湿润
坚硬 硬　　　　　　　　　　湿 润

上述所统计的数据是针对毛南族人在日常生活中经常使用的基本词汇而言，但实际上，随着现代化进程的不断推进，各种新事物、新观念层出不穷，毛南语不断从汉语中借入大量的新术语，因此做出穷尽的统计是不可能的，上述统计也并不能完全反映出毛南语汉借词的全部面貌与实际比例。

二、毛南语的汉语借词具有层次性

汉语借词是按其语音结构和不同时期的社会需要借入的，因此呈现出层次性的特点。毛南语的汉语借词可以分为两个层次：一是中华人民共和国成立以前从古平话中借入的老借词；二是中华人民共和国成立以后从西南官话借入的新借词。其中，以新借词的数量居多。

（1）中华人民共和国成立后，由于社会经济、政治制度发生了翻天覆地的变化，大量表示新制度、新生活的词语进入毛南语，这些词语带有鲜明的时代性特征。例如：

国家 ko⁶ca⁵   中国 tsuŋ⁵kɔ⁶

自治州 zi⁴zi⁴tsau⁵   共产党 kuŋ⁴tsʰaːn³taːŋ³

县 jan⁴   区 cʰy⁵

人民 jin⁶ min⁶   党员 taːŋ³ jwen⁶

社会主义 ɕe⁴wai⁴tsy³i⁴   共产主义 kuŋ⁴ tshaːn³ tsy³ i⁴

资本主义 tsɿ⁵ pən³ tsy³ i⁴   共青团 kuŋ⁴ tshin⁵ thon⁶

领导 liŋ³taːu³   干部 kaːn⁴ pu⁴

书记 sy⁵ci⁴   警察 cɛn³ tsa⁶

主席 tsy³ɕi⁶   部长 pu⁴tsaːŋ³

农民 nuŋ⁶ min⁶   工人 kuŋ⁵ jin⁶

首都 sau³ tu⁵   民族 min⁶tsu⁶

壮族 tswaːŋ⁴tsu⁶   布依族 pu⁴ji⁵tsu⁶

汉族 haːn⁴tsu⁶   外国 vaːi⁴ko⁶

代表 taːi⁴ pjeu³   模范 mɔ⁶ fan⁴

飞机 fai⁵ci⁵   火车 hɔ³ tshe⁵

政治 tsən⁴ tsɿ⁴   政府 tsən⁴ fu³

革命 kə⁶ min⁴   法律 fa⁶ ly⁶

工厂 kuŋ⁵tshaːŋ³   技术 ci⁴ɕy⁶

解放 kaːi¹faːŋ³   建设 cen⁴ɕwe⁶

（2）由于学校教育的普及，毛南族人能够入学接受正规教育，因此毛南语也吸收了关于文化教育的词汇。例如：

老师 laːu³sɿ⁵   校长 jaːu⁴tsaːŋ³

学生 jɔ⁶sən⁵   课堂 kɔ⁴taːŋ⁶

教室 caːu⁴tsi⁶   黑板 hə⁶paːn³

小学 ɕaːu⁴jɔ⁶   大学 ta⁴jɔ⁶

办公室 pan⁴ kuŋ⁵sʅ⁶　　　　　　　　幼儿园 jau⁴ʔə⁶ jwen⁶

水笔 swai³pit⁶　　　　　　　　　　　毛笔 maːu⁶ pit⁶

笔套 pit⁶ taːu⁶　　　　　　　　　　　粉笔 fən³pit⁶

纸 tsi³　　　　　　　　　　　　　　　墨水 mə⁶swai³

地图 ti³tʰu⁶　　　　　　　　　　　　算盘 son⁴pʰon⁶

（3）改革开放以来，随着现代化生活方式和生活水平的提高，一些反映现代化生活的词汇也逐渐进入毛南语的词汇系统，成为他们生活不可或缺的一部分。例如：

电灯 tjen⁴ tən⁵　　　　　　　　　　灯芯 tən⁵ɕin¹

肥皂 fai⁶tsaːu⁴　　　　　　　　　　脸盆 ljen³pən⁶

手表 ɕau⁵pjeu³　　　　　　　　　　卫星 wai¹ɕin⁶

电话 tjen⁴wa⁴　　　　　　　　　　电池 tjen⁴tsi⁶

锅铲 kwo⁵tsʰaːn³　　　　　　　　　麻将 ma⁶tsjaːŋ⁴

馒头 maːn⁴tau⁶　　　　　　　　　　包子 paːu⁵sʅ³

（4）毛南语中有一套自己民族语固有的数词表达法，但是现在受汉语影响，在表达组合序数词或者手机电话号码、公元年号时，毛南族人也使用汉语借词。例如：

星期一 ɕin⁵ci⁶ʔi⁶　　　　　　　　　星期二 ɕin⁵ci⁶ʔə¹

星期三 ɕin⁵ci⁶ saːm¹　　　　　　　　星期四 ɕin⁵ci⁶sʅ⁴

星期五 ɕin⁵ci⁶ʔu³　　　　　　　　　星期六 ɕin⁵ci⁶lu⁶

第三 ti⁶saːm¹　　　　　　　　　　　第四 ti⁶si¹

一九五五 i⁶cau³u³u³

第二节　毛南语语音受汉语影响引起的变化

毛南语和汉语同属于汉藏语系，音节结构均由声母、韵母、声调三个部分组成。毛南族人除了会说毛南语，还会说汉语普通话和汉语方言桂柳话。因此，毛南族人能够根据自己的交际需要自如地转换三套语音系统。

毛南语的声母比较复杂，一共有 72 个声母。本节以下南乡的语音为例，将对毛南语的语音特点分析如下。

（一）声母（表4-3）

表4-3　毛南语的声母

p	pʰ	mb	ʔb	m	ʔm		f	v	w	ʔw
t	tʰ	nd	ʔd	n	ʔn	l				
ts	tsʰ						s	z		
c	cʰ	ɳd		ɳ	ʔɳ		ɕ	j		ʔj
k	kʰ	ŋg		ŋ	ʔŋ					
ʔ							h	ɦ		
pj	pʰj	mbj	ʔbj	mj	ʔnj		fj	vj		
tj	tʰj	ndj	ʔdj	nj	ʔnj	lj		zj		
tsj	tsʰj									
tw		ʔdw				lw				
tsw	tsʰw						sw	zw		
w	ʰw			ɳw			ɕw	jw		ʔjw
kw	kʰw	ŋgw		ŋw	ʔŋw					

声母例字如表4-4所示。

表4-4　毛南语声母例字

声母	例字1	例字2	例字3
p:	piŋ^{3}瓶子	pən^{3}本	pɔ^{4}牛
pʰ:	pʰoŋ^{3}竹节	pʰuŋ^{5}尘土	pʰaːu^{5}炮
ᵐb:	ᵐbeː^{1}年岁	ᵐbiŋ^{1}蚂蟥	mbət 背带
ʔb:	ʔbən^{1}天	ʔbuŋ^{6}隔壁	ʔbaːŋ^{1}薄
m:	mu^{5}猪	məm^{4}老虎	muːn^{6}猴子
ʔm:	ʔma^{1}蔬菜	ʔmo^{5}坡	ʔmu^{3}今后
f:	fa^{1}右	faːŋ^{1}稻草	fu^{6}符
fu^{6}符	vaːn^{6}万	veː^{1}水坝	vi^{1}火
w:	woŋ^{1}荒地	wa^{1}花	waːi^{5}棉花
ʔw:	ʔwon^{3}碗	ʔwa^{5}脏	ʔwon^{1}泥巴
t:	tau^{3}斗	ti^6（天）地	toŋ^{2}铜
tʰ:	tʰaːn^{5}炭	tʰu^{3}丑（地支第二）	tʰoŋ^{1}通（这条路不通）
nd:	ndam^{1}池塘	ndaːi^{5}陆地	nda^{1}眼睛
ʔd:	ʔdaːi^{1}野猪	ʔdip^{7}爪	ʔduk^{8}芦苇

续表

声母	例字 1	例字 2	例字 3
n:	nɔŋ²浓	ni¹河	naːn²南
ʔn:	ʔnuk⁷外面	ʔneu⁵尿	ʔneŋ⁵耳环
l:	lən²后面	lɔŋ²龙	luŋ²姑父
ts:	tseŋ¹节日	tsaːŋ⁴象	tsiːk⁷草鞋
tsʰ:	tsʰaːn⁶蚕	tsʰɔŋ¹葱	tsʰɔ¹初
s:	sa¹沙子	siŋ¹姜	siːm³手
z:	zuːi²蛇	zan⁴蚯蚓	zən¹人
c:	cu⁵雪	cuːi³溪	cim¹金子
cʰ:	cʰi⁵空气	cʰi¹梳子	cʰaːŋ¹阳光
ȵɖ:	ȵɖaːu¹搅	ȵɖau³赶（鸟）	ȵɖəm⁵和（我和你）
ȵ:	ȵan¹野猫	ȵaːu²老鹰	ȵɔːn⁶意愿
ʔȵ:	ʔȵat⁷发髻	ʔȵaːn⁵散（雾散了）	ʔȵim⁵寻找
ɕ:	ɕa³写	ɕau⁵硝	ɕin⁵信
j:	jaːu³里面	jaːn¹家	jan⁴县
ʔj:	ʔjaːŋ³（肚子）胀	ʔja⁵（水）田	ʔju¹上面
k:	kau¹猫头鹰	ka¹乌鸦	kai⁵蛋
kʰ:	kʰɔŋ¹空	kʰa¹耳朵	kʰaːu³酒
ŋg:	ŋgai¹爱（爱小孩）	ŋgaːŋ⁶愣	ŋgam¹含
ŋ:	ŋaːn⁶鹅	ŋa²树芽	ŋuːn¹枕头
ʔŋ:	ʔŋaːŋ⁵傻	ʔŋuːn¹扛	ʔŋɔ¹声（喊一声）
ʔ:	ʔuːi³甘蔗	ʔɔ¹叔父	ʔi¹布
h:	hi¹茅草	haːi³海	ha¹肩膀
ɦ:	ɦaːi⁶亥	ɦɔːp⁸盒子	ɦu⁴粮食
pj:	pjeu³手表	pja¹腿	pjeu⁵跑
pʰj:	pʰjaːt⁷血	pʰjaːu⁵水泡	pʰje⁵廐
ᵐbj:	ᵐbjai³鱼	ᵐbjaːŋ²穗儿	ᵐbjaːŋ¹（竹席）
ʔbj:	ʔbjen⁴水獭	ʔbjeu³疤	ʔbja⁵价钱
mj:	mjai⁴锈	mja⁴马	mjat⁷（压）紧
fj:	fjen⁵菜园	fjaːn⁵翻（身）	fjet⁷刺（用刀刺）
vj:	vjem¹梦	vjen⁵片（一片稻田）	taⁿ⁵vjen⁵平地
tj:	tja¹伯父	tjeu⁵爬（树）	tjem³点（灯）

续表

声母	例字1	例字2	例字3
tʰjː	tʰjeu³挑拨	tʰjep⁷贴（贴标语）	tʰjak⁷滴（一滴水）
ⁿdjː	ⁿdjuːi 腰	ⁿdjak³漆	ⁿdjai³买
ʔdjː	ʔdjai⁶（水）浅	ʔdjak⁶蝗虫	ʔdjap⁷眨（眼）
njː	njen²月份	njen⁵震动	njen⁶念（经）
ʔnjː	ʔnjaːu⁴su⁴尿素	—	—
ljː	lja³妻子	ljaːŋ²梁	ljem⁴镰刀
zjː	zjen²钱	zjaːŋ⁶指（指方向）	zjak⁷扎（用针扎）
tsjː	tsjaːŋ⁴酱	tsjen¹毡	tsjaːŋ⁵浆
tsʰjː	tsʰjen¹千	tsʰjaːŋ³抢	tsʰje³车（水）
twː	tweŋ⁵冰	twa⁶驮（东西）	—
ʔdwː	pja¹ʔdwaːi⁵跛脚	—	—
lwː	lwa²锣	lwaːi⁵依赖	lwa⁵摸（摸鱼）
swː	swa⁶刷子	swaːŋ³凉快	swan¹淋（雨）
zwː	tɔ²zwon⁴泥鳅	—	—
tswː	tswai⁴最（大）	tswai⁴kiːn⁴近来（近来雨多）	tswai⁴kha¹耳垂
tsʰwː	tsʰwan¹淋（雨）	tsʰwai¹催	tsʰwai¹（风）吹
n̠wː	n̠we³弱小	—	—
ɕwː	ɕwai³水（库）	ɕwen³迁移	—
cwː	cwe²准备	cwe²防（火）	taːŋ⁶cwem⁵蜥蜴
cʰwː	cʰwaːi⁵挑选	—	—
jwː	jwaːŋ⁵壮	jwen⁶原（来）	jwaːi²一会儿（坐一会儿）
ʔjwː	ʔjwen¹waːŋ¹冤枉	—	—
kwː	kwɔi²葵	kwi²水牛	kwai³蛙（小的）
kʰwː	kʰwaːŋ⁴矿物	kʰwaːi⁵块（一块田）	kʰwaːi⁵元（一元钱）
ŋgwː	ŋgwaːŋ¹生（牛崽）	ŋgwon¹（小孩）趴	—
ŋwː	ŋwa⁴瓦	ŋwa⁶磨	ŋwe⁵回头（看）
ʔŋwː	ʔŋweŋ¹水牛叫	—	—
ŋː	ŋ²你	—	—

关于声母的说明如下所示。

（1）tsʰj、tsw、tsʰw、kʰw、ɕw 这五个腭化、唇化声母只出现在汉语借词的音节里。

（2）从声母发音部位看，有唇音、舌尖音、舌面音、舌根音、小舌音和喉音；从发音方法上看，清擦音和塞擦音分为送气和不送气两套；浊塞音有一套带鼻冠音成分的声母 mb、nd、nɖ、ŋg；有单纯的鼻音声母 m、n、ȵ、ŋ 和带喉音成分在前的鼻音声母ʔm、ʔn、ʔȵ、ʔŋ 两套；有一套腭化声母 pj、pʰj、tj、tsj 和一套唇化声母 kw、kʰw、tw、sw、lw 等。

（3）声母读音特点：

①舌尖音声母的发音部位不太一致，其中擦音 s、z 的舌位靠前，分别近似于齿间音 θ、ð；②双唇音声母在 o 元音前面都有圆唇化现象；③清塞音和清塞擦音声母 pʰ、tʰ、kʰ、tsʰ送气音比较明显；④mb、nd 和ʔb、ʔd 的鼻冠音成分和先喉塞音成分都比较弱，但 mb、nd 和ʔb、ʔd 不混淆，ʔb、ʔd 在说单词时先喉塞音成分明显，而在句子中ʔb、ʔd 更像 b、d；⑤喉擦音声母 h、ɦ 是一个音位的两个变体，清擦音 h 只出现在单数调中，浊擦音 ɦ 只出现在双数调中，但在汉语借词中，h 在单双数调中均可出现，所以仍作不同的两个音位处理；⑥塞擦音声母 ts、tsʰ只有清的，没有浊的，它们的舌位靠后，近似于舌面音 tɕ、tɕʰ。不送气的清塞音、塞擦音声母出现在双数调时，都带有较弱的浊送气成分，其中第六调、第八调特别明显。

（4）毛南语内部语音大致相同，但有少数词念法不太一致，主要表现在：舌尖塞擦音声母与舌尖擦音声母相混，如"葱、抢"有的人念成 tshoŋ¹、tshjaːŋ³，有的人念成 soŋ¹、ɕaːŋ³。

（5）ŋ 可以独立成音节。

（二）韵母

毛南语的韵母一共有 81 个，其中单元音韵母有 9 个，复元音韵母有 72 个（表 4-5）。

表4-5　毛南语的韵母表

	韵尾	ɯ	a	a	o	ɔ	ɔ	e	ə	ɛ	i	y	ui	uɪ
单元音韵母														
复元音韵母	i		ai	aːi	oi	ɔi	ɔːi							
	u		au	aːu				eu	əu	eu	iu			um
	m		am	aːm	om	ɔm	ɔːm	em	əm	em	im			un
	n		an	aːn	on	ɔn	ɔːn	en	ən	en	in		un	
	ŋ		aŋ	aːŋ	oŋ	ɔŋ	ɔːŋ	eŋ	əŋ	eŋ	iŋ		uŋ	
	p		ap	aːp	op	ɔp	ɔːp	ep	əp	ep	ip			
	t		at	aːt	ot	ɔt	ɔːt	et	ət	et	it		ut	ut
	k		ak	aːk	ok	ɔk	ɔːk	ek	ək	ek	ik		uk	

韵母例字如表 4-6 所示。

表 4-6　毛南语的韵母例字

韵母	例字 1	例字 2	例字 3
a:	swa⁶刷子	sa¹沙子	fa¹右
ai:	kwai³蛙（小的）	kai⁵蛋	ᵐbjai³鱼
a:i:	ha:i³海	ⁿda:i⁵陆地	ka:i³改
au:	kau¹猫头鹰	kau⁵看	tsau⁶双（一双鞋）
a:u:	kʰa:u³酒	pʰa:u⁵炮	ta:u⁶豆子
am:	kam³不	tsam³低头	ŋgam¹含
a:m:	ma:m⁴脾脏	la:m²忘记	ȵa:m¹丑（相貌很丑）
an:	ȵan²银子	van¹天（日）	zan⁴蚯蚓
a:n:	tha:n⁵炭	na:n²南	ŋa:n⁶鹅
aŋ:	ʔnaŋ³鼻子	taŋ¹灯	ndaŋ⁵秤
a:ŋ:	khwa:ŋ⁴矿物	ka:ŋ¹钢	na:ŋ¹竹笋
ap:	kʰap⁷眯（眼）	zap⁸带（红领巾）	map⁸打（人）
a:p:	la:p⁸蜡烛	ta:p⁷搭（车）	tsha:p⁷插
at:	mat⁷跳蚤	kat⁷剪	bat⁸省（钱）
a:t:	fa:t⁷碱水	pʰja:t⁷血	ma:t⁸袜子
ak:	pak⁷北	dak⁷漆	sak⁷颜色
a:k:	pa:k⁷嘴	la:k⁸儿子	za:k⁷绳子
aɯ:	caɯ⁶软	—	—
o:	fo³斧头	kwo¹盐	ho⁵东西
oi:	loi¹（水）流	poi⁶背（诵）	pʰoi⁵配（得上）
om:	tjom⁶攒钱	wom³蓝靛草	kom⁵捂（捂着嘴）
on:	son⁵线	mon²霉	son¹教
oŋ:	soŋ⁵打算	moŋ²慌忙	coŋ²多
op:	ŋop⁷捧（捧水）	ʔbop⁸腐朽	wop⁷捧（捧水）
ot:	not⁷挪（开）	pʰot⁷泼（水）	ʔbot⁸溢（水溢）
ok:	pok⁸白	pok⁷呕吐	pʰok⁷剥（剥树皮）
ɔ:	lɔ⁶漏（水）	lɔ³超过	hɔ³穷
ɔi:	wɔi⁷末尾	kwɔi²癸	tɔi⁵袋子
ɔ:i:	tʰ:i⁶退（步）	l:i⁷吊（吊颈）	tɔ:i⁵（说得）对
ɔm:	ŋɔm³绕（路）	mɔm⁶男生殖器	ʔdɔm²望（远看）

韵母	例字 1	例字 2	例字 3
ɔːm	kɔːm³敢	ŋgɔːm³弯（扁担是弯的）	nɔːm³年轻
ɔn:	lɔn⁶勇敢	ma¹lɔn¹回来	cɔn⁶收拾
ɔːn:	nɔːn⁶意愿	lɔːn¹到	cʰɔːn¹一半
ɔŋ:	jɔŋ²溶化	sɔŋ⁵放（手）	fɔŋ¹封（信口）
ɔːŋ:	kɔːŋ⁴喉咙	tʰɔːŋ⁶ lɔŋ²灯笼	—
ɔːp:	fiɔːp⁸盒	cɔːp⁷箍（箍桶）	cɔːp⁸坏
ɔt:	lɔt⁷（用开水）烫	—	—
ɔːt	nɔːt⁸月份	kɔːt⁷搂（搂肩）	—
ɔk:	tɔk⁷（树叶）落	tɔk⁸读	mɔk⁷埋（东西）
ɔːk:	tsʰɔːk⁷错	cɔːk⁷箍儿	kɔːk⁷抠（用手指抠）
e:	be⁶水瓢	nɛ³哭	tʰe⁵剃（头）
eu:	pjeu³手表	tjeu⁵爬（树）	ceu¹交
em:	ljem⁴镰刀	jem嫌	njem跟
en:	fjen¹菜园	ɕen⁵扇子	njen³水碾
eŋ:	peŋ¹兵	ɕeŋ⁵相片	peŋ²病
ep:	ŋep⁷皱（眉头）	tʰjep⁷贴（标语）	ɲep⁷夹菜
et:	cet⁷结（冰）	fjet（用刀）刺	pjet⁷撅（起来）
ek:	pʰek⁷拂（掉尘土）	tʰek⁷踢（球）	sek⁷锡
ə:	lə²驴	lə⁶锉刀	kə⁶ tə⁵睾丸
əm:	səm¹针	tsəm⁵浸（种子）	məm⁴老虎
ən:	zən¹人	pən²盘子	tsən²站（立）
əːn:	ləːn³光滑	ləːn⁵（果）熟	
əŋ:	səŋ¹升	pəŋ⁶蚌	ləŋ¹露（出）
əːŋ:	səːŋ³想（家）	həːŋ³鱼鳃	pəːŋ³掀开
əp:	ŋəp⁸闭（嘴）	kəp⁸盖（被子）	tsəp⁷捡
ət:	mbət⁷背带	vət⁷扔（掉）	mət⁸蚂蚁
əːt:	fəːt⁷涩（柿子很涩）	ʔdəːt⁸响（枪响）	nəːt⁸嗦
ək:	hək⁷牙龈	lək⁸力气	tək⁷挖
əːk:	ləːk⁷换	—	—
ɛ:	vɛ²堂姐	lɛ¹书	mɛ²有
ɛu:	sɛu⁵干净	ʔnɛu⁵尿	ʔdɛu¹一

续表

韵母	例字 1	例字 2	例字 3
ɛn:	ʔɛn³鼓（起肚子）	tsen⁴瘦（地瘦）	fa:ŋ⁶ ken⁵房间
ɛŋ:	ʔɛŋ¹缸	ʔnɛŋ⁵耳环	mɛŋ⁶命
ɛp:	tɛp⁸碟子	ʔɛp⁷鸭子	hɛp⁷禾刀
ɛt:	kɔ⁶kɛt⁸打饱嗝	—	—
ɛk:	hɛk⁷客人	pʰɛk⁷拍（桌子）	pɛk⁷百
i:	zi²糍粑	tsi就是	pi¹摇头
iu:	liu⁵（走得）快	ciu²桥	tsaŋ⁶ liu³小偷
i:u:	pʰi:u³（红旗）飘	tsʰi:u²尺	hi:u³牙
im:	cim¹金子	ɕim¹心	tim¹斗笠
i:m:	cʰi:m¹尝	hi:m¹跪	si:m³手
in:	fin¹成（为）	din³倒（过来）	in 承认
i:n:	mi:n³豪猪（箭猪）	cʰi:n¹胳膊	ti:n¹脚
iŋ:	ɕiŋ⁵剩（饭）	fiŋ²赢	mbiŋ¹贵
i:ŋ:	ti:ŋ²约（时间）	zi:ŋ²床单	bi:ŋ⁵缺（碗缺口）
ip:	ʔdip⁸生（肉）	ʔdip⁷指甲	ʔdip⁸淘气
i:p:	ti:p⁷叠（被子）	si:p⁷鱼钩	ti:p⁷折
it:	cit⁸咬	lit⁸拆	tsit⁷（酒）淡
i:t:	ci:t⁷疼（痛）	vi:t⁸蝉	ʔi:t⁷牛轭
ik:	pik⁷逼（迫）	tik⁷（水）满	cʰik⁷锅（炒菜的）
i:k:	tsi:k⁷草鞋	—	—
u:	fiu⁴粮食	mu²牛栏粪	nju⁴瞄（准）
ui:	kʰui³螺蛳（田螺）	kha:i⁵sui³开水	wa:i⁵ʔui¹害羞
u:i:	lu:i⁵下（楼）	zu:i⁶坐	ku:i 敝（锣）
u:m:	ŋu:m³抱（小孩）	ʔu:m³抱（小孩）	
un:	kun¹滚	sun⁵顺（路）	jun¹蹲
u:n:	nu:n²躺	tu:n¹（天气）热	ku:n⁵先
uŋ:	tuŋ¹煮	tuŋ⁵（水）浑	nuŋ⁴弟弟
u:ŋ:	bu:ŋ²玉米轴	—	—
ut:	ŋut⁷椅子	pʰut⁷喷水	cʰut⁷燃烧
u:t:	cʰu:t⁷（烧）糊	hu:t⁷刮（猪毛）	lu:t⁸夺
uk:	ʔuk⁷出	zuk⁸绑	vuk⁷火灰

韵母	例字 1	例字 2	例字 3
y:	ɕy¹输	tsy²锤子	cʰy⁵区
ɿ:	sɿ⁵tsɿ³狮子	la:u³sɿ⁵老师	ta:u⁴sɿ⁴道士
ɯ:	hɯ¹场（集）	zɯ⁶巳	la:k¹ kɯ¹茄子

关于韵母的说明如下：

（1）a、o、ɔ、e、ɛ、ə、i、ɿ、u、y、ɯ 这 11 个元音单独作韵母时都是长元音，带韵尾时 a、ɔ、ə、i、u 存在长短对立，y 和 ɿ 两个单元音只出现在汉语借词中。

（2）a：和 a 的区别在于，a 的音位比 a：高，相当于次低央元音 ɐ，在与腭化声母和舌面音声母相拼时，a 舌位迁移，音值近似 ɛ，如"djap⁸眨、ʔɲat⁷鬐"等。ai 用于腭化声母后面时，其音值近似 ei，如"mbjai³鱼、ndjai³买"等。

（3）u：带韵尾时也有轻微的过渡音，它的实际音值是 uəi、uəm、uən 和 uət。

（4）eu、em、en、ep、et 只跟腭化声母和舌面声母结合。

（5）连读时在其他音节前的 m 韵尾往往发生音变读成 p。如 tsəm⁶ wa⁵—tsəp⁸ wa⁵ 乞丐、təm² təŋ²—təp² təŋ²螳螂、kam³taŋ¹—kəp⁷taŋ¹不来。

（三）声调

毛南语的声调一共有八个：六个舒声调和两个促声调。其中，第 1 调 42、第 2 调 231、第 3 调 51、第 4 调 24、第 5 调 44、第 6 调 213 是舒声调、第 7 调（短元音）55、第 7 调（长元音）44、第 8 调（短元音）23、第 8 调（长元音）24 属于促声调。例字如表 4-7 所示。

表 4-7　毛南语的声调例字表

调类	调型	调值	例字
第 1 调	中降调	42	ta¹虫、kha¹耳朵、ɕy¹输、tuŋ¹煮、hi:m¹跪、pi¹摇头
第 2 调	升降调	231	ma²舌、za²药、tsy²锤、ɦiŋ²赢、ve²堂姐、me²有
第 3 调	高降调	51	si:m³手、hi:u³牙、pjeu³手表、ne³哭、hɔ³穷
第 4 调	中升调	24	fiu⁴粮食、nju⁴瞄（准）、məm⁴老虎、la⁴说、ljem⁴镰刀
第 5 调	中平调	44	seu⁵干净、ʔneu⁵尿、tjeu⁵爬（树）、ɕen⁵扇子
第 6 调	降升调	213	zɯ⁶巳、zu:i⁶坐、ta⁶经过、swa⁶刷子、ŋa:n⁶鹅

续表

调类		调型	调值	例字
第7调	短	高平调	55	ʔuk⁷出、ʔɛp⁷鸭子、hɛk⁷客人、pɛk⁷百、tjak⁷断
	长	中平调	44	huːt⁷刮（猪毛）、tsiːk⁷草鞋、ʔiːt⁷牛轭、zaːk⁷绳子
第8调	短	中升调	23	zuk⁸绑、ŋut⁸椅子、tɔk⁸读、lək⁸力气、cit⁸咬、lit⁸拆
	长	中升调	24	luːt⁸夺、laːk⁸儿子、maːt⁸袜子、laːp⁸蜡烛、viːt⁸蝉

关于声调说明如下：

（1）第1调调值和第3调调值很接近，不易分辨，但第1调音长较紧促，第3调相对舒缓，本语人对第1调和第3调区分得很清楚。

（2）第7调的短元音实际调值是55，长元音的实际调值是44；第8调的短元音实际调值是23，长元音的实际调值是24。

（3）有些词头和句末语气词读成轻声。例如，汉语借词"ti⁰的"读成轻声，用"⁰"来标记。

（四）音节结构

毛南语的音节结构类型有以下七种表示形式，本节用C表示辅音，用V表示元音。

（1）CV式：即辅音＋元音，如ɕy¹输、hɔ³穷、me²有、ma²舌、ȵe³哭。

（2）CVV式：即辅音＋元音＋元音，如kʰui³螺蛳、kai⁵蛋、liu⁵（走得）快、hiːu³牙、sɛu⁵干净。

（3）CVC式：即辅音＋元音＋辅音，如tuŋ¹煮、nuːn²躺、maːt⁸袜子、viːt⁸蝉、pɛk⁷百。

（4）CCV式：即辅音＋辅音＋元音，如nda¹眼睛、mbɛ¹年岁。

（5）CCVV式：即辅音＋辅音＋元音＋元音，如ndaːi⁵陆地。

（6）CCVC式：即辅音＋辅音＋元音＋辅音，如mbət⁷背带、ndam¹池塘。

（7）V式：即元音，如ʔi¹布、ʔu⁵饭。

（五）汉语对毛南语语音系统的影响

汉语借词的大量借入使毛南语的语音系统发生了一些变化，毛南语和汉语的音节结构都是由声母、韵母、声调组成，结构上的相似性使得毛南语的语音系统较容易受到汉语语音系统的影响。汉语对毛南语语音系统的影响主要表现在以下两个方面。

1. 声母方面

（1）汉语借词的大量借入使毛南语的声母发生了一些变化，主要是借入了唇齿擦音 f 、tsʰ。如 fu⁶符、fən¹分（一分钱）、tsʰaːn⁶蚕、tsʰɔŋ¹葱、tsʰɔ¹初。

（2）tsʰj、tsw、tsʰw、kʰw、ɕw 这五个腭化、唇化声母只出现在汉语借词的音节里，汉语借词的借入丰富了毛南语的语音系统。如 tsʰjen¹千、tsʰjaːŋ³抢、tswai⁴最（大）、tsʰwai¹催、tsʰwai¹（风）吹、kʰwaːŋ⁴矿物、kʰwaːi⁵块（一块田）、kʰwaːi⁵元（一元钱）。

2. 韵母方面

毛南语借入汉语的单元音韵母 y、ɿ，并且 y 和 ɿ 两个单元音只出现在汉语借词中，这很显然是由于吸收了汉语借词才增加的。如 sɿ⁵tsɿ³狮子、laːu³sɿ⁵老师、taːu⁴sɿ⁴道士、ɕy¹输、cʰy⁵区。

第三节　毛南语语法受汉语影响引起的变化

毛南族长期以来和汉族接触频繁，普遍兼用汉语，因此其语法特点必然受到汉语的影响。汉语对毛南语的语法影响主要表现在以下几个方面。

一、借用动词的重叠形式

毛南语词类很少有重叠的现象（除量词外），但因为受到汉语的影响，特别是一些知识分子和年轻人也逐渐使用动词的重叠形式。举例如表 4-8 所示。

表 4-8　毛南语借用汉语动词的重叠形式举例

毛南语	汉语
fie² cʰiːm⁵ cʰiːm⁵ kau⁵	尝尝
我　尝　尝　看	—
ʔnaːk⁷ fie² kau⁵ kau⁵	看看
给　我　看　看	—

二、借用汉语的语序

　　毛南语的修饰成分一般是放在中心词后，由于受汉语的影响，特别是地名、机关事业单位名称的新借词在借入时大多按照汉语的顺序排列，也存在一些修饰成分放在中心词之前的情况。举例如表 4-9 所示。

表 4-9　毛南语借用汉语动词的语序举例

毛南语	汉语
çin⁵ çe⁵ wai⁴	新社会
新　社　会	—
çe⁴ wai⁴ tsy³ i⁴	社会主义
社　会　主　义	—
tsuŋ⁵ kwo⁶ kuŋ⁴ tsʰa:n³ ta:ŋ³	中国共产党
中　国　共　产　党	—

三、借用部分虚词

　　毛南语从汉语中吸收部分虚词，借用的虚词主要包括副词、连词、介词和结构助词。

　　（1）借入的副词主要包括"tu⁵ 都、ju⁴ 又、tsu⁶ 就、tsʰa:i⁶ 才、je⁵ 也、hən³ 很、leŋ⁶ 另外"等。

　　例如：

　　①ŋ² tɔ⁵ man² tu⁵ çi⁴ fie² ti⁰ puŋ⁶ju⁴。

　　　你 和 他　都 是 我 的 朋友。

　　②man² ja:p⁷ lɔ:n¹ ca:i⁶,ju⁴ pa:i¹ ljeu⁶。

　　　他刚到这里，又走了。

　　③ŋ² səŋ³ vɛ⁴ ni⁴ nam²，tsu⁶ vɛ⁴ ni⁴ nam²。

　　　你想做什么就做什么。

　　④tɔk⁸ juŋ⁴ i⁴，ça³ je⁵ kam³ na:n²。

　　　读容易，写也不难。

　　（2）借用的连词包括"jy⁶kɔ³ 如果、为了 wi⁶、swai³zjen² 虽然、但是"等，汉语借词连词"但是"还不常用。

例如：

①jy^{6}kɔ^3 kam^3 vɛ^4 kɔŋ^1，tsu^6 kam^3 mɛ^2 u^5 na^5。

　如果　不　做　工，　就　没　有　饭　吃。（如果不做工，就没有饭吃。）

②jy^{6}kɔ^3 tɔk^7 fin^1，ɸie^2 tsu^6 kam^3 pa:i^1 ljeu^6。

　如果　下　雨，　我　就　不　去　了。（如果下雨，我就不去了。）

③^{n}da:u^1 jak^7 vɛ^4 kɔŋ^1，wi^6 cen^{4}ɕwe^6 da:i^2 ɕe^{4}wai^{4}tsy^{3}i^4。

　咱们　努力　做　工，　为　建设　好　社会主义。（咱努力工作，是为了建设好社会主义。）

④tsɔŋ^2 kuk^7 na:i^6 swai^{3}zjen^2 da:i^2，ʔȵin^6 ʔja:i^3 ʔȵu:n^3。

　件　衣　这　虽　然　好　实在　长　些。（这件衣服虽然好，实在长了一些。）

（3）借用的介词主要包括"pi^3 比、tɔ:i^5 对、tsɔŋ^2 从、pa^3 把"等。

例如：

①ɸie^2 pi^3 ŋ^2 voŋ^1。

　我　比　你　高。

②man^2 tɔ:i^5 ɸie^2 hən^3 da:i^2。

　他　对　我　很　好。

③tsɔŋ^2 van^1 ʔmu^3 son^5 cʰi^3。

　从　明　天　算　起。

④pa^3 kuk^7 na:i^6 zak^7 vɛ^4 seu^5。

　把　这件衣服　洗　干　净。

（4）结构助词"ti^{0}的"也是从汉语中借入的，毛南语中修饰成分原来大都放在中心词后面，现在由于结构助词"的"的普遍使用，修饰成分前置放在中心词的前面这一用法也日益增多，为人们所认可和接受。

例如：

①ʔȵam^5 na:i^6 ti^0 ni^{4}njen^2 tsin^1 don^2。

　晚　今　的　月亮　真　圆。（今晚的月亮真圆。）

②man^2 ti^0　pi^3　tsʰjen^5 dai^4 kam^3 tsʰɔ:k^7。

　他　的　山歌　唱　得　不　错。（他的山歌唱得不错。）

③la:k^8 ce^3 na^4 ti^0 fiu^4。

孩子吃的粮食。

④ja:n^1 te^1 ti^0 zo^2

家 他们 的 羊。（他们家的羊。）

四、借用汉语的复句格式

毛南语还借用了汉语的复句格式，使毛南语的表达方式更趋于显性化，丰富了毛南语的复句格式。

例如：

①tsɔŋ^2 kuk^7 na:i^6 swai^{3}zjen^2 da:i^2，ȵin^6 ȵja:i^3 ȵu:n^3。

　件 衣 这 虽　然　　好　　实在 长　　些。

（这件衣服虽然好，实在长了一些。）

该句使用汉语的复句格式，也借用了汉语的连词。

②man^2 ti^0 njen^{2}ci^3 swai^{3}zjen^2 ȵi^5，lək^8 man^2 ȵin^6 la:u^4。

　他　的 年纪　　虽然　　小 力 他　却　　大。

（他的年纪虽然小，但力气却很大。）

该句借用了汉语的连词表达复句格式。

五、出现新型语序和本民族固有语序并存

毛南语中出现新型语序和本民族固有语序并存的现象。毛南语的序数词修饰本民族固有词通常放在量词和名词后，即"量+名+数"，修饰汉借词使用"数+量+名"的语序以置前居多，如表4-10所示。

表4-10　毛南语中新型语序和本民族固有语序并存现象

汉借新型语序	本民族固有语序
ti^{6}ȵjit^7　meŋ^2 第一名 第一　名	ȵda:n^2 ti^{6}ȵjit^7 名第一 名　第一
ti^{6}zəp^{8}ŋɔ^{4}pa:n^{1}第十五班 第十五　班	pa:n^1 ti^{6}zəp^{8}ȵi^{6}第十二班 班　第十二
一	dat^8　zəp^8　si^{5}第十四个 个　十　四

第四节　毛南语受汉语影响的主要特点

在长期的历史发展过程中，毛南语受到汉语的巨大影响而产生了各种各样的变异。其中，毛南语受汉语影响的主要特点有以下几点。

一、汉语影响的广泛性

在笔者所统计的 2692 个基本词汇中，其中汉语借词有 412 个，占统计总数的 15%。实际上，在毛南语中经常用到大量如"手机、电视、冰箱"等诸多的新语术词，这些词是开放性的，根本无法显示其真实词汇水平的测试数据，加上这些新语术词，汉借词在毛南语中的比例还要高。这些汉借词汇深入毛南语的核心领域，在一定程度上改变毛南人的语言认知。例子如表 4-11 所示。

表 4-11　毛南语中的汉语借词举例

类别	汉语借词 1		汉语借词 2		汉语借词 3	
名词	狮子	$s\eta^5ts\eta^3$	象	$tsa{:}\eta^4$	兔子	tu^5
	白鹭	$p\partial^2lu^4$	白鹤	$p\partial^2h\mathit{o}^2$	凤凰	$fo\eta^4\ wa{:}\eta^4$
	鸳鸯	$wuan^5\ ja\eta^5$	龙	$l\mathit{o}\eta^2$	蛟龙	$ceu^3\ l\mathit{o}\eta^6$
动词	溅（水溅）	zin^2	冲	$ts^ho\eta^1$	散	$sa{:}n^5$
	滚	kun^1	沉	$ts\partial m^5$	醒	$si\eta^1$
	种菜	$ts\mathit{o}\eta^5$	炒	$ts^ha{:}u^3$	—	—
形容词	空	$k^ho\eta^1$	浓	$n\mathit{o}\eta^2$	松	$s\mathit{o}\eta^1$
	乖	$kwa{:}i^1$	—	—	—	—
虚词	都	tu^5	又	ju^4	就	tsu^6
	如果	$jy^6k\mathit{o}^3$	虽然	$swai^3zjen^2$	但是	$ta{:}n^4ci^4$
	技术	ci^4cy^6	模范	$m\mathit{o}^6\ fan^4$	法律	$fa^6\ ly^6$
新词术语	共青团	$ku\eta^4tshin^5thon^6$	领导	$li\eta^3ta{:}u^3$	干部	$ka{:}n^4\ pu^4$
	书记	sy^5ci^4	警察	$ce\eta^3\ tsa^6$	主席	tsy^3ci^6
	部长	$pu^4tsa{:}\eta^3$	农民	$nu\eta^6\ min^6$	工人	$ku\eta^5\ jin^6$

二、汉语影响的层次性

语言会因社会因素的不同而呈现出差异性。毛南语受汉语影响的差异性，主要表现在年龄层次上的差异。此外，毛南语还会因历史层次、文化层次、性别层次而存在不同层次上的差异。

在年龄层次上，年轻人和老年人很明显地反映出语言不同层次的影响。具体表现在：60 岁及 60 岁以上年龄阶段的老人绝大多数以前没有能入学接受正规教育，多数人不会说普通话，所以他们的毛南语受汉语影响较小；随着学校教育的普及，如今 20 岁以下的年轻人在学校都是用普通话交流，在这一大环境下年轻人的毛南语受汉语影响较大；而 20～59 岁这一阶段的成年人的毛南语受汉语影响的程度居于两者之间。在日常生活中较少接触到或使用到的词语，老一辈的人通常还会使用本民族语（毛南语）的固有词来表达，而年轻人通常已不会用本民族语来表达而是借用汉语借词。比如，对下南街上 11 岁在读五年级的谭云龙进行词汇测试时，民族固有词的表达法"准备 cwe²、可惜 hoi³"他已经不会说，而是分别借用了汉借词"zun³pi⁴、ko¹xi⁴"来表达。

在历史层次上，新中国成立之前，汉语对毛南语的影响程度较小，而新中国成立之后，汉语对毛南语的影响程度不断扩大，甚至涉及语言结构的各个方面，其中这在词汇上表现得最为直观与明显。这一历史层次的差别主要是由新中国成立前后毛南人的社会地位和经济文化发展程度的差异性决定的。

在文化层次上，文化素质高的人由于对汉语掌握得比较好，可以把汉语借词和本民族语的特点有机地结合在一起；但文化素质较低的人，在借入汉语成分时可能会出现"本末倒置"的情况。

在性别层次上，由于男性曾经外出打工或在外地与人进行社会交流活动，相较在家务农的女性，受到汉语影响程度会更深。如今随着毛南族女性进城务工数量的不断增加，与外界不断接触交流，她们与男性的语言差异正在不断缩小。

三、汉语影响的深层性

汉语对毛南语的影响有表层和深层之分。表层影响指的是只改变受影响语的面貌，并不触及语言核心特征的影响，包括非一般词汇的借用、个别音位的增加或减少、个别语言结构的借用等。而深层影响指的是触及语言核心特征的影响，改变受影响语言的基本面貌，并使它在特征上逐渐接近或趋同于影响语，包括核心词的借用与替换、音系的有规则性与系统性的变化、借用大量的功能词和句法结构等。从毛南语目前受汉语影响的程度来看，笔者认为，汉语对毛南语的影响目前正处于由表层向深层渗透的阶段，这个阶段主要表现在以下三大方面。

（1）汉语对毛南语词汇的影响最大、最直接，目前正处于深层次的影响阶段。毛南语的汉语借词数量大，而且广泛分布在毛南族基本生活的各个领域。同时，毛南语中很多汉语借词和表达同一概念的本民族语固有词并存，其部分核心词汇也已经被汉语借词所替换。此外，汉语影响还涉及毛南语的构词法，部分汉借词已成为毛南语合成词中的构词语素，呈现出具有能产性的特点。这一系列特点变化说明，汉语对毛南语词汇的影响已经不只是停留在表层次的，而是处于深层次的影响阶段。

（2）汉语对毛南语影响的深层性也体现在构词法上。汉语借词进入毛南语后，有一部分汉借词已经具有造词的能力，成为毛南语合成词中的构词语素，特别是新词术语的进一步丰富和发展主要依靠汉语音译全借词。毛南语中原有的构词方式有复合式（并列、修饰、动宾、补充、主谓）和附加式（前缀、后缀）受汉语的影响，出现了"本民族语词+汉借词"和"汉借词+本民族语词"两种新型构词模式。例如，mai⁴li²梨树、fiu⁴lja:ŋ⁴高粱、tu⁶poŋ¹互相帮助、tau⁶nam¹黑豆、tswai⁴kha¹耳垂。

（3）汉语对毛南语语音和语法的影响目前正处于由表层次向深层次的过渡、渗透阶段。在语音上毛南语借入汉语的单元音韵母 y、ɿ，并且 y 和 ɿ 两个单元音只出现在汉语借词中，丰富了毛南语的语音系统，如 sɿ⁵tsɿ³狮子、la:u³sɿ⁵老师、ta:u⁴sɿ⁴道士、çy¹输、cʰy⁵区。在语法上，汉语对毛南语语法的影响主要表现在：毛南语从汉语中吸收部分虚词，如副词"tu⁵都、ju⁴又、tsu⁶就、tsʰa:i⁶才、je⁵也、hən³很、leŋ⁶另外"，连词"jy⁶kɔ³如果、为了 wi⁶、swai³zjen²虽然、但是"，介词主要包括"pi³比、tɔ:i⁵对、tsoŋ²从、pa³把"，表示结构助词的"ti⁰的"。除此之外，毛南语还借用了汉语的复句格式，出现一些新型语序和本民族固有语序并存的现象，但是毛南语固有的语序和句法手段并没有因为汉语的影响而完全发生变化，其民族固有特点仍是毛南语目前的基本语法特点。由此看来，汉语对毛南语语音和语法的影响只是局部性的改变，正处于由表层次向深层次的过渡、渗透阶段。

第五节　汉语影响对毛南语的独立存在有重要作用

一种语言受到其他语言的影响，尤其是受到强势语言的影响，是使这种语言得到丰富发展并增强其交际功能，还是削弱了这种语言的活力导致其逐渐走向衰亡？对于这个问题，目前人们的认识并不统一。对毛南语而言，它受到汉语这一强势语言的影响，结果是增强了它的语言活力，不断丰富发展、完善自身的语言功能，使其能够适应不同时期的社会发展需要，不断增强自身的语言活力，保持自身语言的独立性。如果毛南语没有这些汉借成分，那么它就不能在现代化进程中完好地表达毛南族人日新月异、与时俱进的思想变化；如果毛南语没有用汉借词来表达新生事物、新概念，那么它也就无法进行经济、政治、文化领域的沟通交流。因此，广泛吸收汉借词，对毛南语的独立存在有着重要的作用。

过去有些观点一直认为，少数民族语言吸收汉语很容易导致本民族语言特征的消失，甚至会造成语言的同化、衰退乃至濒危。但是从毛南语的发展演变过程来看，情况并非如此。由于毛南语按照自身发展的需要有机地选择吸收汉语成分，使得它能够不断创新、与时俱进，适应不同历史时期的社会发展需要来保持其语言活力。这就是说，毛南语通过吸收汉语成分来丰富和发展自己，能够不断增强自身的语言表达能力，符合社会发展需要，保证它在语言竞争中处于独立和优势地位。如果毛南语不吸收汉语成分，那么它有可能出现语言僵化、滞后，不能适应社会活动的变迁，最终有可能被本民族所抛弃进而转用其他民族语言作为本民族的交际工具。

第五章 毛南族的语言转用情况

语言转用是指，在一个特定的言语社区里，一部分人放弃使用母语（或本族语）而转用另一种语言（或方言）的现象。它是由语言接触引起的语言结构及语言功能上的变化。世界上任何一种语言都不能孤立于其他语言之外而单独存在，尤其是多民族国家、族群之间的交往日益广泛而频繁，由语言接触而引起的语言转用一定程度地存在过。在我国这个多民族国家，语言转用现象也很普遍，无论是使用本族语人数较多的大族群还是人口少的小族群都不乏这样的实例。在现代社会里，特别是随着我国城市化进程的加快，不同语言或方言的使用者的接触广度、密度、深度不断加强，因此导致民族语言关系发生变化的情况日益普遍。但各民族自身情况不同，发生语言转用的具体情况也各有区别。例如，满族绝大部分已经转用汉语，云南阿昌族也已大部分转用汉语，而景颇族只有少部分人转用汉语，回族已经全民族转用汉语。

语言的转用由语言接触引起，语言接触是指不同语言由于使用的接触而出现的语言关系。语言接触引起语言功能的变化，导致出现语言兼用（双语或多语）、语言转用、语言混合等现象。语言兼用和语言转用是语言接触的不同层次。语言一旦发生了接触关系，就有可能产生语言兼用；而语言兼用到一定时期就可能发生语言转用。语言兼用在前，语言转用在后。

第一节 毛南族的语言转用类型

根据笔者的实地调查，环江毛南族自治县毛南族聚居的水源镇上南社区、下南乡的极个别村落都发生了一定程度的语言转用情况，按其语言转用发生的不同程度，可大致分为以下三种语言转用类型。

一、极少语言转用型

属于这一类型的是下南乡毛南族聚居区的极少部分毛南族，在下南乡绝大部分村落只有极少数毛南族出现语言转用。在这里，笔者没有发现大面积的语言转用，无论是在家庭中、集市上还是在日常劳动或工作中，毛南语都是毛南族最常使用的交际工具。他们除了熟练掌握本族语言之外，大部分人还能兼用汉语。但是汉语只有在正式的场合，如学校、政府机构等地方才会少量使用，下南乡毛南族与其他民族交往时，也普遍使用汉语方言（桂柳话）。

在实地调查中，笔者也发现了下南乡绝大部分村落中存在极少部分的语言转用情况，但不是大面积的转用，只有极少数毛南族家庭存在这种现象。在下南乡，笔者共抽样调查了下南社区、中南村、仪凤村、波川村的 1602 个毛南族家庭，除仪凤村外（后文将详细分析该类型），在下南社区、波川村中发现了极少部分语言转用现象。例如，下南社区东谈屯的韦少妹、莫美庄、谭爱荣，波川村东贵屯的玉丽团，她们都是毛南族人，由于她们是从壮族地区为主的川山镇、水源镇嫁入下南社区，因此她们的母语是壮语，毛南语使用熟练。下南社区松现屯的徐泽四是毛南族，由于是从贵港入赘下南，他的母语是汉语，毛南语水平一般。下南社区的覃棋元，她是毛南族人，由于受到成长在以汉语方言（桂柳话）为主要交际语言的环江毛南族自治县县城，因此她的母语是汉语，毛南语只会一点点。波川村东旺屯的梁秀英是毛南族，她从汉语方言区的桂林地区嫁入下南乡，她的母语是汉语，现在毛南语使用熟练。波川村松发屯的覃钰兰是毛南族人，跟随父母在外务工，生长在广东，现在 8 岁了，她的第一习得语言是汉语，毛南语一点都不会。庭木屯的韦月爱，从南丹嫁入毛南族，她的母语是壮语，毛南语熟练。

根据调查，笔者发现，下南乡的语言转用多集中在与异地毛南族结婚的家庭里及户口在本地但人在外地生活的这些人中。由于下南乡是毛南语中心区，毛南语是下南乡的第一交际语言，毛南语使用情况稳定，因此那些母语转为壮语、汉语的毛南族由于嫁入了下南乡，她们大多数都能后天习得毛南语，毛南族成为她们的兼语之一。松发屯的覃德毅一家，他的妻子杨娟从贵州嫁入，是汉族，她的母语是汉语，毛南语不会。夫妻俩常年在广东务工，由于缺少毛南语的使用环境，杨娟尚未习得毛南语。他们 14 岁的长子覃帅，由于生长在下南乡，他的母语是毛南语，毛南语使用熟练。他们 8 岁的次女，由于跟随父母在广东生长，她的母语已经转用为汉语。

二、部分语言转用类型

属于这一类型的有下南的极个别村落，如仪凤村。与仪凤村接壤的川山、洛阳、水源三镇都是以壮族为主的地区，三镇的日常用语都是壮语。在笔者调查的大屯、肯仇屯、后沙屯、内卯屯、三阳屯748个仪凤村的毛南族中，处于仪凤村东部、东北部，东南部，与三镇接壤或者接近的内卯屯、三阳屯、后沙屯，发生了语言转用现象，如表5-1所示。内卯屯母语转用为壮语的比例达95.2%，三阳屯母语转用为壮语的比例达87.0%，后沙屯的毛南族母语转用为壮语达90.9%，他们的日常用语已经转用为壮语，壮语作为他们的第一习得语言，已经是最常用的交际工具，无论是家庭中，还是日常劳作、工作中，他们都普遍地使用壮语。与此不同的是，处于仪凤村南部的大屯，因为靠近下南乡，并且处在交通要道上，去往下南乡政府便利，毛南语保存尚好，母语为毛南语的人的比例达79.9%。肯仇屯地处仪凤村东北，地理上靠近壮语地区的川山镇，但是与壮语地区的交通不便利，尚未有公路直接通往壮族地区，与周围的壮族地区交往相对较少，肯仇屯人的母语为毛南语的毛南族相对较多，母语为毛南语的人的比例达70.3%，母语为壮语的相对较少，发生转用的情况不显著。但是大屯和肯仇屯的母语为毛南语的情况不稳定。

表5-1　5个屯748个仪凤村的毛南族中发生语言转用现象表

屯名	抽样人数/人	母语为毛南语/人	所占抽样比例/%	母语为壮语/人	所占抽样比例/%	母语为汉语/人	所占抽样比例/%	母语为布衣语/人	所占抽样比例/%	母语为瑶语/人	所占抽样比例/%
大屯	224	179	79.9	41	17.9	4	1.8	0	—	0	—
肯仇屯	108	76	70.3	30	27.8	2	1.9	0	—	0	—
后沙屯	88	7	8.0	80	90.9	0	—	1	1.1	0	—
内卯屯	166	7	4.2	158	95.2	0	—	0	—	1	0.6
三阳屯	162	19	11.7	141	87.0	1	0.6	0	—	0	—

仪凤村存在尚未发生语言转用的毛南族，如大屯、肯仇屯的一部分毛南族。

在笔者抽样调查的 748 个仪凤村毛南族中，288 个毛南族人的母语为毛南语，占抽样调查的 38.50%，如表 5-2 所示。这 288 个母语为毛南语的毛南族人都以毛南语为第一习得语言，无论是年老者、中年、青少年都把毛南语当成最常用的交际工具。在家庭中，或是日常劳作中、工作中，毛南语仍然为其最常用的交际工具。仪凤村的毛南族人都兼用毛南语、壮语、汉语。

仪凤村毛南族已经发生了语言转用的屯，如后沙屯、内卯屯、三阳屯等，这些屯 99% 的毛南族的母语已经转用为壮语，他们的日常用语是壮语，在笔者抽样调查的 748 个仪凤村毛南族人中，451 人母语为壮语，占抽样调查的 60.29%，并且他们的壮语熟练程度达到 98.4%，只有 2 个人壮语一般，如表 5-2 所示。无论是家庭中、劳作中，还是邻居之间都用壮语，壮语已经成为他们的第一习得语言、第一交际用语。另外，这些屯的大部分毛南族兼用毛南语，无论是年老者，还是中年、青少年都兼用毛南语、汉语。

根据数据，在笔者调查的 748 个仪凤村毛南族人中，559 人毛南语熟练，736 人壮语熟练，如表 5-2 所示。由此可见，在仪凤村毛南族的毛南语能力正在下降，相反地，毛南族转用壮语的情况更广泛，转用壮语的仪凤村毛南族更多。发生语言转用的家庭用语是壮语的毛南族中，只有在和使用毛南语的毛南族人交流时才使用毛南语。例如，内卯屯 6 岁的谭宇昕，正在读小学，她的壮语熟练，毛南语一点儿都不会。内卯屯 16 岁的谭万重，初中在读，他的壮语熟练，毛南语熟练。当地人说，他们从小教孩子说壮语，所以孩子的母语为壮语，孩子的毛南语通常是在学校或者周围和说毛南语的小朋友玩耍的时候学会的。12 岁的毛南族人王冲是 2014 年全家从仪凤村迁入下南乡街上的小朋友。他的母语是壮语，到了下南街上才学会了一点点的毛南语。在笔者给他做的 500 常用词测试中，他把很多毛南语都念成了壮语。例如，"火"，他说成壮语的 feiz[fei^2]，毛南语是[vi^1]；"你"，他说成壮语的[mweŋ^2]，"桌子"，他说成壮语的[ʔdai^2]，毛南语是[ceŋ^6]。

表 5-2　748 个仪凤村毛南族中的语言使用情况表

调查对象	样本量/人	母语为毛南语/人	母语为壮语/人	母语为汉语/人	毛南语熟练/人	壮语熟练/人	汉语熟练/人
仪凤村	748	288	451	7	559	736	542
占抽样总数比例/%	100	38.50	60.29	0.94	74.73	98.40	72.46

作为毛南语保存尚好的下南乡管辖的仪凤村，正在发生部分语言转用现象，数据也显示出，仪凤村的毛南语母语地位正在下降、交际功能正在减弱，壮语的母语地位正在上升，交际功能日益变强。仪凤村正处在语言转用发生阶段，有其独特的地理原因、历史原因。

三、完全语言转用类型

水源镇上南社区属于这一类型。上南社区共计2385人（2011年数据），98%为毛南族，在37个屯中，只有少数几个屯，如上圩一屯、上圩二屯（只有老年人还会讲毛南语），亮洞屯（两户）、高岭屯（6户）、井盆屯（7户）、上英屯（34户）、常洞屯（15户）的毛南族人依然说毛南语，绝大部分毛南族人，如上村屯、下村屯、洞界屯、论洞屯、凤凰屯、胸好屯、板时屯、甲帮屯、上半屯、下半屯、下口屯、回理屯、昆洞屯、上楼屯、中楼屯、下楼屯、内吊屯、翁富屯、美改屯、任洞屯、上艾屯、下艾屯、翁理屯、洞龙屯、美利屯、现灰屯、下巴屯、下圩屯、反修屯、北干屯的毛南族人已经完全转用壮语。在上南，语言转用现象已经近大半个世纪，上南社区完成语言转用，按其语言转用的程度不同，笔者把上南社区语言转用现象分为三种类型。

（一）毛南语残存型

属于这一类型的毛南族人多为年龄在50岁以上的年老者，其语言使用特点是，毛南语是其第一习得语言，但是现在转用为壮语，壮语与汉语、毛南语兼用，现在壮语水平高于汉语、毛南语，会听、说少量毛南语，他们的日常用语早已经转用为壮语，老人之间偶尔会使用毛南语交谈。在家中、集市、邻里之间，他们都说壮语，只有到下南乡的毛南族聚居地才会使用少量的毛南语。当地人说，上南社区已经没有使用毛南语的环境了。在家里，老人兼用壮语和汉语方言（桂柳话），兼语有两个用途：一是上南社区普遍说壮语，说壮语主要用于交际；二是用汉语方言补充民族语言功能的不足。汉语能表达壮语没有的新概念和新事物。在家里，老人普遍和小孩说壮语和汉语方言，若是入学适龄儿童，有时也会在家说普通话。若家里来了陌生人，他们的第一反应是和对方说壮语；若对方不会壮语，他们才用汉语方言与之交谈；若得知陌生人来自下南，他们才用毛南语与之交谈。64岁的韦运道老人就说："在上南不讲壮语，买不到东西；在下南不讲毛南话，也买不到东西。"这说明，在上南社区会说毛南语的年老者中，一部分人具有毛南语能力，但是上南社区失去了毛南语的使用环境，毛南语的交际功能已经丧失。在笔者给上南社区50~79岁的毛南族作的毛南语500常用词调查中发现，连曾经熟练掌握毛南语的老人，因为转用壮语的时间太久，很多毛南语词汇已经想不起来，以75岁的覃国馨和79岁的谭金泉为例，两人的毛南语词汇能力已经明显下降，而毛南语词汇能力的下降则标志着毛南语能力的下降。毛南语在上南社区属于残存在老年人的记忆中的语言，而非用于交际的语言，毛南族在上南社区失去了语言的活力和生命力，具体情况如表5-3所示。

表5-3 覃国馨和谭金泉在毛南语500常用词测试中的情况

姓名	年龄/岁	A 词计数/个	B 词计数/个	C 词计数/个	D 词计数/个	总计/个
覃国馨	75	188	124	46	142	500
所占比例/%	—	37.6	24.8	9.2	28.4	100
谭金泉	79	365	45	90	0	500
所占比例/%	—	73.0	9.0	18.0	0	100

注：在毛南语500常用词测试中，词的掌握情况分为四级：A 表示熟练说出；B 表示想后说出；C 表示提示后能懂；D 表示不懂。

（二）毛南语破碎（受侵蚀）型

这一类型多数为年龄在 20~50 岁的毛南族人，其语言使用特点是：壮语是其母语，壮语和汉语、毛南语并用，但是壮语、汉语水平明显高于毛南语，他们能熟练使用壮语和汉语方言。这一年龄段的人，毛南语能力明显比上一年龄段的人更低。这一类型的毛南族人，毛南语已经基本不用，他们甚至不能熟练说出毛南语，只能说少量的毛南语，掌握少量的毛南语词汇，也能听懂少量的毛南语。据调查，35 岁以上的人会说一点儿毛南语，25~35 岁的人只能听得懂毛南语，一点儿也不说毛南语。这一类型的毛南族人，因为使用壮语、汉语频率更高，所以壮语、汉语能力更强。这一类型的上南社区毛南族人，毛南语的听说能力不平衡，说的能力弱于听的能力。这一类型的毛南族，他们认为自己会一点儿毛南语，根据笔者的调查，他们认为自己"会"的毛南语中，一部分已经转用为壮语，但是他们已经将两种语言混淆，分不清楚毛南语和壮语，毛南语在上南社区的这个年龄段的毛南语能力中，是残缺破碎的。在笔者作的毛南语500词测试中，有的词能够脱口而出，有的词需要听到发音提示才能说出。上南社区上圩屯48岁的谭金诚把毛南语的词汇说成了壮语，自己也毫不知觉，以为是毛南语词汇。例如，把毛南语词汇"月（月份）""量（量布）""招（招手）"说成了壮语。他说，他的毛南语是受家人的影响学会的，现在街上、周围，大家平时都说壮语。谈到毛南语对他的用途，他说，毛南语主要用于在家跟老人聊天方便。这说明毛南语的社会交际功能早已经失去。

据笔者对上南社区村民的调查得知，上南社区这一型的人会说极少量的毛南语，通常原因有：第一，受家人影响；第二，由于经常至下南（毛南语保存尚好地区），如经商、上学、务工等。第二个原因成为该类型毛南族习得毛南语的主要原因。

上南社区90%以上的毛南族母语转为壮语，是语言转用发生的标志。只有极少数的中年会简单的毛南族词汇，并且将毛南语词汇和壮语词汇混淆，这说明毛南语在上南社区的语言价值和语言生命力已经减弱，毛南语的交际功能更多地被壮语取代。

（三）毛南语消失型

年龄在20岁以下的毛南族人属于这一类型，毛南语完全转用为壮语、汉语。这一类型的语言使用特点是：其母语转用为壮语，兼用汉语，毛南语听和说一点儿都不会。该类型毛南族已经完全转用为壮语。他们在家说壮语，会毛南语的祖辈与儿孙辈也说壮语和汉语。上南社区的主要交际用语是壮语，上南地区的孩子升学读书到水源镇壮话地区，也是说壮语，青少年一代在成长中失去了毛南语的使用环境，毛南语对于这一类型的毛南族而言，是一种正在消失的语言。20岁以下的上南社区毛南族的语言使用情况，能够反映出毛南语在上南社区的发展趋势，随着上南社区青少年毛南族完全转用壮语，毛南语失去了作为语言活力标志的交际功能，毛南语在上南社区正在逐渐消失。上南社区76岁覃景仰的12岁的孙女，她的母语是壮语。平时覃景仰和孙女说壮语、桂柳话、普通话，他的孙女不会说毛南语，也听不懂毛南语。覃景仰有时候会和孙女说普通话，她小学一年级就会说普通话了，回到家有时候也说普通话。这一类型的毛南族人，在外和朋友说汉语方言（桂柳话）和壮语，在学校说普通话。少部分家长教年幼的儿童说普通话，整个家庭都说壮语和普通话。上南社区15岁的韦宏松的母语是普通话。因为他的父母从小有意识地教他说普通话，但是父母之间在家说壮语，他每天听父母讲壮语，于是他也学会了一点壮语。他的普通话学会后，父母也就和他说壮语了。他认为学习毛南语已经没有用了，因为周围的人都是说壮语和汉语。上南社区 14岁的谭铮母语是壮语，她基本听不懂也基本不会说毛南语，和父母、爷爷奶奶都说壮语。

上南社区的毛南族对孩子语言习得的态度很平和，他们认为应该顺其自然发展。大多数上南社区的毛南族都认为毛南语在不久的将来不会被使用，因为在上南社区几乎没有什么人说毛南语，而且年轻一代几乎听不懂也基本不会说毛南语。相反地，14 岁的谭铮认为壮语很有用，因为他们每天都在说壮语，身边的人也都在说壮语。

从上南社区毛南族的情况看，语言转用大致经历了"会听说"到"会听不会说"，再到"不会听不会说"这样一个过程。

以上的三种语言转用类型，可以用表 5-4 示意。

表 5-4   毛南语、壮语和汉语的转用类型

语言 ＼ 类型	残存型		破碎型		消失型	
毛南语	S	H	S –	H	S –	H–
壮语	S+	H+	S+	H+	S+	H+
汉语	S+	H+	S+	H+	S+	H+

注：S 表示说的能力，H 表示听的能力；+表示能力强，–表示能力弱。

第二节   毛南族语言转用的原因

由于使用不同语言的人群长期密切的接触交往，彼此的语言必然会产生交流和相互影响。频繁的语言接触，会产生语言兼用甚至语言转用现象，二者属于不同的层次。引起语言转用的因素很多，如地理区位因素、民族迁徙、民族关系的变化、民族心理、民族政策等，其中有民族内部因素和外部客观条件，这些因素往往是综合地、不同程度地影响着语言转用的发生、发展，这里，笔者主要分析引起仪凤村发生语言转用、上南社区完成语言转用这一过程的原因。

一、人口较少与特殊的地理位置

毛南族是我国境内人口不足 10 万人的少数民族之一，主要聚居在环江毛南族自治县的上南、中南、下南地区。上南社区是其中的一部分，位于环江毛南族自治县的西南部，上南社区人口较少，加之其处在特殊的地理位置，这是其发生语言转用的主要原因。

上南社区的毛南族人口 9832 人，占该县毛南族总人口的 24.9%。在壮族人口密集的水源镇，壮语是水源镇的主要交际用语。上南社区的毛南族生活在壮族包围圈中，相对于毛南语，壮语的社交功能更强，逐渐成为该地区的族际语，而使用人口较少的毛南语的交际功能逐渐减弱，上南社区的毛南族也逐渐使用壮语，壮语为他们之间的交际语，上南社区的毛南族兼用、后来转用壮语。

环江毛南族自治县地处云贵高原余坡，山岭绵延，地貌复杂多样。上、中、下南地区位于环江石山山区。上南、中南、下南地区在地理位置上近于直线，地势南高北低。上南地区属于西部石山峰丛强烈岩溶区，这一区域的特点是：石山较多，石山多于土坡。峰林谷地，峰丛畦地。山峰林立，高耸陡峻，割切强烈，山脊狭窄，地势崎岖，石山的坡度一般达 40~85 度。在石山间，形成较大块的田峒，可耕作，有"九分山半分水，半分田"之称。上南社区边境东部和西部多高山。上乐山脉绵延于东部至东南部；高岭山脉绵延于西部。著名的山峰是下北干的马鞍山和下甲半的书荣山，山高近千米；其次是高岭的马首山和上北干的猪槽山，高约 800 米。

上南地区境内千山百峒，峰峦叠嶂，这就给上南、中南、下南之间发展交通运输带来了不少的困难。清朝至民国年间修筑的广大乡村道路，羊肠崎岖，野草复迹，比较好的道路尚可骑马，差的道路人走都很艰难。那时所谓的马路，只通马行；所谓的公路，也只有四五尺①宽而已。这些马路、公路，使上南地区成为毛南族山乡南部山区经济政治文化的中心。20 世纪 50 年代后期，由于毛南族聚居的下南地区和中南地区距较近，并且地理条件尚好，下南地区和中南地区首先修通公路，中南地区和下南地区的毛南族人民靠两条腿与外地往来的历史结束了。1972 年，由上南、民权（水源镇）、山峒（水源镇）三个大队的毛南族群众开山

---

① 1 尺≈0.33 米。

修筑公路。经过 5 年的艰苦奋斗，1977 年，终于修成一条简易公路，仅能方便行人往来，车辆不能通行。1980 年后，三美至上南公路修通。1980 年，环江毛南族自治县县城至上南通客运班车。1984 年，重新修整的公路勉强通车。工程十分艰巨，途经的两个大坳，各有五个"之"字弯，形势险峻。与此同时，修筑上南地区至中南地区的机耕路。1987 年竣工，全程 10 千米。从此，毛南族聚居的上南、中南、下南大石山区才有公路贯通，交通闭塞的历史才结束了。

由于地理位置的局限性，发展交通运输的历史困难性，上南社区的毛南族为了求生存、求发展，与上南社区东部、东北、东南接壤的水源镇的山峒、各旦、民权村的壮族地区接触往来更方便、更频繁。在地理位置上，人口数量较少的上南社区毛南族处在人口较多的水源镇壮族地区环绕、包围之中，而与北面的中南、下南毛南族聚居地隔山遥望，缺少接触往来的条件。在上南地区、水源镇片区，壮语是人口较多的语言，它的社会功能较强，容易成为这一地区的族际语，容易被人口少的毛南族族兼用甚至转用。

在地理位置这一点因素上，处于发生语言转用进行阶段的下南乡仪凤村的地理位置也具有相似的原因。

仪凤村地处环江毛南族自治县下南乡的东部，位于环江县水源、洛阳、川山三镇的交界处。全村地貌为一个小盆地，地势平坦，交通便利，水源镇通往下南乡的通乡水泥公路贯穿境内。与仪凤村接壤的水源、洛阳、川山三镇都是以壮族为主的地区，这三镇的日常用语都是壮语。仪凤村地理上位于毛南族和壮语的缓冲地带，语言上处于下南乡毛南语中心的边缘地带。位于仪凤村东部、东北部，东南部，与三镇接壤或者接近的内卯屯、后沙屯，由于地理区位因素，更容易受到壮语的影响，发生语言转用现象。

而位于仪凤村南部的大屯等，因为靠近下南乡，加之仪凤村地势平坦，交通便利，通往下南乡乡政府只需 8 千米，他们经常出入下南乡毛南语中心地区，因此这些屯的毛南语保存尚好，母语仍然为毛南语，尚未发生语言转用现象。

由于特殊的地理位置和距离毛南语中心的远近不同，处于下南乡毛南语与壮语接触地带的仪凤村正处于语言转用的发生阶段。

二、民族关系的融合与经济的发展

在任何一个多民族国家中，民族关系状况很大程度上影响着一个民族语言文字的使用和发展。和谐、平等的民族关系不仅能使一个民族尊重其他民族的语言和文化，而且还能通过促进相互间的交往来促使相互间语言文字的学习、使用。上南社区毛南族转用壮语的发展过程中，毛南族和壮族、汉族共同发展经济，相互交往、接触，民族关系的融洽和经济的发展是重要原因。

毛南山区最大的隆盛峒场长约 4 千米，宽约 1 千米，面积近 4 平方千米，地势平坦，村屯密布，有耕地 1500 亩，人口 1300 多人，是上南社区主要耕作区，也是上南社区经济较发达的区域。上南街自清朝末年至今，集市贸易从不间断，地处隆盛峒场中心的上南八圩，八圩逢旧历八日为大圩，逢三日为小圩，赶圩群众大部分来自壮族地区的群众。上南圩日历史上一度是方圆几十里最大的圩场。上南八圩自古以来就成为环江毛南族自治县西南部毛南山区政治、经济、文化的中心。来赶八圩的壮族与上南社区的毛南族接触频繁，壮族和毛南族在八圩互通有无，互惠互利。

上南社区东、西、南三面与壮族地区接壤，随着上南隆盛峒场经济往来的发展，毛南族和外界的壮族、汉族等其他民族的经济交往越来越多，而与隔山而望的毛南族聚居的中南地区、下南地区交往较少，毛南语早已经不能够满足与外界沟通、发展的需要。而上南地区的毛南族从来都不封闭自己，远在民国时代，每年农闲季节，有一定技术专长（主要是土木石工技术）的上南人都组成工程队，或建房，或修桥，或砌石墙等，挣劳务费。在长期的经济来往中，壮族、毛南族两族人民关系日益融洽，两族人民深厚的感情建立起来。壮语和毛南语也在相互接触中语言地位发生了变化，壮语表现得日益强势。清朝至民国时期，上南社区普遍使用毛南语，集市通用语言也是毛南语。新中国成立后，上南社区的高岭、普理片仍普遍讲毛南语；隆盛片除少数几个村屯讲毛南语外，多数村屯为毛南语、壮语并存；宝楼片讲毛南语的村屯越来越少，壮语渐渐成为社会交际的主要语言。在语言接触中，壮语以其强势的地位进入母语为毛南语的上南社区，逐渐动摇了毛南语的母语地位。20 世纪六七十年代以后，高岭普理片开始形成毛南语和壮语并存的局面；隆盛片除了下圩、反修、上英、常洞、北干等村屯使用毛南语的村民较多外，其余村屯，讲毛南语的家庭逐渐成了"插花户"。宝楼片则只有极少数几个村屯讲毛南语。

根据调查，上南社区共计 2385 人（2011 年数据），98%的人为毛南族，在 37 个屯中，上圩一屯、上圩二屯大部分只有老年人会讲毛南语，亮洞屯（两户）、高岭屯（6 户）、井盆屯（7 户）、上英屯（34 户）、常洞屯（15 户）的日常用语仍然为毛南语，这些屯地处上南偏僻大石山区，而且自然条件艰苦，常住人口极少，并且通常为留守的老人和小孩，与外界接触极少。

一直以来，上南地区的毛南族居民主要从事农业生产，收入主要来源于农业。但是上南地区，山多地少，垒石筑路，开洞索水，垦荒造地，自然条件艰苦，再加之交通不便，由于各种条件的局限，毛南族的生活水平一直较低。随着社会的发展，特别是市场经济的发展，上南地区的毛南族居民也开始转变思想观念，面对人多地少的自然环境，上南地区大力发展种养业、林业、手工业。村民农闲时，一般都在外务工，以增加收入、补贴不足，因此，劳务输出很早就已经成为上南社区的一项产业。以 2009 年为例，该村共有劳动力 1230 人，其中在该村农业劳动力有 535 人，外出务工劳动力为 695 人。现在上南社区人已经普遍形成这样的共识：谁家有人外出打工，谁家就能盖得起楼房，生活也过得较好。

由于上南地区自身求生存、求发展的需要，上南地区自民国时代开始频繁与外界接触和沟通，与其他民族关系融洽，上南地区毛南语的使用环境日益丧失，与此同时，壮语凭借使用人口多、经济较为发达的优势，长期以来，不断向使用毛南语的地区扩展，而上南的毛南族居民也逐渐转用他们认为对他们生存和发展更为重要的壮语和汉语。

三、壮、汉文明的影响与毛南族兼容并包的精神

由于上南社区的毛南族与壮族接触频繁，关系密切，距壮族、汉族较早开发的地区较近，独有的区位优势，使上南社区毛南族较早地接触到壮族、汉族发达地区的文明。加之上南社区毛南族兼容并包的精神和传统，良好地吸收壮、汉先进文明，这对上南社会、经济、文化的发展有很深的影响和很大的促进作用。这也在一定程度上促使毛南语在上南地区的地位松动。

毛南族人口较少，而且聚居在环江毛南族自治县石山区的上南、中南、下南地区，面对自然环境的恶劣和艰苦，几百年来，勤劳的毛南族先民使用简单的生产工具，垒石筑路，开洞索水，垦荒造地，在 100 多个峒场开发了 3000 多亩耕地，种植粮食作物，磨炼了毛南族人较强的生存能力和适应能力，这一点在上南地区毛南族村民中表现尤为突出。由于和壮族、汉族较发达地区比较近，上南社区毛南族人又培养出非常强的吸收先进民族文化的能力，在祖祖辈辈的流传和发展中，

毛南族人民兼容并包的精神和传统承袭下来。

毛南族属于善歌民族之一，盛行"行歌坐夜，逢喜必歌"的风习。歌手们（毛南语叫"匠比"）大多都具有过人的唱歌才能，他们有触景生情、随编随唱、昼夜连唱不停的本领。毛南族和壮族、汉族、瑶族文化交流非常密切，歌师们大多都能唱毛南语山歌和壮语山歌，有的还通晓汉语山歌。上南社区的歌圩唱的是壮语歌，有老人表示，没有听过毛南语的山歌，可见，壮语山歌在上南社区流行之盛。上南社区有名的民歌手卢玉兰、谭月亮、谭忠、谭抖擞、谭天明、谭玉英等都用壮语唱山歌，上南社区毛南族喜欢的《上南变化快·欢早》《毛南人组织"三点会"》《枫娥歌》（叙事长篇的代表作）等都是用壮语唱的民歌。

壮族是最早使用和铸造铜鼓的民族之一。铜鼓，是壮族文化的历史见证和"活化石"。壮家"俗尚铜鼓，时时击以为娱，富家争购，百牛不惜也"（见明代田汝成的《炎缴纪闻》）。受壮族铜鼓文化的影响，历史上，上南社区毛南族显富示贵的最突出的标志即为铜鼓。上南社区曾有5面铜鼓，一般是有钱或为官的人家所置。可见，上南社区毛南族受壮文化的影响之深。

教育方面，自上南社区设立学校以来，学校教学一贯采用壮语、汉语、毛南语三语教学，以适应部分老师和学生的需要，这样，也加速壮语、汉语在上南社区的使用。而针对新中国成立初期当时而言，普及学校教育也是上南社区毛南族接受壮语文化影响的重要途径。新中国成立初期，一批老师从水源镇、川山镇、洛阳镇调入上南教书，由于老师们大多数都是壮族人，只会说壮语，不懂毛南语。所以大部分教师在课堂上教书只能说壮语。据64岁的韦运道老人回忆，当时他们读小学入学时，只有七八岁，平时在家和父母邻居都是说毛南语，只会一些简单的壮语，但是进到学校和老师说话都是用壮语，老师上课全部说壮语，这就逼着他们必须学会壮语。所以他们那一代的壮语在读书上学的过程中越来越好了，再加上生活中与壮语地区往来密切，渐渐地壮语成了他们主要的交际用语。"我到了十五六岁"，韦老先生说，"家里面、街上，周围的人差不多都说壮语了。"

现在，随着国家经济文化事业的发展，国家推广普通话，大力兴办汉语教育事业，电视、报纸、杂志等大众传媒逐渐普及，对上南社区的毛南族青少年而言，成长在说壮语的家庭环境、接受学校教育和电视传媒影响是他们受壮族、汉族文化影响的重要渠道。由于现实中缺乏习得毛南语的环境，他们一方面受着家庭交流用语——壮语的影响，另一方面在学校接受着汉语教育，他们的壮语和汉语都很流利。青少年在学校普遍说汉语普通话，教师上课也说普通话。他们的汉语普通话说得好，根据笔者的调查，上南社区人普遍认为，相对于壮语、汉语方言、毛南语，普通话的适用范围更广，去到外省或者更远的地方，学会了普通话与其他人交流是没有障碍，所以当地人也乐于教青少年一代学普通话。在上南社区的有些家庭里，父母平时会教两三岁的孩子说一些简单的普通话，他们认为孩子学会普通话，对于今后进学校上学更有优势，不会适应不了。青少年成长在说汉语普通话的电视传媒的环境下，自然对汉语学得很轻松，他们对于学习汉语也很有好感。韦老先生提到他两岁的小孙女正在学说话，他说，小孙女已经会说壮语了，有时候还与玩伴说普通话。他虽然非常愿意教自己的孙子、孙女学些简单的毛南语，可是孙子、孙女都兴趣不大，觉得现在学来没什么用。

毛南族只有自己的语言，没有文字。上南社区的毛南族人素来兼通汉语、壮语，使用汉文，上南社区毛南族自古以来就受到汉文化的滋养，曾任清代赠侍郎的上南人覃志尚是上南最早的诗人。楹联，是汉文化的特色。在上南，楹联随着谭、覃、韦、卢、莫等姓的祖先到上南定居即已运用，距今已数百年。一直到当代，上南社区的诗作者、楹联作者亦不在少数。目前，上南社区已编辑出版《东雅诗词楹联集萃》第一集。

毛南族人比较开放，没有狭隘的陈规陋习，毛南族人与各民族兄弟交往比较自由。自古以来，上南社区男女婚约不受族权的约束，男女都可以与外族通婚，也可以再婚。因此，上南社区的毛南族与壮族通婚非常普遍，与汉族通婚也不少，与壮族和汉族联姻的家庭在语言使用上都习惯于使用壮语或汉语。

第三节　毛南族语言转用的启示

毛南族作为我国少数民族之一，其语言转用是我国各民族语言转用中的一种。与其他民族的语言转用相比，其既有共性又有特性。在环江毛南族自治县毛南族语言转用的实地调查中，笔者能在理论上得到一定的启示。

一是语言转用是我国少数民族语言生活中存在的一种客观事实。在我国这个多民族国家，语言转用现象很普遍，无论是使用本族语人数较多的大族群还是人口少的小族群都不乏这样的实例。无论是历史上，由于政治、经济、文化、人口等因素曾发生过的回族、土家族等民族的语言转用，还是到当代，随着经济、文化、社会的发展，各民族之间广泛和频繁的交往等因素引起的阿昌族、毛南族等民族的语言转用。新中国成立后，《中华人民共和国宪法》中规定了各民族有使用和发展自己语言文字的自由，这使得少数民族语言文字都得到了尊重和保护。但有的民族由于受到条件的限制，仍然会出现语言转用。对于这一客观存在的现象，我们不能回避，应该予以正视，并认识、研究、掌握其规律。

二是不同民族由于自身条件不一样，语言转用的成因也不一样。满族语言的转用主要与人口分布有关。西夏人的语言转用主要与政治有关。环江毛南族自治县水源镇上南社区毛南族的语言转用主要原因是：地理环境的限制，人口较少的毛南族被人口较多的壮族地区环绕包围；民族关系的融合和经济交流发展的需要；受壮、汉文明影响较深、毛南族较强的吸收优秀文化的能力。下南乡的仪凤村毛南族发生语言转用的主要原因在于，水源镇通往下南乡的公路穿过仪凤村，仪凤村作为毛南语和壮语的交汇地带，成为语言接触的第一线，仪凤村的毛南族部分发生语言转用。一个民族内部的语言使用情况不平衡，不同地区存在不同的特点。因此，应对不同地区、不同民族的语言转用成因进行具体的分析。

三是语言转用的发生有其自然规律作用（若排除强制因素），其发生有适应社会发展需要一面，不以人们的意志为转移，它的形成需要内外因素的共同配合。毛南语作为一种重要的文化财富，毛南族唯一的身份识别标志，若消失了，则是毛南族的巨大损失。毛南族人民对毛南语怀有深厚的感情，不愿让它消失。因此，如何采取必要措施抑制语言转用和延长语言使用的寿命，对无文字的语言应采取某种手段把语言记录保存下来，这些都是当前必须考虑的问题。

第六章　青少年语言状况

青少年是语言社团中反映语言变化最明显、最直接的社会团体。一种语言所产生的变化往往最先出现在青少年的语言生活中。因此，对青少年语言使用情况的调查是认识这种语言走向最有价值的研究。

环江毛南族自治县下南乡目前基本能熟练使用自己的母语，同时很多毛南族人还能兼用汉语方言桂柳话、普通话，部分毛南族人还能熟练使用壮语。随着教育水平的提高，以及经济的发展，毛南族青少年的语言使用情况呈现出一些新的变化，本章将对环江毛南族自治县毛南族的青少年语言使用情况做出详细的描述，并探讨出青少年语言现状的原因。

第一节　环江毛南族自治县毛南族青少年
语言使用现状

一、全民双语型

双语型是指除了能熟练使用母语外，还能兼用其他一种或两种语言的类型。通过实地调查，笔者发现毛南语中心区，毛南族青少年的语言现状是全民双语型。

毛南语中心区主要是指母语为毛南语的下南乡的大部分地区，主要包括波川村、才门村、古周村、景阳村、堂八村、希远村、下南村、下塘村、玉环村、中南村。

表 6-1 是以抽样的方式，以下南乡的中里屯、庭木屯、松现屯、松仁屯、松马屯、松发屯、三圩屯、东旺屯、东谈屯、东贵屯、东发屯为样本，对 131 位青少年所作的兼语调查结果。

表 6-1　毛南语中心区青少年兼语情况表

屯名	人口/人	毛南语熟练程度/人	百分比/%	汉语熟练程度/人	百分比/%
中里屯	27	27	100	27	93
庭木屯	15	14	94	9	63
松现屯	19	18	86	16	76
松仁屯	29	29	100	21	70
松马屯	5	5	100	5	100
松发屯	11	11	92	12	100
三圩屯	3	2	67	1	33
东旺屯	6	6	100	3	57
东谈屯	6	6	100	5	33
东贵屯	4	4	100	2	50
东发屯	7	7	100	6	86

　　从表 6-1 中可以看到，在接受调查 131 位下南乡毛南族青少年中，母语程度达到熟练的有 129 人，占青少年总人数的 96%。而能熟练使用汉语的青少年人数为 107 人，占青少年总人数的 81%。这说明在下南乡毛南族的大部分青少年都既能熟练使用自己的母语毛南语，也能熟练使用汉语，语言类型为典型的双语型。

　　在接受调查的 131 位青少年中，还有 3 人的毛南语水平没有达到熟练，他们的情况分别如下所示。

　　覃桂湘，松现屯，女，18 岁，毛南语水平一般，汉语熟练，壮语不懂。此人 12 岁离开下南，跟随母亲去了湖南居住，在 12 岁以前会说毛南语，能进行基本的日常交流，但由于去湖南居住后，6 年没有说毛南语的语言环境，很多词汇已经忘记，到现在只会说一点儿毛南语，毛南语水平为一般。

　　覃婧，庭木屯，女，7 岁，毛南语不会，壮语不会，汉语熟练。在环江毛南族自治县县城出生、成长，被汉语所影响，父母从小有意识地教她汉语，因此她不会说毛南语。

　　覃钰兰，松发屯，女，8 岁，毛南语不会，壮语不会，汉语熟练。在广东出生、成长，生活的语言环境以汉语为主要交流工具，父母也只教她汉语，因此她不会毛南语。

二、同年龄段青少年语言使用情况

　　大部分环江毛南族自治县毛南族青少年既能熟练使用毛南语，也能熟练使用汉语，但在不同的年龄段，青少年的双语水平又不同。

　　笔者调查了毛南语中心区 11 个屯里 131 名青少年的语言使用情况。

　　在调查中，笔者将 131 名青少年的语言使用的熟练程度分为三个等级（表 6-2）：既能听又能说的水平划分为"熟练"的等级，用字母"A"表示；能听得懂，但不能熟练地说出来，或者只会说一些比较简单的句子水平划为"略懂"的等级，用字母"B"表示；听不懂也不会说的水平划为 "不会"的等级，用字母"C"表示。

表 6-2　青少年语言使用情况表

姓名	性别	民族	年龄/岁	文化水平	毛南语水平	壮语水平	桂柳话水平	普通话水平
谭雪梅	女	毛南	6	小学在读	A	C	A	A
谭文归	男	毛南	6	学前	A	C	A	B
莫佳兴	男	毛南	6	小学在读	A	C	B	B
莫兴旺	男	毛南	6	小学在读	A	C	B	B
覃春景	女	毛南	6	小学在读	A	C	A	B
覃春娱	女	毛南	6	小学在读	A	C	A	A
莫卫标	男	毛南	6	小学在读	A	C	A	A
谭孟甲	男	毛南	6	小学在读	A	C	B	B
谭凤星	女	毛南	6	小学在读	A	C	A	A
谭伟	男	毛南	6	学前班	A	C	A	A
谭梦波	女	毛南	6	学前	A	C	C	B
谭火炼	女	毛南	6	小学在读	A	C	A	C
谭钰聪	男	毛南	7	小学在读	A	C	A	A
谭东海	男	毛南	7	小学在读	A	C	A	A
谭锦雄	男	毛南	7	学前	A	C	B	B
谭祖捷	男	毛南	7	小学在读	A	C	A	A
谭珍琪	女	毛南	7	小学在读	A	C	A	A
覃婧	女	毛南	7	小学在读	C	C	A	A
谭侣姣	女	毛南	7	小学在读	A	C	B	B
卢立萱	女	毛南	7	小学在读	A	C	A	B

续表

姓名	性别	民族	年龄/岁	文化水平	毛南语水平	壮语水平	桂柳话水平	普通话水平
谭浩	男	毛南	7	小学在读	A	C	B	B
谭语宁	男	毛南	7	小学在读	A	C	A	A
谭继松	男	毛南	7	幼儿园	A	C	C	C
谭凤	女	毛南	7	小学在读	A	A	A	C
谭瑞荣	女	毛南	8	小学在读	A	C	A	A
谭文召	男	毛南	8	学前	A	C	A	A
谭金熙	男	毛南	8	小学在读	A	C	A	A
谭孟勋	男	毛南	8	小学在读	A	C	B	B
覃婉露	女	毛南	8	小学在读	A	C	A	B
谭远宁	男	毛南	8	小学在读	A	C	B	B
覃燚源	男	毛南	8	小学在读	A	C	A	B
谭贯力	男	毛南	8	小学在读	A	C	A	B
覃钰兰	女	毛南	8	小学在读	C	C	C	A
谭淑雨	女	毛南	8	小学在读	A	C	B	B
谭红熠	男	毛南	8	小学在读	A	C	B	B
谭亿发	男	毛南	8	小学在读	A	C	B	B
谭蒙玲	女	毛南	9	小学在读	A	C	A	A
谭云莎	女	毛南	9	小学在读	A	C	A	A
谭云桧	男	毛南	9	小学在读	A	C	A	A
谭子睿	男	毛南	9	小学在读	A	C	B	B
谭承睿	男	毛南	9	小学在读	A	C	B	B
谭晟	男	毛南	9	小学在读	A	C	B	B
谭萍	女	毛南	9	小学在读	A	C	B	B
谭江华	男	毛南	9	小学在读	A	C	A	A
谭晓东	女	毛南	9	小学在读	A	C	B	B
谭秀	女	毛南	9	小学在读	A	C	A	A
谭凌逍	男	毛南	10	小学在读	A	C	B	B
谭涣浈	女	毛南	10	小学在读	A	C	A	A
谭舒杨	女	毛南	10	小学在读	A	C	B	B
谭宇茜	男	毛南	11	小学在读	A	C	A	A

续表

姓名	性别	民族	年龄/岁	文化水平	毛南语水平	壮语水平	桂柳话水平	普通话水平
覃黎辉	男	毛南	11	小学在读	A	C	A	A
谭灿燕	女	毛南	11	小学在读	A	C	A	A
覃崇文	男	毛南	11	小学在读	A	C	A	A
覃想想	女	毛南	11	小学在读	A	C	A	A
覃春欣	女	毛南	11	小学在读	A	C	A	A
谭东吉	男	毛南	11	小学在读	A	C	A	A
谭捷	男	毛南	11	初中在读	A	A	A	A
谭梦晓	女	毛南	11	小学在读	A	C	B	A
谭东扬	男	毛南	12	初中在读	A	C	A	A
谭金帅	男	毛南	12	初中在读	A	C	A	A
谭锦锐	男	毛南	12	初中在读	A	C	A	A
谭文渊	女	毛南	12	小学在读	A	C	A	A
谭小弟	男	毛南	12	初中在读	A	C	A	A
谭丽娟	女	毛南	12	小学在读	A	C	A	A
谭孟滔	男	毛南	12	小学在读	A	C	B	A
谭江荣	女	毛南	12	初中在读	A	C	A	A
谭子晨	男	毛南	12	初中在读	A	C	B	A
谭丽环	女	毛南	12	初中在读	A	C	A	A
谭瑞金	女	毛南	13	小学在读	A	C	A	A
谭贵珍	女	毛南	13	初中在读	A	C	A	A
谭锋浩	男	毛南	13	初中在读	A	C	A	A
莫佳勇	男	毛南	13	初中在读	A	C	A	A
谭娇娇	女	毛南	13	初中在读	A	C	A	A
谭彪	男	毛南	13	初中在读	A	C	A	A
谭利椒	女	毛南	13	初中在读	A	C	A	A
谭孟乾	男	毛南	14	初中在读	A	C	A	A
谭孟	男	毛南	14	初中	A	C	B	A
谭东森	男	毛南	14	初中在读	A	C	A	A
覃春娥	女	毛南	14	初中在读	A	C	A	A
谭梦谦	男	毛南	14	初中在读	A	C	A	A

姓名	性别	民族	年龄/岁	文化水平	毛南语水平	壮语水平	桂柳话水平	普通话水平
谭俏	女	毛南	14	初中在读	A	C	A	A
谭壮宁	男	毛南	14	初中在读	A	C	A	A
谭海温	女	毛南	14	初中在读	A	C	A	A
谭松	男	毛南	14	初中在读	A	C	A	A
谭敬晨	男	毛南	14	初中	A	C	A	A
覃帅	男	毛南	14	高中在读	A	C	A	A
谭红波	男	毛南	14	初中在读	A	C	B	A
谭枫楼	女	毛南	14	初中在读	A	C	A	A
谭桂谦	男	毛南	15	初中	A	B	A	A
谭日景	女	毛南	15	初中在读	A	C	A	A
谭凌云	男	毛南	15	初中	A	C	B	B
覃路露	女	毛南	15	初中在读	A	C	A	A
谭东诚	男	毛南	15	初中在读	A	C	A	A
谭孟炼	女	毛南	15	初中在读	A	C	A	A
谭笑	女	毛南	15	高中在读	A	A	A	A
谭林晓	女	毛南	15	初中在读	A	C	A	A
谭丽蒙	女	毛南	15	初中在读	A	C	A	A
颜金溪	男	毛南	15	初中在读	A	C	A	A
谭贵恩	男	毛南	15	初中在读	A	C	A	A
谭钧尹	女	毛南	16	初中在读	A	C	A	A
谭东耀	男	毛南	16	初中	A	C	A	A
覃燚煬	男	毛南	16	初中	A	C	A	A
谭荣升	男	毛南	16	初中在读	A	C	A	A
谭承贤	男	毛南	16	初中	A	C	A	A
谭钰红	女	毛南	16	初中	A	C	A	A
谭印杰	男	毛南	17	初中在读	A	B	A	A
谭利潘	女	毛南	17	初中	A	C	A	A
谭荣温	女	毛南	17	初中	A	C	B	A
谭健永	男	毛南	17	中专在读	A	B	A	A
谭宛伊	女	毛南	18	初中	A	C	A	A

续表

姓名	性别	民族	年龄/岁	文化水平	毛南语水平	壮语水平	桂柳话水平	普通话水平
谭人凤	女	毛南	18	高中在读	A	C	A	A
覃桂湘	女	毛南	18	初中	B	C	A	A
覃志栋	男	毛南	18	大专	A	B	A	A
覃仙瑶	女	毛南	18	中专在读	A	C	A	A
谭江宁	男	毛南	18	初中	A	C	A	A
梁丹	女	毛南	18	初中	A	A	A	A
谭钰	女	毛南	18	高中在读	A	A	A	A
谭宏霞	女	毛南	18	初中	A	C	A	A
谭昌奎	男	毛南	18	初中	A	C	A	A
韦富江	男	毛南	19	初中	A	B	A	A
谭文勇	男	毛南	19	高中	A	B	A	A
谭日晓	女	毛南	19	初中	A	B	A	A
覃江妹	女	毛南	19	初中	A	B	A	A
谭知昀	女	毛南	19	初中	A	C	A	A
兰杰	男	毛南	19	初中	A	C	A	A
谭宏果	男	毛南	19	中专在读	A	A	A	A
谭敬枫	男	毛南	19	中专	A	A	A	A
谭荣伟	男	毛南	19	初中	A	C	B	B
覃妹迈	女	毛南	19	小学	A	B	B	B
谭灵知	女	毛南	19	初中	A	C	B	A
谭灵贵	女	毛南	19	初中	A	C	B	B
谭贵堂	男	毛南	19	高中在读	A	B	A	A

笔者将表6-2的调查结果中的131毛南族青少年进行了以下年龄的分段：

6～11岁（小学阶段），共57人；

12～14岁（初中阶段），共30人；

15～20岁（高中阶段），共44人。

不同年龄段的语言使用情况结果如下。

（一）毛南语使用情况（表6-3）

表6-3　不同青少年段毛南语使用情况比较表

年龄段	总人数/人	熟练		一般		不会	
		人数/人	百分比/%	人数/人	百分比/%	人数/人	百分比/%
6～11 岁	57	55	97	0	0	2	3
12～14 岁	30	30	100	0	0	0	0
15～19 岁	44	43	97	1	3	0	0

注：该表中不会说毛南语的（2 个）和毛南语水平一般的（1 个）3 名青少年分别是表 6-1 中提到的覃桂湘（12 岁随母离开下南）、覃婧（在广东居住）、覃钰兰（在环江毛南族自治县县城居住）。

从表 6-3 中可以看出，三个年龄段的青少年，除了表格备注中 3 人的特殊情况外，全部都能熟练地使用毛南语。因此，下南乡的毛南族以毛南语作为母语的使用和传承是非常稳定的。在入户调查中，笔者对下南乡的谭春联做了这样一份访谈。

谭春联今年 9 岁，下南乡下南社区上韶屯人，就读于下南中心小学。

问："你为什么要学习本民族语言呢？你觉得本民族的语言有用吗？"

答："我爸爸妈妈在家都说毛南语，朋友也都说毛南语，所以我也要说毛南语，这样才能和他们交流。而且我是毛南族的人，我当然要说毛南语了啊。而且我觉得毛南语还挺有用的呀，如果我不会毛南语，我就不知道和身边的怎么说话了。"

问："那你觉得毛南语需不需要发展下去，有没有必要让更多的人说毛南语呢？"

答："当然是会说毛南语的人越多越好啦。"

在对下南乡青少年谭琴培（15 岁）和谭振勋（17 岁）做的调查问卷的结果都显示：作为毛南族的一员，学习、使用毛南语是非常重要的，并且他们也都希望毛南语能得到跟好的发展，得到更多国家民族语言政策的保护。

通过上面的分析，可知，毛南语作为下南乡毛南语中心区的母语，在不同年龄段的青少年中都能熟练使用，因此，毛南语的使用在中心区是稳定的。

（二）壮语使用情况（表6-4）

表 6-4 不同年龄段壮语使用情况表

年龄段	总人数/人	熟练		一般		不会	
		人数/人	百分比/%	人数/人	百分比/%	人数/人	百分比/%
6～11岁	57	2	4	0	0	55	96
12～14岁	30	0	0	0	0	30	100
15～19岁	44	5	11	10	22	29	666

从表6-4中发现，青少年在6～11岁及12～14岁两个年龄段里，只有2人能熟练使用壮语，因此，在6～11岁和12～14岁两个年龄段的青少年基本不会壮语。但在15～19岁的年龄段里，即高中阶段的青少年，能熟练使用壮语的人数为5人，比例增加至11%，能听懂壮语的人数达到10人，比例为22%，壮语水平明显上升。其原因笔者在调查中得知：下南乡的毛南族青少年都是去往环江毛南族自治县县城就读高中，在环江毛南族自治县的社区内主要以壮语和汉语作为交流工具。因此，毛南族青少年在环江毛南族自治县就读高中的毛南族青少年社区语言环境的影响下慢慢学会了壮语。

（三）桂柳话使用情况（表6-5）

表 6-5 不同年龄段桂柳话使用情况表

年龄段	总人数/人	熟练		一般		不会	
		人数/人	百分比/%	人数/人	百分比/%	人数/人	百分比/%
6～11岁	57	40	70	14	25	3	5
12～14岁	30	26	87	4	13	0	0
15～19岁	44	38	87	6	13	0	0

从表6-5中不同年龄段青少年的桂柳话熟练百分比可以看出：毛南族青少年的桂柳话水平随着年龄的增加，熟练程度也不断提高。毛南族青少年在6～11岁不会说也不会听桂柳话的百分比为5%，12岁以后的两个年龄段的比例为0，这表明桂柳话是毛南族青少年在小学阶段前就能基本熟练使用的一种汉语方言。具体

原因是在下南地区，除了使用毛南语进行交谈外，还会同时以桂柳话作为交谈的工具。6～11 岁年龄段内的青少年在习得母语毛南语后，通过社区语言环境的影响，也自然习得了桂柳话。

（四）普通话使用情况（表6-6）

表6-6　不同年龄段普通话使用情况表

年龄段	总人数/人	熟练		一般		不会	
		人数/人	百分比/%	人数/人	百分比/%	人数/人	百分比/%
6～11岁	57	39	68	18	32	0	0
12～14岁	30	30	100	0	0	0	0
15～19岁	44	40	91	4	9	0	0

表6-6中的数据显示：青少年在6～11岁有68%的青少年能熟练使用普通话，32%的青少年普通话水平为一般，没有一人不会讲普通话。12岁以后，普通话水平基本达到熟练，只有在15～19岁的年龄段，有4人不能熟练使用普通话，这4人分别为谭凌云、谭灵贵、覃妹迈、谭荣伟。虽然这4人的普通话测试结果为"一般"，但是能听懂普通话，只是由于在下南说普通话的机会不多，因此这4人的普通话没能达到熟练的程度。

普通话在毛南族青少年中的熟练使用，主要是因为教学水平不断提高，青少年在小学阶段就能接受较好的汉语文化教育，教师在课堂基本使用普通话进行教学，因此毛南族青少年基本在6岁进入小学后就能慢慢学会普通话，只是由于6～11岁的青少年接触到的语言环境以毛南语和桂柳话为主，缺少使用普通话的机会，因此，32%的青少年普通话还不流利。但随着文化知识的增长，以及学习普通话时间和机会的不断增加，青少年在进入初中后已经完全能够熟练使用普通话。

通过以上分析，笔者总结出，毛南族青少年在5岁以前，由于父母在家讲毛南语，因此最先学会母语；等上小学后，学校的老师一般是用普通话诵读书本上的知识，用桂柳话来解读，所以青少年在读完小学后也就学会了桂柳话和普通话，但在6～12岁这个年龄段，青少年由于缺少使用普通话的语言环境，普通话水平不如毛南语；15～19岁的青少年在初中毕业以后，由于下南没有高中，有一部分要去环江毛南族自治县县城就读高中。在环江毛南族自治县县城的学校、街区说的是壮语，因此，在环江毛南族自治县县城读高中的毛南族青少年也学会了壮语。而没有去环江毛南族自治县县城读高中的青少年，因为成年后要经常去环江毛南族自治县县城赶圩，或者进行其他社会交往，因此在18岁以后，有一部分人也慢慢学会了壮语。

三、不同场合的青少年的语言使用情况

双语地区的语言竞争是非常激烈的，在环江毛南族自治县语言竞争也是长期存在。由于毛南族青少年都至少会两种及两种以上语言，在不同场合青少年使用的语言也不同。

表6-7是笔者从下南乡的17份调查问卷中归纳出的青少年在不同场合使用的语言情况表。接受调查的人员分别是谭国光、谭合教、谭健儿、谭金书、谭琴培、谭壹、覃俊周、覃雪芬、谭春联、谭根孚、谭玉昌、谭振勋、卢玉泉、谭白、谭飞、谭耀作。

表 6-7　不同场合青少年语言使用情况表

年龄段	家庭	社区	小学校园	初中校园	高中校园
6~11岁	毛南语	毛南语/桂柳话	普通话	—	—
12~14岁	毛南语	毛南语/桂柳话	—	普通话	—
15~19岁	毛南语	毛南语/桂柳话/壮语	—	—	普通话/壮语

通过对表6-7的分析，以及入户调查的结果显示：青少年在6岁以前，活动场所一般为家庭内部，以及社区周围，交谈对象为家庭成员和社区内的村民、朋友，使用的语言是母语。5岁以后，小孩进入小学，小学一般都在本村，在学校青少年接触到普通话的书本、课程，老师在课堂上基本使用普通话进行教学，6~11岁的青少年在小学课堂上也主要使用普通话回答问题。因此，在学校主要讲普通话，在社区内还是以毛南语进行交谈。小学毕业后，12~14岁的青少年一般是在下南读初中，下南中学的老师在课堂上也是用普通话教学，因此，读初中的青少年在课堂上使用普通话。在下南社区主要使用毛南语和桂柳话；初中毕业后，15~19岁的青少年要去环江毛南族自治县读高中，环江社区主要讲桂柳话和壮

语，因此，15～19岁的青少年在高中校园主要讲普通话，有时也会讲壮语，在环江街道社区就主要使用桂柳话和壮语，回到下南后，在社区的交往中再用回毛南语和桂柳话。

第二节　环江毛南族自治县毛南族不同村寨青少年语言生活特点

由于民族历史的久远，加上快速前进的现代化进程，不断提高的文化教育水平，民族接触和语言接触的加剧，特别是地理环境和交通状况的限制等因素的综合影响，造成了如今毛南族人特别是青少年使用语成分的复杂性。如上所述，但在环江毛南族自治县毛南族聚居中心区，毛南族青少年在一定程度上稳定地使用并传承了自己的母语即毛南语；有部分村寨还兼用壮语甚以其作为第一习得语言，壮语和毛南语存在错序现象；而有的村寨已经转用壮语，并且已经完成转用过程。毛南族人普遍能够兼用桂柳话、汉语普通话等语言，兼用语现象具有普遍性；上至老人下至儿童无论男女无论文化程度高低，几乎都能兼用桂柳话、汉语普通话等语言。在这里需要进一步探讨的是，青少年处于易接受新鲜事物，具有变通性、革命性的阶段，这样一个容易受外界的影响的语言群体，在语言使用上同样发生着怎样巨大的变化。经过课题组的调查，笔者发现以下三个比较典型的语言群体，特点分析如下。

一、下南乡为中心区语言群体

以下南乡（除仪凤村外）作为中心区语言群体来看，青少年全民稳定使用毛南语，全民兼用汉语，两者和谐互补；但毛南族青少年的母语能力总体呈下降趋势。

笔者以村为单位进行抽样调查，选的是下南乡具有代表性的 3 个村中的 11 个屯854 位毛南族村民进行穷尽式调查，对 6～19 岁青少年分段依据都是按照小学、初中，高中的文化程度及社会发展趋势进行的分类。表 6-8 和表 6-9 是这些村屯中 131 位 6～19 岁毛南族青少年的语言使用情况。

表 6-8　6~19 岁毛南族青少年的语言使用情况表

序号	姓名	年龄/岁	住址	文化程度	毛南语水平	壮语水平	汉语水平
1	覃钰兰	8	松发屯	小学	不会	不会	熟练
2	覃婧	7	庭木屯	小学在读	不会	不会	熟练
3	谭贵恩	15	东发屯	初中在读	熟练	不会	熟练
4	谭贵堂	19	东发屯	高中在读	熟练	一般	熟练
5	颜金溪	15	东发屯	初中在读	熟练	不会	熟练
6	谭昌奎	18	东发屯	初中	熟练	不会	熟练
7	谭梦晓	11	东发屯	小学在读	熟练	不会	熟练
8	谭灵知	19	东发屯	初中	熟练	不会	熟练
9	谭灵贵	19	东发屯	初中	熟练	不会	一般
10	谭梦波	6	东贵屯	学前班	熟练	不会	一般
11	覃妹迈	19	东贵屯	小学	熟练	一般	一般
12	谭健永	17	东贵屯	中专在读	熟练	一般	熟练
13	谭利椒	13	东贵屯	初中在读	熟练	不会	熟练
14	谭荣温	17	东旺屯	初中	熟练	不会	熟练
15	谭荣伟	19	东旺屯	初中	熟练	不会	一般
16	谭亿发	8	东旺屯	小学在读	熟练	不会	熟练
17	谭红熠	8	东旺屯	小学在读	熟练	不会	一般
18	谭淑雨	8	东旺屯	小学在读	熟练	不会	一般
19	谭红波	14	东旺屯	初中在读	熟练	不会	熟练
20	谭宏霞	18	松发屯	初中	熟练	不会	熟练
21	谭钰红	16	松发屯	初中	熟练	不会	熟练
22	谭承贤	16	松发屯	初中	熟练	不会	熟练
23	覃帅	14	松发屯	高中在读	熟练	不会	熟练
24	谭敬枫	19	松发屯	中专	熟练	熟练	熟练
25	谭敬晨	14	松发屯	初中	熟练	不会	熟练
26	谭林晓	15	松发屯	初中在读	熟练	不会	熟练
27	谭宏果	19	松发屯	中专在读	熟练	熟练	熟练
28	谭江荣	12	松发屯	初中	熟练	不会	熟练
29	谭秀	9	松发屯	小学在读	熟练	不会	熟练
30	谭钰	18	松马屯	高中在读	熟练	熟练	熟练

序号	姓名	年龄/岁	住址	文化程度	毛南语水平	壮语水平	汉语水平
31	谭捷	11	松马屯	初中在读	熟练	熟练	熟练
32	谭笑	15	松马屯	高中在读	熟练	熟练	熟练
33	梁丹	18	松马屯	初中	熟练	熟练	熟练
34	兰杰	19	松马屯	初中	熟练	不会	熟练
35	谭彪	13	松仁屯	初中在读	熟练	不会	熟练
36	谭伟	6	松仁屯	学前班	熟练	不会	熟练
37	谭荣升	16	松仁屯	初中在读	熟练	不会	熟练
38	谭凤星	6	松仁屯	小学在读	熟练	不会	熟练
39	谭松	14	松仁屯	初中在读	熟练	不会	熟练
40	谭贯力	8	松仁屯	小学在读	熟练	不会	熟练
41	谭孟炼	15	松仁屯	初中在读	熟练	不会	熟练
42	谭孟滔	12	松仁屯	小学在读	熟练	不会	熟练
43	谭孟甲	6	松仁屯	小学在读	熟练	不会	一般
44	谭海温	14	松仁屯	初中在读	熟练	不会	熟练
45	覃燚煬	16	松仁屯	初中	熟练	不会	熟练
46	覃燚源	8	松仁屯	小学在读	熟练	不会	熟练
47	谭壮宁	14	松仁屯	初中在读	熟练	不会	熟练
48	谭远宁	8	松仁屯	小学在读	熟练	不会	一般
49	谭东耀	16	松仁屯	初中	熟练	不会	熟练
50	谭东吉	11	松仁屯	小学在读	熟练	不会	熟练
51	谭东诚	15	松仁屯	初中在读	熟练	不会	熟练
52	谭知昀	19	松仁屯	初中	熟练	不会	熟练
53	谭晓东	9	松仁屯	小学在读	熟练	不会	一般
54	谭利潘	17	松仁屯	初中	熟练	不会	熟练
55	谭江宁	18	松仁屯	初中	熟练	不会	熟练
56	谭江华	9	松仁屯	小学在读	熟练	不会	熟练
57	谭俏	14	松仁屯	初中在读	熟练	不会	熟练
58	谭萍	9	松仁屯	小学在读	熟练	不会	一般
59	谭娇娇	13	松仁屯	初中在读	熟练	不会	熟练
60	谭晟	9	松仁屯	小学在读	熟练	不会	一般

序号	姓名	年龄/岁	住址	文化程度	毛南语水平	壮语水平	汉语水平
61	谭浩	7	松仁屯	小学在读	熟练	不会	一般
62	谭丽娟	12	松仁屯	小学在读	熟练	不会	熟练
63	谭梦谦	14	松仁屯	初中在读	熟练	不会	熟练
64	谭侣姣	7	庭木屯	小学在读	熟练	不会	一般
65	谭东森	14	庭木屯	初中在读	熟练	不会	熟练
66	谭孟	14	庭木屯	初中	熟练	不会	熟练
67	谭孟乾	14	庭木屯	初中在读	熟练	不会	熟练
68	谭孟勋	8	庭木屯	小学在读	熟练	不会	一般
69	谭涣渍	10	庭木屯	小学在读	熟练	不会	熟练
70	谭小弟	12	庭木屯	初中在读	熟练	不会	熟练
71	谭锋浩	13	庭木屯	初中在读	熟练	不会	熟练
72	谭人凤	18	庭木屯	高中在读	熟练	不会	熟练
73	谭宛伊	18	庭木屯	初中	熟练	不会	熟练
74	谭子睿	9	庭木屯	小学在读	熟练	不会	一般
75	谭承睿	9	庭木屯	小学在读	熟练	不会	一般
76	谭凌云	15	庭木屯	初中	熟练	不会	一般
77	谭凌逍	10	庭木屯	小学在读	熟练	不会	一般
78	谭凤	7	东谈屯	小学在读	熟练	熟练	熟练
79	谭继松	7	东谈屯	幼儿园在读	熟练	不会	不会
80	谭火炼	6	东谈屯	小学在读	熟练	不会	熟练
81	谭枫楼	14	东谈屯	初中在读	熟练	不会	熟练
82	谭丽环	12	东谈屯	初中在读	熟练	不会	熟练
83	谭丽蒙	15	东谈屯	初中在读	熟练	不会	熟练
84	覃春欣	11	松现屯	小学在读	熟练	不会	熟练
85	莫卫标	6	松现屯	小学在读	熟练	不会	熟练
86	覃仙瑶	18	松现屯	中专在读	熟练	不会	熟练
87	覃想想	11	松现屯	小学在读	熟练	不会	熟练
88	覃江妹	19	松现屯	初中	熟练	一般	熟练
89	覃婉露	8	松现屯	小学在读	熟练	不会	熟练
90	覃路露	15	松现屯	初中在读	熟练	不会	熟练

序号	姓名	年龄/岁	住址	文化程度	毛南语水平	壮语水平	汉语水平
91	卢立萱	7	松现屯	小学在读	熟练	不会	熟练
92	覃崇文	11	松现屯	小学在读	熟练	不会	熟练
93	覃春娱	6	松现屯	小学在读	熟练	不会	熟练
94	覃志栋	18	松现屯	大专	熟练	一般	熟练
95	覃春娥	14	松现屯	初中在读	熟练	不会	熟练
96	谭灿燕	11	松现屯	小学在读	熟练	不会	熟练
97	莫佳勇	13	松现屯	初中在读	熟练	不会	熟练
98	莫佳兴	6	松现屯	小学在读	熟练	不会	一般
99	莫兴旺	6	松现屯	小学在读	熟练	不会	一般
100	覃黎辉	11	松现屯	小学在读	熟练	不会	熟练
101	谭云莎	9	中里屯	小学在读	熟练	不会	熟练
102	谭云桧	9	中里屯	小学在读	熟练	不会	熟练
103	谭日景	15	中里屯	初中在读	熟练	不会	熟练
104	谭宇茜	11	中里屯	小学在读	熟练	不会	熟练
105	谭印杰	17	中里屯	初中在读	熟练	一般	熟练
106	谭日晓	19	中里屯	初中	熟练	一般	熟练
107	谭珍琪	7	中里屯	小学在读	熟练	不会	熟练
108	谭文勇	19	中里屯	高中	熟练	一般	熟练
109	谭金熙	8	中里屯	小学在读	熟练	不会	熟练
110	韦富江	19	中里屯	初中	熟练	一般	熟练
111	谭祖捷	7	中里屯	小学在读	熟练	不会	熟练
112	谭文渊	12	中里屯	小学在读	熟练	不会	熟练
113	谭锦雄	7	中里屯	学前	熟练	不会	一般
114	谭锦锐	12	中里屯	初中在读	熟练	不会	熟练
115	谭文召	8	中里屯	学前	熟练	不会	熟练
116	谭文归	6	中里屯	学前	熟练	不会	熟练
117	谭雪梅	6	中里屯	小学在读	熟练	不会	熟练
118	谭金帅	12	中里屯	初中在读	熟练	不会	熟练
119	谭贵珍	13	中里屯	初中在读	熟练	不会	熟练
120	谭东扬	12	中里屯	初中在读	熟练	不会	熟练

续表

序号	姓名	年龄/岁	住址	文化程度	毛南语水平	壮语水平	汉语水平
121	谭东海	7	中里屯	小学在读	熟练	不会	熟练
122	谭蒙玲	9	中里屯	小学在读	熟练	不会	熟练
123	谭桂谦	15	中里屯	初中	熟练	一般	熟练
124	谭钧尹	16	中里屯	初中在读	熟练	不会	熟练
125	谭瑞荣	8	中里屯	小学在读	熟练	不会	熟练
126	谭瑞金	13	中里屯	小学在读	熟练	不会	熟练
127	谭钰聪	7	中里屯	小学在读	熟练	不会	熟练
128	谭子晨	12	三圩屯	中学在读	熟练	不会	熟练
129	谭舒杨	10	三圩屯	小学在读	熟练	不会	一般
130	覃春景	6	松现屯	小学在读	熟练	不会	熟练
131	覃桂湘	18	松现屯	初中	一般	不会	熟练

注：汉语水平，指的是桂林话和普通话的水平，只要会其中一种就算划入"熟练"级别（下同）。

对表 6-8 的数据处理、分析结果如表 6-9。

表 6-9   6~19 岁毛南族青少年的语言使用情况分析表

语言	熟练		一般		不会	
文字	人数/人	百分比/%	人数/人	百分比/%	人数/人	百分比/%
毛南语	128	97.7	1	0.8	2	1.5
壮语	7	5.4	10	7.6	114	87.0
汉语	108	82.4	22	16.8	1	0.8

注："熟练"级别占的比例越大，表示使用者越多，毛南语越传承得越好，越稳定；"熟练"和"一般"所占比例之和反映这些村屯青少年能够使用母语的最高比例。

表 6-9 显示，131 位青少年懂母语的人数占青少年总人数的 97.7%，除了 1 位青少年的母语情况是"一般"和 2 位青少年的母语情况是"不会"，其余的 128 位都能熟练使用自己的母语。但是必须要说明的情况是，母语水平"一般"的覃桂湘，是由于十一二岁时离开下南地区，随母亲去湖南，才最终没能继续保持及巩固自己的母语；母语水平"不会"的覃婧、覃钰兰两位青少年，首先年龄都比较小，覃婧是出生、成长于环江毛南族自治县县城，而覃钰兰出生在广东，这两位都没有习得母语的语言环境，才造成不会母语。综上所述，土生土长并能够熟练使用母语进行日常交际的青少年占青少年总人数的比率高达 100%。这些数据说

明，下南乡（除仪凤村外）绝大部分村寨的青少年都稳定地保留自己的母语，母语是正常生活中的交际用语。

从表6-9也同样可以看出，除了1位7岁的青少年还没有学会汉语及22位青少年的汉语比较一般外，汉语是当地青少年普遍兼用的第二语言且比例高达99.2%；笔者走访也同样深切地体会到，在青少年中，无论男性还是女性，无论年龄大小，无论文化程度高低，他们都能自如地使用汉语进行交流。这还得益于笔者带去的现代化工具——电脑，孩子们都比较喜欢这些新鲜事物，有那么一两天就经常跑到笔者调查时的暂时住房玩，跟笔者用汉语说话简直对答如流。而汉语会随着文化教育的普及、青少年年龄的增长和知识面的扩大等，使用率会越来越高，这是必然的趋势。

在调查的过程中，笔者总结了下南乡（除仪凤村外）青少年能够保留母语并稳定使用的原因，主要由以下几个因素造成。

一是年长者特别是祖辈的老人对母语的高度认同是毛南语在这此地得以保留的重要因素。在采访中笔者问老人家："你们担心过将来毛南族的孩子不会毛南语吗？"他们回答说："我们不无担心，但我们平时在家里都会自觉或不自觉地跟自己的娃仔讲毛南语，或许是出于习惯，但在我们心中，我们是希望毛南族人的后代都能一代接一代地讲毛南语；我就跟自己的娃说了，毛南语是我们的情感归宿，我们不能忘了老祖宗啊，我们也会让他们这样教育自己的孩子。"在他们看来，使用毛南语是支系认同、民族感情的纽带，是作为毛南族人而不是其他民族的一个民族特征，至少，在他们的心目中，毛南族是一个不可替代或者缺少的独立的群体，他们把使用毛南语与保持自己民族的血脉、民族特点、民族得以继续维持紧密地联系在一起。由此看来，这也是毛南语在此得以比较完整保存的因素。

二是同族人之间的密切交往是该地青少年母语保留的另一个原因。绝大多数家庭成员的交谈，特别是小孩跟自己祖辈的交流、父辈的交流。当然，有些家庭的父辈由于平时比较注重小孩汉语的培养而使用汉语与自己的孩子交流，但是并不影响孩子母语的习得；因为平时村里玩伴的交谈及学校里同族之间的交谈，特别是小孩跟自己祖辈的交流，很大程度上都使用自己的母语。值得说明的是，下南乡的毛南族是一个凝聚力很强的民族，表现在语言上就是强烈的排斥感；其他民族语言到此，也只能是丢盔弃甲；就算是以壮语为第一习得语言的仪凤村的村民到此，也必须得学会自己民族的语言即毛南语才能顺利地进行日常的活动与交流。

三是相对聚居是此地青少年使用母语的客观条件。就地理位置上，相对处于边缘区的仪凤村来说，下南乡其余村寨都是相对比较集中的，并且村寨中除了搬迁进来的家庭或者嫁进来的外地媳妇几乎都是毛南族人，绝大多数青少年也都沿袭祖父辈的习惯，自觉地用毛南语交流，而且是从小就学会的，交流起来也很方便，这也从一定程度上增加了青少年使用母语交际的信心。

但必须要说明的是，这个地区毛南族青少年母语的使用范围在缩小，用母语交际的欲望也出现一定程度的下降。

综上所述，毛南族青少年的母语能力总体呈下降趋势，具体表现如下。

母语使用范围缩小，一般来说，母语应用于家庭成员或村寨中同族人间的交际，而在青少年这个语言群体里母语的使用出现了不同程度的缩小。例如，在下南社区笔者调查走访了解到：毛南语多用于家庭中祖辈或父辈之间的交流，子辈除了比较亲近的同族人之间的交谈，在学校同学之间已经多用桂林话或者普通话进行交流，孙辈中因为父母人为的影响，几乎都用汉语交流；经常会出现这样的现象，当长辈用毛南语与晚辈交谈时，晚辈会用毛南语来应答，却很少主动用毛南语来引出话题，或干脆夹杂多种语言来回答，而很多人并没有意识到这个表述存在问题，这就涉及语言丰富性的问题了。在走访中，笔者曾经问过以覃为姓的女教师："是否愿意开办毛南语广播。"她回答说："没必要，虽然我们都用毛南语交流，但大多数人的母语水平只是局限在基本的日常交流，难以用母语做生动形象的表述，想要表达更丰富的内容时就不得不借助其他语言，比如汉语。由于毛南语本身的局限性，是无法开设的。"综上所述，未来青少年群体中毛南语的语域有被汉语取代的趋势，这是值得大家重视的问题。

这个地区青少年使用毛南语可以满足正常的交际需要，但如果仅仅通过对话的熟练程度来考察毛南族人的母语能力，很难发现青少年与中老年母语能力的差距；而语言能力的高低可以从掌握词汇量的多少及听说读写基本语言技能的强弱等方面来判断，为此笔者选取不同年龄段的人进行 500 词测试。最后发现，少年儿童的毛南语水平比老一辈族人在这个年龄时具有的毛南语水平要低。比如说，很多词汇、句子本可以用毛南语语表达，可是青少年已经不会说了，或者说得不连贯，而根据了解，这些老一辈的人一直到现在都是会说的。

在进行 500 词测试时，笔者还注意到一个问题，即少年儿童母语的听、说能力不均衡，听的能力普遍要好于说的能力。笔者在给下南乡小学一位叫谭丽环的学生测试时就注意到，在交谈中，很多时候她都不自觉地使用汉借词，一些民族词多用汉语方言即桂柳话来代替，一些科技词语或现在的网络流行词，用普通话来代替，而日常生活中不常见、不常用或已经消失的事物，她更不会用毛南语表达，并且她的词汇泛化严重；因为笔者的测试是分不同等级的，如果提醒了还不懂的话就划入 D 级，也就是已经不会或者都没有听过的词语。在这个过程中，在遇到不会的词语时，旁边的一位老师就会不断提醒，绝大多数时候，她都会说："哦，这个词听爷爷说过，或者这个词知道，但是不会说了。"听的能力确实好于说的能力。综上所述，虽然这个地区绝大多数青少年都能稳定使用母语，但青少年的母语能力已经下降了，并有不断下降的趋势。

不同年龄段人 500 词测试的数据列举如表 6-10 所示。

表 6-10　毛南族不同年龄段人 500 词测试情况表

姓名	年龄/岁	A 计数/个	A 百分比/%	B 计数/个	B 百分比/%	C 计数/个	C 百分比/%	D 计数/个	D 百分比/%
谭玉昌	67	498	99.60	2	0.40	0	0.00	0	0.00
谭金书	64	472	94.40	14	2.80	0	0.00	14	2.80
谭根孚	61	465	93.00	23	4.60	7	1.40	5	1.00
谭健儿	54	380	76.00	71	14.20	22	4.40	27	5.40
谭合教	53	467	93.40	24	4.80	9	1.80	0	0.00
谭国光	41	474	94.80	21	4.20	1	0.20	4	0.80
叶初诚	39	482	96.40	18	3.60	0	0.00	0	0.00
覃俊周	35	454	90.80	40	8.00	5	1.00	1	0.20
谭赠葵	30	415	83.00	35	7.00	45	9.00	5	1.00
覃雪芬	28	434	86.80	48	9.60	14	2.80	4	0.80
谭丽环	13	325	65.00	90	18.00	70	14.00	15	3.00
谭云龙	11	424	84.80	13	2.60	35	7.00	28	5.60
谭松	11	307	61.40	61	12.20	132	26.40	0	0.00
谭磊	11	142	28.40	20	4.00	21	4.20	317	63.40

续表

姓名	年龄/岁	A计数/个	A百分比/%	B计数/个	B百分比/%	C计数/个	C百分比/%	D计数/个	D百分比/%
覃丽娟	10	213	42.60	52	10.40	23	4.60	212	42.40
谭孟桃	9	121	24.20	70	14.00	55	11.00	254	50.80

注：A级词汇的多少，表示被测试者熟练掌握词汇的数量，后面附有占词汇总量百分比；A+B之和反映被测试者能够使用的母语词汇的最大量，百分比是A、B级词汇占总量百分比之和；C级词汇的多少反映被测试者听、说能力差异的大小。

对表6-10数据处理结果如表6-11所示。

表 6-11 毛南族不同年龄段 500 词测试情况分析表

姓名	年龄/岁	A+B计数/个	A+B百分比/%
谭玉昌	67	500	100.00
谭金书	64	486	97.20
谭根孚	61	488	97.60
谭健儿	54	451	90.20
谭合教	53	491	98.20
谭国光	41	495	99.00
叶初诚	39	500	100.00
覃俊周	35	494	98.80
谭赠葵	30	450	90.00
覃雪芬	28	482	96.40
谭丽环	13	415	83.00
谭云龙	11	437	87.40
谭松	11	368	73.60
谭磊	11	162	32.40
覃丽娟	10	265	53.00
谭孟桃	9	191	38.20

总体来说，母语使用能力的高低与年龄的大小成正比，年龄越大，词汇量越大；结合表6-11的数据也可以看出，年长者能够使用母语的能力最高达到100%，而青少年使用母语的能力最高不超过90%。青少年的母语能力要低于父辈。由于生活语言的环境不同，青少年之间母语使用能力也存在一定的不平衡性和不稳定

性。比如，谭丽环、谭云龙、谭松、谭磊、覃丽娟、谭孟桃这6位青少年能够使用的母语词汇的最大量也有很大的差异，当然，这与他们年龄的大小有一定的关系；再来看谭云龙、谭松、谭磊这3位年龄都是11岁的青少年，每个人掌握的母语词汇量也是不平衡的，这种不平衡性加剧了语言的不稳定性。由此看来，青少年的母语能力不同程度的下降是不容忽视的事实。

二、以下南乡仪凤村为边缘语言群体

以下南乡仪凤村为边缘语言群体来看，绝大多数以壮语作为第一习得语言；母语则沦为第二语言或第三语言，即第一语言与母语错序；少数青少年已经不会说母语。毛南语、壮语、汉语在使用场合上和谐互补。

仪凤村青少年以壮语为第一习得语言，而母语为第二语言或者第三语言，甚至有些青少年已经不会说母语，这是下南乡毛南族母语使用中的一个特殊现象，需要引起人们的关注。语言习得的一般顺序应该是母语为第一语言，兼用语为第二语言或第三语言，这也是下南乡毛南族绝大部分青少年母语习得的顺序，与笔者调查的结果相符合。但下南乡仪凤村的绝大部分青少年却改变了母语习得顺序，先习得壮语而后才习得母语。

因为下南乡只有仪凤村存在语言错序现象，故以屯为单位进行抽样调查，选5个具有代表性的屯中748位毛南族村民进行穷尽式调查，表6-12是这些村屯中122位6～19岁青少年的语言使用情况。

表6-12　122位6～19岁青少年的语言使用情况表

序号	姓名	年龄/岁	住址	文化程度	第一语言及水平	毛南语水平	壮语水平	汉语水平
1	谭家欢	16	大屯	高中在读	MA	熟练	熟练	熟练
2	谭荣成	16	大屯	高中在读	MA	熟练	熟练	熟练
3	谭彩朗	13	大屯	初中在读	MA	熟练	熟练	熟练
4	谭胜科	7	大屯	小学在读	MA	熟练	熟练	一般
5	谭玉叶	15	大屯	初中在读	MA	熟练	熟练	熟练
6	谭玉琪	10	大屯	小学在读	MA	熟练	熟练	一般
7	谭荟佺	9	大屯	小学在读	ZA	不会	熟练	一般
8	谭志发	11	大屯	小学	ZA	一般	熟练	一般
9	谭志兄	14	大屯	初中在读	ZA	一般	熟练	一般

序号	姓名	年龄/岁	住址	文化程度	第一语言及水平	毛南语水平	壮语水平	汉语水平
10	谭云凤	9	大屯	小学在读	ZA	不会	熟练	一般
11	谭聪干	14	大屯	初中在读	ZA	一般	熟练	一般
12	谭拥根	19	大屯	初中	ZA	一般	熟练	一般
13	谭拥军	16	大屯	中专	ZA	一般	熟练	熟练
14	谭银露	19	大屯	中专	MA	熟练	熟练	熟练
15	谭炯炯	14	大屯	初中在读	MA	熟练	熟练	熟练
16	谭雅耐	12	大屯	小学在读	ZA	不会	熟练	一般
17	谭宇宏	16	大屯	高中	MA	熟练	熟练	一般
18	谭宇雷	11	大屯	小学在读	MA	熟练	熟练	一般
19	卢金瑞	15	大屯	初中在读	MA	熟练	一般	熟练
20	谭凤玉	13	大屯	初中在读	MA	熟练	熟练	一般
21	谭佳礼	19	大屯	高中在读	MA	熟练	熟练	熟练
22	唐漫国	17	大屯	初中	MA	熟练	熟练	熟练
23	谭家宝	6	大屯	小学在读	ZB	不会	熟练	一般
24	谭绿宇	7	大屯	小学在读	ZA	不会	熟练	一般
25	谭龙行	18	大屯	初中	MA	熟练	熟练	一般
26	谭龙豪	16	大屯	初中	MA	熟练	熟练	一般
27	谭素怀	18	大屯	初中	MA	熟练	熟练	熟练
28	谭晓丹	19	大屯	初中	MA	熟练	熟练	熟练
29	谭晓源	13	大屯	初中在读	MA	熟练	熟练	熟练
30	谭周婷	12	大屯	小学	ZA	一般	熟练	熟练
31	谭彩姣	15	大屯	初中在读	MA	熟练	熟练	熟练
32	谭翠嫩	13	大屯	初中在读	ZA	一般	熟练	熟练
33	谭莹莹	16	大屯	初中	MA	熟练	熟练	熟练
34	谭荣办	19	大屯	初中	MA	熟练	熟练	熟练
35	谭彩云	18	大屯	高中在读	MA	熟练	熟练	一般
36	谭玉芬	7	后沙屯	小学在读	ZA	一般	熟练	熟练
37	谭朋	9	后沙屯	小学在读	ZA	一般	熟练	熟练
38	谭思练	19	后沙屯	高中在读	ZA	一般	熟练	熟练
39	谭思露	15	后沙屯	初中在读	ZA	一般	熟练	熟练

序号	姓名	年龄/岁	住址	文化程度	第一语言及水平	毛南语水平	壮语水平	汉语水平
40	谭思用	19	后沙屯	高中在读	ZA	一般	熟练	熟练
41	谭闯	12	后沙屯	小学在读	ZA	不会	熟练	一般
42	王冬平	6	后沙屯	小学在读	ZA	不会	熟练	一般
43	谭建鸿	14	后沙屯	初中在读	ZA	熟练	熟练	熟练
44	谭秋丽	16	后沙屯	初中在读	ZA	熟练	熟练	熟练
45	谭晨亮	14	后沙屯	初中在读	ZA	熟练	熟练	熟练
46	谭小项	19	后沙屯	初中	ZA	熟练	熟练	熟练
47	谭玉苗	14	后沙屯	初中在读	ZA	熟练	熟练	熟练
48	谭玉珊	9	后沙屯	小学在读	ZA	熟练	熟练	熟练
49	谭利纳	15	后沙屯	初中在读	ZA	熟练	熟练	熟练
50	谭杨开	9	后沙屯	小学在读	ZA	不会	熟练	熟练
51	谭丽霞	8	后沙屯	小学在读	ZA	一般	熟练	一般
52	谭玉富	13	后沙屯	初中在读	ZA	熟练	熟练	熟练
53	谭茂长	12	后沙屯	小学在读	ZA	不会	熟练	熟练
54	谭琼	15	肯仇屯	初中在读	ZA	熟练	熟练	熟练
55	谭丽娇	16	肯仇屯	初中	ZA	熟练	熟练	熟练
56	黎承宇	18	肯仇屯	大学在读	MA	熟练	熟练	熟练
57	黎承盼	11	肯仇屯	小学在读	ZA	一般	熟练	熟练
58	卢迅	7	肯仇屯	小学在读	ZA	一般	熟练	熟练
59	谭国典	16	肯仇屯	初中	MA	熟练	熟练	熟练
60	谭款	8	肯仇屯	小学在读	ZA	不会	熟练	熟练
61	谭孟	17	肯仇屯	高中在读	MA	熟练	一般	熟练
62	谭利乃	19	肯仇屯	初中	MA	熟练	熟练	熟练
63	谭进吾	19	肯仇屯	初中	ZA	一般	熟练	熟练
64	谭椿念	18	肯仇屯	初中	MA	熟练	熟练	熟练
65	谭松	13	肯仇屯	初中在读	ZA	熟练	熟练	熟练
66	谭彩苹	19	肯仇屯	初中	MA	熟练	熟练	熟练
67	谭小妹	16	肯仇屯	高中在读	HA	熟练	熟练	熟练
68	谭丽妨	14	肯仇屯	初中在读	MA	熟练	熟练	熟练
69	谭喜	10	内卯屯	小学	ZA	不会	熟练	一般

续表

序号	姓名	年龄/岁	住址	文化程度	第一语言及水平	毛南语水平	壮语水平	汉语水平
70	谭丽宾	17	内卯屯	初中在读	ZA	熟练	熟练	熟练
71	谭莉莉	16	内卯屯	初中在读	ZA	熟练	熟练	熟练
72	谭继旺	9	内卯屯	小学在读	ZA	不会	熟练	熟练
73	谭润韬	8	内卯屯	小学在读	ZA	不会	熟练	熟练
74	谭丽硕	8	内卯屯	小学在读	ZA	不会	熟练	熟练
75	谭丽卯	12	内卯屯	初中在读	ZA	熟练	熟练	熟练
76	谭丁娜	18	内卯屯	初中在读	ZA	熟练	熟练	熟练
77	谭东生	9	内卯屯	小学在读	ZA	不会	熟练	熟练
78	卢凤婷	7	内卯屯	初中	ZA	熟练	熟练	熟练
79	谭丽胸	19	内卯屯	高中在读	ZA	熟练	熟练	熟练
80	谭政	7	内卯屯	小学	ZA	不会	熟练	熟练
81	谭良欢	13	内卯屯	初中在读	ZA	熟练	熟练	熟练
82	田昌敏	11	内卯屯	小学在读	ZA	不会	熟练	熟练
83	谭秋枝	10	内卯屯	小学在读	ZA	不会	熟练	熟练
84	谭佳	13	内卯屯	初中在读	ZA	熟练	熟练	熟练
85	谭简	8	内卯屯	小学在读	ZA	不会	熟练	熟练
86	谭西昌	12	内卯屯	初中在读	ZA	熟练	熟练	熟练
87	谭姣姣	15	内卯屯	初中在读	ZA	熟练	熟练	熟练
88	谭明	9	内卯屯	小学在读	ZA	不会	熟练	熟练
89	谭庆博	8	内卯屯	小学在读	ZA	熟练	熟练	熟练
90	谭晓生	8	内卯屯	小学在读	ZA	不会	熟练	熟练
91	谭宇昕	6	内卯屯	小学	ZA	不会	熟练	熟练
92	谭蓓蓓	13	内卯屯	初中在读	ZA	熟练	熟练	熟练
93	谭葵	16	内卯屯	初中	ZA	熟练	熟练	熟练
94	吴骁琴	8	三阳屯	小学再读	ZA	不会	熟练	熟练
95	吴骁瑾	13	三阳屯	初中在读	ZA	熟练	熟练	熟练
96	谭晓韦	19	三阳屯	高中	ZA	熟练	熟练	熟练
97	谭晓莉	15	三阳屯	初中在读	ZA	熟练	熟练	熟练
98	谭华祚	10	三阳屯	小学在读	ZA	不会	熟练	熟练
99	谭雄发	7	三阳屯	小学在读	ZA	不会	熟练	熟练

序号	姓名	年龄/岁	住址	文化程度	第一语言及水平	毛南语水平	壮语水平	汉语水平
100	谭雄展	12	三阳屯	初中在读	ZA	一般	熟练	熟练
101	谭茨恙	15	三阳屯	初中在读	ZA	熟练	熟练	熟练
102	谭龙海	11	三阳屯	小学在读	ZA	不会	熟练	熟练
103	谭斌	14	三阳屯	初中在读	ZA	一般	熟练	熟练
104	谭凤姿	16	三阳屯	初中	ZA	熟练	熟练	熟练
105	谭荣林	11	三阳屯	小学在读	ZA	不会	熟练	熟练
106	谭雄琨	12	三阳屯	初中在读	ZB	不会	一般	熟练
107	谭茨勉	7	三阳屯	小学在读	ZA	不会	熟练	熟练
108	谭姣姣	16	三阳屯	初中在读	ZA	熟练	熟练	熟练
109	谭雪姣	9	三阳屯	小学在读	ZA	一般	熟练	熟练
110	谭顺研	11	三阳屯	小学在读	ZA	一般	熟练	熟练
111	谭丰宝	15	三阳屯	初中在读	ZA	一般	熟练	熟练
112	谭丽莎	9	三阳屯	小学在读	ZA	不会	熟练	熟练
113	谭奔	14	三阳屯	初中在读	ZA	熟练	熟练	熟练
114	谭莹露	13	三阳屯	初中在读	ZA	熟练	熟练	熟练
115	谭莹	9	三阳屯	小学在读	ZA	不会	熟练	熟练
116	谭金航	15	三阳屯	初中在读	ZA	一般	熟练	熟练
117	谭雪梅	12	三阳屯	初中在读	ZA	一般	熟练	熟练
118	谭雨霏	10	三阳屯	小学在读	ZA	不会	熟练	熟练
119	谭俊锐	17	三阳屯	初中	ZA	一般	熟练	熟练
120	谭维乾	14	三阳屯	初中在读	ZA	一般	熟练	熟练
121	谭梦玲	13	三阳屯	初中在读	ZA	一般	熟练	熟练
122	谭国维	16	三阳屯	初中在读	ZA	一般	熟练	熟练

注："M""Z""H"分别指毛南语、壮语、汉语；"A""B""C"分别指熟练、一般、不会。

将表 6-12 的数据初步处理分析的结果如表 6-13 所示。

表 6-13　122 位 6～19 岁青少年的语言使用情况分析表

第一语言	个数/个	所占比例/%
壮语	91	74.60
毛南语	30	24.60
汉语	1	0.80

表6-13显示，91位青少年改变了母语习得顺序，占青少年人口比例的74.60%，30位青少年把毛南语作为第一语言来使用，占青少年比例的24.6%。这说明，相对下南乡其他村寨，仪凤村至少 3/4 的青少年都改变了母语习得顺序，即壮语为第一习得语言。而肯仇屯的谭小妹之所以第一语言为汉语（熟练）是因为其从小跟父亲在城市生活，没有习得当地语言的环境，当然，没有调查到的村屯或许也会存在这样一种现象，值得注意。综上所述，在仪凤村土生土长的小孩，第一习得语言绝大部分都是壮语，并且几乎都够熟练使用；要说明的是其中 3 位壮语为"一般"的青少年，所占比例为 2.5%。谭雄琨、卢金瑞两位现在在读初中，由于离开仪凤村到下南社区读书，并且从小开始大多时候都是讲桂柳话，而谭孟在读高中，也离开仪凤村在外求学（表6-14）。

表 6-14　壮语为"一般"的青少年语言情况表

类型	A 级总数/个	B 级总数/个	C 级总数/个
壮语个数/个	119	3	0
毛南语个数/个	64	27	31
汉语个数/个	101	21	0

同时，部分青少年除了能熟练使用壮语，还学会一口流利的毛南语，原因是什么呢？经过调查访谈，主要有以下几个因素，要么是刚从下南乡其他村迁入该村的家庭的小孩，因为时间间隔不久，祖父辈在家都还是以毛南语为主，但又生活在以壮语为主的地区；要么是这些青少年的母亲是从下南其他村屯嫁过来的，随母亲讲毛南语，当然也有的是出生于族级婚姻家庭，选用自己父母所使用的语言。当然此类所占比例很小。

表 6-15　壮语、毛南语熟练的青少年语言情况表

语言文字类型 ＼ 第一语言所占个数	壮语 A 级/个	毛南语 A 级/个	汉语 A 级/个
壮语	90	33	78
毛南语	28	30	22
汉语	1	1	1

从表 6-15 的数据可以看出，壮语熟练又能同时熟练使用毛南语的比例并不

大。很多已经改变母语习得顺序的青少年，壮语在这个地区的普及让毛南语受到了很大的冲击，从表 6-16 和表 6-17 可以看出来，毛南语"一般"和"不会"级别的青少年都改变了母语的习得顺序，可以说，都转用壮语为第一语言。本为母语的毛南语就处于弱势，甚至被抛弃不用。

表 6-16　毛南语"一般"级别的青少年语言情况表

语言文字类型 \ 第一语言所占个数	壮语 B 级/个	毛南语 B 级/个	汉语 B 级/个
壮语	1	27	13
毛南语	2	0	8
汉语	0	0	0

表 6-17　毛南语"不会"级别的青少年语言情况表

语言文字类型 \ 第一语言所占个数	壮语 C 级/个	毛南语 C 级/个	汉语 C 级/个
壮语	0	31	0
毛南语	0	0	0
汉语	0	0	0

母语能否传承，是衡量一种语言能否延续下去的重要标志（表 6-18）。

表 6-18　毛南语在青少年里的传承情况表

语言文字类型	A 级		B 级		C 级	
	人数/人	百分比/%	人数/人	百分比/%	人数/人	百分比/%
壮语	119	97.5	3	2.5	0	0.0
毛南语	64	52.5	27	22.1	31	25.4
汉语	101	82.8	21	17.2	0	0

注："熟练"级别占的比例越大，表示熟练使用者越多，比率越高毛南语在青少年里传承得越好，越稳定；"熟练"和"一般"之和反映这些村屯青少年能够使用母语的最大量。

从表 6-18 可以清楚看到，在仪凤村会壮语的人数占青少年总数的 100%，而本作为母语的毛南语却占 74.6%，青少年使用壮语的最大量远高于毛南语，由此看来，毛南语在仪凤村的青少年中并没有得到很好的传承，也很不稳定。母语能否传承，是衡量一种语言能否延续下去的重要标志。而语言要能够一代延续一代地传承下去主要通过两个途径来实现的，一是在家庭内部，父母有意识地将母语作为第一语言传授给子女；关于第一点，由于仪凤村改变母语习得顺序不止是这一代人的事情，历史由来已久，造成现在仪凤村很多家长已经没有这个观念。在访谈中，笔者曾经问过两个人："您认为有必要在自己的小孩出生后就有意识地要求他们学习你们的母语吗？"他们的回答是："没有必要，因为我们这里都全部讲壮语了，都是这样，没有什么不方便；而且小孩上初中后回去下南乡，他们自然就学会毛南语了。"自然，母语就沦为第二语言了，这同时也是该村青少年不以母语为第一语言的重要原因。二是在母语社区内，儿童从母语语言社区中自然习得母语。仪凤村青少年平均年龄在 12 岁以上一般都能够有机会习得母语，这是由于仪凤村只开设小学，上初中必须到下南乡乡里的中学就读，而下南乡是毛南语稳定使用的聚居区，上至老人，下至小孩，很多场合多是使用毛南语交流，这就形成了以使用毛南语的良好环境。加上当地教师多是毛南族人，仪凤村出来的孩子为了更好地融入下南乡乡里的学习生活，他们就必须慢慢学会毛南语或者从另一个角度说，作为毛南族人，他们更希望自己学会一口流利的毛南语。不会毛南语的青少年或者是由于在下南读书时都用汉语交流，或者是在仪凤村读完小学就辍学外出务工，并且日常交流中也没有使用到毛南语，老人家都用壮语与其交流，其没有学习毛南语的机会。

以抽查数据为本，对具体数据的分析如表 6-19 所示。

表 6-19　毛南语使用情况表

语言文字类型	熟练		一般		不会	
	人数/人	百分比/%	人数/人	百分比/%	人数/人	百分比/%
毛南语	64	52.5	27	22.1	31	25.4

从表 6-19 可以看出，母语达到"熟练"程度的仅占 52.5%，能够使用母语的最大量也只占 74.6%，还有 25.4% 的青少年没有在以后的学习生活中习得母语。值得说明的是，不会说毛南语的青少年绝大部分还是听得懂，这也就是听、说能力不平衡的表现。

根据表 6-19 数据，在仪凤村，兼语同样具有普遍性，仪凤村的青少年，少则兼用壮语和汉语，多则壮语、毛南语和汉语。双语并行的地区不可避免地存在语言之间的竞争，且不可避免地会出现强势语言和弱势语言之别。按一般的规律，不是弱势语言慢慢走向衰变最后被强势语言所替代，就是两者在竞争中互相消长，长期共存，最后和谐共处。就下南乡仪凤村来说，目前壮语和毛南语，或者壮语和汉语的关系是互补的关系，表现在，第一习得语言壮语和沦为兼语的毛南语，或壮语和兼语汉语在各自的范围发挥着不同的作用，互补构成一个基本满足人们日常交际的语言系统。

在仪凤村，笔者在调查中了解到，青少年在村寨里和家庭内部多使用壮语，青少年和长辈交谈时，有时使用壮语有时使用汉语；有些儿童少年，从小父母就有意识地教授其汉语，故在跟祖辈一起时用壮语（祖辈中汉语流利的很少），而在与父辈交谈时就用汉语。无论中小学，在课堂上老师们都使用汉语普通话教学，课堂上的交流大家也多是用汉语普通话，还在村里读书的少年儿童，下课后同族之间的交流还是以壮语为主，去下南读书时，慢慢地学会毛南语，日常交际就因不同的对象而使用不同的语言，与一起从仪凤村来的同学说壮语，与下南乡其他村寨的同学说毛南语，与外来的同学说汉语，第一语言和兼语的这种互补和谐在青少年的语言使用中有着鲜明的表现。

三、以水源镇上南村为第三个语言群体

毛南族中以水源镇上南村为第三个语言群体来看，青少年都已不会说母语，除少数老人还能听懂并可以简单交谈，其余基本全部转用壮语。

语言专用也就是语言替换，就是指一个民族或民族中的一部分人放弃了本民族语言，转而使用另外一种民族语言的现象。上南村是毛南族另外一个聚居地，上南村共 37 个屯，2385 人，98%的人为毛南族，长期以来，由于受地理环境、交通状况、经济模式、文化教育、传统习俗、语言观念、社会交往等各种因素的综合影响，上南村 37 个自然屯中，已有 31 个屯全部转用壮语，其余 6 个屯平均每屯几户人家还会说毛南语，但仅仅是在家庭内部使用。

上南村语言使用情况的具体数据如表 6-20 所示。

表 6-20　上南村语言使用情况表

序号	屯名	讲壮语	讲毛南语	备注
1	上圩一屯	否	是	
2	上圩二屯	否	是	只有老人讲

序号	屯名	讲壮语	讲毛南语	备注
3	上村屯	是	否	
4	下村屯	是	否	
5	洞界屯	是	否	
6	论洞屯	是	否	
7	凤凰屯	是	否	
8	胸好屯	是	否	
9	板时屯	是	否	
10	甲帮屯	是	否	
11	上半屯	是	否	
12	下半屯	是	否	
13	下口屯	是	否	
14	回理屯	是	否	
15	昆洞屯	是	否	
16	上楼屯	是	否	
17	中楼屯	是	否	
18	下楼屯	是	否	
19	内吊屯	是	否	
20	翁富屯	是	否	
21	美改屯	是	否	
22	亮洞屯	否	否	2户人家
23	任洞屯	是	否	
24	高岭屯	否	否	6户人家
25	井盆屯	否	否	7户人家
26	上艾屯	是	否	
27	下艾屯	是	否	
28	翁理屯	是	否	
29	洞龙屯	是	否	
30	美利屯	是	否	
31	现灰屯	是	否	
32	下巴屯	是	否	

续表

序号	屯名	讲壮语	讲毛南语	备注
33	下圩屯	是	否	
34	反修屯	是	否	
35	北干屯	是	否	
36	上英屯	是	否	34户人家
37	常洞屯	是	否	15户人家

表 6-20 的数据表明：几乎所有村屯的人都已经全部转用壮语作为日常交际用语，更不用说没有接触或者极少接触毛南语的青少年群体。笔者在走访中同样了解到，几乎所有青壮年以上的上南村人都已经全部转用壮语作为日常交际用语，就算是还用毛南语交流的零星的几户人家，离开家庭到外面都用壮语或者汉语交际。毛南语在这个地区已经不能作为日常的交流用语。为说明这个问题，笔者随机选取了几位年长者进行毛南语 500 词测试，从中能够看出他们能够使用毛南语的最大量，以此来反证，在上南村这个毛南语聚居地，除少数老人还能听懂并可以简单交谈，其余基本全部转用壮语，而青少年都已不会说母语，具体数据如表 6-21 所示。

表 6-21　随机选取的 4 位年长者进行 500 词测试情况表

姓名	年龄/岁	A 计数/个	A 百分比/%	B 计数/个	B 百分比/%	C 计数/个	C 百分比/%	D 计数/个	D 百分比/%	计数合计/个
谭金城	46	173	34.6	18	3.6	43	8.6	266	53.2	500
莫继祥	41	461	92.2	13	2.6	15	3.0	11	2.2	500
覃国馨	75	188	37.6	124	24.80	46	9.2	142	28.4	500
谭金泉	79	365	73.0	45	9.0	90	18.0	0	0.0	500

一般来说，语言转用与年龄层成反比，年龄越大，语言转用越低，反之越高；但毕竟还有几个屯的老人还用毛南语，41 岁的莫继祥本身就是生活在还讲毛南语的家庭，所以 AB 之和，以及语言使用的最大量所占比例还比较大，这是一个特殊现象。在访谈过程中，他也提到这一点，并说就算是七八十岁的老人已经很少有毛南语使用能力比他强的。关于这一点，笔者在作毛南语 500 词测试时已经注意到且印象特别深刻，笔者测试的对象是比他年长的谭金城，当时莫继祥就站在

旁边，还帮助笔者不断地提醒测试对象。或许因为从小就转用壮语，谭金城除了简单的词语能比较熟练且快速地读出来外，很多日常经常用到或见到的东西也都不会说或者是用壮语来代替，因为笔者是壮族人，且测试表有国际音标备注，故哪个是壮语和哪个是毛南语还是分不清楚，印象最深刻的，要数笔者不断地提醒他：这个是壮语读法。从表 6-21 也可以看出，谭金城毛南语使用能力已经远远低于同辈的莫继祥。综上所述，且从历史或者很多成文的数据得知，上南村已经在父辈基本完成语言的转用，老一辈已经是这种现状，更不用说没有接触或者很少接触毛南语的青少年。

语言变化是一个过程，而语言的转用有早期、中期和晚期之别，不同时期语言转用各有特点；从时间长短、语言结构等方面的变化来看，语言转用还有缓慢型和急促型之分，从调查、访谈、查证等方式得知，上南村由曾祖辈到祖父辈、祖父辈到父母辈短短三代就完成了毛南语向壮语的转换，从新中国成立初期到现在仅仅用了一个世纪的时间，且从语言结构变化看，由于时间较短，专用的壮语并没有对毛南语造成很大的影响，毛南语结构仍保存的比较完整，但是也可以看到，大部分屯、绝大多数家庭已经完成语言转用全过程，由此看来，此地语言转用属于急促型并处于收尾阶段，语言转用处在转用晚期。从另一个角度可以说，青少年已经完成了语言转用的全过程。这个可以从以下两个访谈来说明，列举如下。

韦运道，毛南族，64 岁，上南社区村民。访谈部分内容如下：

问：您刚才提到，您小时候和父母是说毛南语的，后来就转说壮语了，
　　是什么时候开始转用的呢？

答：印象中最先学会的是毛南语，那时候村里讲毛南语也挺普遍的，一
　　直到新中国成立初期吧，开始有川山镇、水源镇等壮族地区的人
　　进入我们上南，有调进来当老师的，有干部下乡的，还有人来赶
　　八圩做生意，还有文艺队，也都是讲壮语的。

问：您说有讲壮语的老师进入你们上南，他们上课用什么语言呢？

答：他们讲壮语的人进入上南，是不会讲毛南语的，我从 7 岁开始进学
　　校读书，大部分的老师上课都是讲壮语，上课发言什么都是讲壮语
　　的。只有极个别的从下南调进来的老师会毛南语，因为大部分老师都
　　用壮语上课，所以我们学生就不得不学壮语，壮语也越来越好。

问：来上南赶圩做生意的人，大多数从什么地方过来的？

答：大多数是从川山镇、水源镇的，我们这里往西边都是讲壮语的壮族村，往西边交通比较便利。上南往东边，和下南隔着一座大山，交通不便利，1976 年我们这里才和下南通一条小路，我们去下南还要爬山，所以川山镇这边过来的人比较多。他们又都是讲壮语的，所以我们就和他们讲壮语，我们和他们交往的比较多。我们也去那边做买卖。

问：现在的年轻人还会毛南语吗？

答：我们这孩子一出生，最先学会的是壮语。以前我们这里是个乡，现在上南村划入水源镇了，孩子要到水源镇去读书或者打工，他们就学会说桂柳话。如果是要到下南做生意啊，打工啊，读书啊，就要学会毛南语，如果不会毛南语就无法沟通，所以就逼着年轻人学会毛南语。在上南不讲壮语，买不到东西；在下南不讲毛南语，也买不到东西。

问：您的孙子、孙女会毛南语吗？

答：我的孙子、孙女不会毛南语，他们都还在上南这一片，不到下南读书，没有讲毛南语的环境。而且我孙子、孙女普通话说得很好，我儿子、儿媳都教他们普通话，现在全社会交流都用普通话，学校都讲普通话，说普通话对他们比较容易适应，也有助于提高学习成绩。

问：您说上南都是说壮语，您觉得有必要教您的孙子、孙女毛南语吗？

答：我有时候会教他们一点毛南语，我愿意教他们，但是他们不太喜欢学。他们都觉得现在用不上，毕竟上南这里没有说毛南语的环境，大家都说壮语，我觉得也没有必要专门教孙子、孙女毛南语，如果他们要到下南读书、打工什么的，有了那个环境自然就会了。毛南语也不官方，出去交往也可以不用毛南语。他们会毛南语也行，不会也行，总之要适应社会发展。

那么造成这种现状的原因是什么呢？由以上，笔者总结了以下几点，第一是特殊的地理位置和分布特点是语言转用的主要原因；从民族感情上来讲，上南村的毛南族人还是很希望能够跟山那边的毛南族同胞互交往来的，但由于上南西面的大山阻隔，毛南族聚居地村寨之间的彼此联系不密切，或者说根本无法联系，而环绕在其他面的"邻居"都是壮族人；上南人口密度低，周围壮族地区人口密度大，壮语正是凭借其强势的交际功能获得越来越多的使用人口和越来越广的使用范围。壮语有逐步吞噬、逐个击破的态势。先是一户，再次一屯，最后整个村寨全部沦陷。毛南语势必走向语言的转用。第二，族级通婚加快了语言转用的速度；上南村毛南族人，一年到头连自己的同胞都难得见上一面，更不用说同族之间喜结姻缘，不能喜上加喜的情况下只能寻求外援，而对周边的壮族同胞来说，那是天时、地利、人和的。第三，对先进文化的高度认同是语言转用的心理保证，同时政府加大汉语文教育的普及，这些都加速了语言转用的进程；第四，生产力决定生产关系，最根本的原因是外向型的经济模式推动语言转用的进程。新中国成立后，我国经济发展势如破竹，现代社会已经容不下传统的农耕生产模式，为了满足日常生活的需求，村民必须把社会交际范围向外扩展，首当其冲的就是壮族地区，为了方便日常信息的交流，上南村的毛南族人不得不掌握这个地区的通用语即壮语。综上所述，语言转用是各种因素中和作用的结果。

第三节　环江毛南族自治县毛南族青少年语言现状的表现及原因

通过前两节的讨论可以发现，环江毛南族自治县毛南族青少年的语言使用与中老年人相比存在很多新的特点。本节结合词汇测试情况对毛南族青少年的语言进行分析。

一、青少年的母语能力下降的表现

（一）词汇使用能力下降

对一种语言词汇量把握的大小，反映了这种语言水平的高低。在本次调查中，笔者运用毛南语 500 词对青少年进行测试。毛南语 500 词是选自毛南语中最基本、最常用的词，涉及的语义范围广、词类齐全，对毛南语的使用水平能作出一个准确的评估。通过毛南语 500 词的测试，不仅能够看出测试人掌握毛南语的基本能力，还能清晰地区分出不同人的语言能力。

测试中被测试的人能立刻说出来的词汇为 A 级；需要想一会才能说出的词汇为 B 级；需要测试人提示的词汇为 C 级，测试人提示后仍不会说的词汇为 D 级。

表 6-22 是以抽样方式对 3 位下南乡中老年莫继详、谭俊周、谭健儿，以及 3

位下南乡青少年谭丽环、谭孟桃、王冲所作的 500 词测试表。

表 6-22　500 词测试表

序号	分类	词语	国际音标	谭健儿	莫继祥	覃俊周	谭丽环	谭孟桃	王冲
1	天文	天	bən¹	A	A	A	A	A	B
2	天文	太阳	la:k⁸van¹	A	B	A	A	A	D
3	天文	月亮	ni⁴njen²	A	A	A	A	D	D
4	天文	星星	zət⁷	A	A	A	B	D	D
5	天文	风	ləm¹	A	B	A	A	C	D
6	天文	雨	fin¹	A	A	A	A	C	D
7	地理	山	koŋ³pja³	A	A	A	A	C	D
8	地理	田（水田）	ʔja⁵	A	A	A	A	C	D
9	地理	石头	tu:i²	A	A	A	A	B	A
10	地理	火	vi¹	A	A	A	A	A	D
11	方位	面前	na³	A	A	A	A	C	A
12	方位	里面	ja:u³	A	A	A	A	D	D
13	方	右	fa¹	A	A	A	B	D	D
14	方位	左	ze⁴	A	A	A	A	D	D
15	方位	旁边	jen¹	A	A	A	A	D	D
16	时间	从前	ku:n⁵	A	A	A	A	D	D
17	时间	年	mbe¹	A	A	A	A	D	D
18	时间	今年	mbe¹na:i⁶	A	A	A	A	A	D
19	时间	明年	mbe¹ʔna³	A	A	A	B	D	D
20	时间	去年	mbe¹ta⁶	A	A	B	A	D	D
21	时间	前年	mbe¹ku:n⁵	A	A	A	A	D	D
22	时	月（月份）	ŋɔ:t⁸	A	A	A	A	D	D
23	时间	一月	njen²tseŋ¹	D	A	A	A	C	D
24	时间	二月	ni⁶ŋɔ:t⁸	A	A	A	A	C	D
25	时间	天（日）	van¹	A	A	A	A	A	D
26	时间	今天	van¹na:i⁶	A	A	A	A	A	A
27	时间	昨天	van¹ʔnuɯn¹	A	A	A	A	A	D
28	时间	白天	ta⁵van¹	A	A	A	A	D	D
29	时间	夜里	ta⁵ʔnam⁵	A	A	A	A	D	D

续表

序号	分类	词语	国际音标	谭健儿	莫继祥	覃俊周	谭丽环	谭孟桃	王冲
30	时间	早晨	$ta^6ji:t^7$	A	A	A	A	C	D
31	动物	牛	$pɔ^4$	D	A	A	A	A	A
32	动物	黄牛	$pɔ^4$	A	A	A	A	A	D
33	动物	水牛	kwi^2	A	A	A	A	D	A
34	动物	羊	zo^2	A	A	A	A	D	D
35	动物	猪	mu^5	A	A	A	A	B	A
36	动物	公猪（一般的）	mu^5ceu^2	A	A	A	C	D	D
37	动物	狗	ma^1	A	A	A	A	A	A
38	动物	老虎	$məm^4$	B	A	A	B	D	D
39	动物	熊	moi^1	B	D	A	D	D	D
40	动物	猴子	$mu:n^6$	A	A	A	B	D	D
41	动物	野猪	$da:i^5$	A	B	A	A	D	D
42	动物	老鼠	$nɔ^3$	A	A	A	A	A	D
43	动物	鸡	$ka:i^5$	A	A	A	A	A	D
44	动物	公鸡	$ka:i^5sai^3$	A	A	A	B	A	D
45	动物	雉鸡（野鸡）	$nɔk^8kuk^7$	A	D	B	A	D	D
46	动物	鸭子	$ʔɛp^7$	A	A	A	A	A	D
47	动物	鸟	$nɔk^8$	A	A	A	A	B	D
48	动物	老鹰	$ȵa:u^2$	A	A	A	B	D	D
49	动物	猫头鹰	kau^1	A	A	C	B	D	D
50	动物	蝙蝠	ko^2	A	A	A	D	D	D
51	动物	蛇	$zu:i^2$	A	A	A	A	A	A
52	动物	虫	ta^1	A	C	A	A	C	D
53	动物	蝴蝶	$buŋ^4ba^4$	A	A	A	A	D	D
54	动物	蜘蛛	$kuŋ^6ka:ŋ^2$	B	C	B	A	D	D
55	动物	蟑螂（烧甲）	$da:p^8$	B	A	A	B	D	D
56	动物	蜈蚣	ta^1chap^7	A	A	A	C	A	D
57	动物	蚂蚁	$mət^8$	A	A	A	C	C	D
58	动物	蚂蚁洞	$koŋ^1mət^8$	B	A	A	C	D	D

序号	分类	词语	国际音标	谭健儿	莫继祥	覃俊周	谭丽环	谭孟桃	王冲
59	动物	蝉	vi:t^8	B	A	A	C	D	D
60	动物	螳螂	təm^{2}təŋ^2	C	A	A	D	B	D
61	动物	蚱蜢	djak^6	C	D	A	D	D	D
62	动物	蜜蜂	luk^8	A	A	A	C	D	D
63	动物	苍蝇	ȵuŋ^{4}vjan^1	B	A	A	A	C	D
64	动物	蚊子	ȵuŋ^{4}ŋɔ:ŋ^5	B	A	A	A	B	D
65	动物	跳蚤	mat^7	A	A	A	C	D	D
66	动物	臭虫	nɖiŋ^1	A	D	B	B	D	D
67	动物	虱子（衣服上的）	nan^1	A	A	A	C	D	D
68	动物	头虱	tu^1	A	C	A	C	A	D
69	动物	蛆	nu:n^1	C	C	C	C	D	D
70	动物	蛔虫	tɛ^6	A	A	A	C	D	D
71	动物	蚯蚓	zan^4	A	A	A	C	B	D
72	动物	蛙（小的）	kwai^3	A	A	A	C	D	D
73	动物	田鸡（大青蛙）	kəp^7	A	A	A	C	D	D
74	动物	癞蛤蟆	kəp^{7}pa:t^7	A	B	A	C	D	D
75	动物	蝌蚪	pi^{2}choŋ^3	A	A	B	C	D	D
76	动物	旱蚂蟥	mbiŋ^1	B	A	B	D	D	D
77	动物	螺蛳（田螺）	khui^3	A	A	A	C	B	D
78	动物	鱼	mbjai^3	A	A	A	A	D	D
79	动物	黄鳝	ta:ŋ^{6}tsjen^4	A	A	C	C	D	D
80	动物	泥鳅	tɔ^{2}zon^4	A	A	A	A	D	D
81	动物	羽毛	sən^1	D	A	B	A	A	D
82	动物	毛	sən^{1}ka:i^5	C	A	A	A	D	D
83	动物	翅膀	va^5	A	A	A	A	D	D
84	动物	鸡尾	sət^{7}ka:i^5	A	A	A	B	B	D
85		树	mai^4	A	A	A	A	D	A
86	植物	树林	doŋ^2	B	A	A	A	D	D
87	植物	树枝	ʔȵa^{5}mai^4	A	A	A	A	D	D

续表

序号	分类	词语	国际音标	谭健儿	莫继祥	覃俊周	谭丽环	谭孟桃	王冲
88	植物	树叶	va⁵	A	A	A	A	D	D
89	植物	甘蔗	ʔuːi³	A	A	A	A	D	D
90	植物	草	caŋ¹	A	A	A	A	A	D
91	植物	茅草	hi¹	A	A	B	C	D	D
92	植物	棉花	waːi⁵	A	A	A	D	D	D
93	植物	竹子	mai⁴tim³	A	A	A	C	D	D
94	植物	竹笋	naːŋ¹	A	A	A	C	D	D
95	植物	竹节	phoŋ³	A	A	A	C	C	D
96	植物	水稻	ɦiu⁴ja⁵	A	A	A	C	C	D
97	植物	秧	ca³	A	A	A	B	C	D
98	植物	禾苗	ca³	D	A	B	B	C	D
99	植物	稻草	faːŋ¹	A	A	A	C	C	D
100	植物	花生	tau⁶ti⁵	A	A	A	A	C	D
101	植物	蔬菜	ʔma¹	A	A	A	A	A	D
102	植物	苦瓜	kwa¹kam¹	A	A	B	C	C	D
103	植物	瓢（葫芦瓜）	bɛ⁶	B	A	A	B	C	D
104	植物	甘薯（红薯）	laːk⁸man²	A	A	A	A	C	D
105	植物	芋头	laːk⁸ʔiːk⁷	A	A	A	A	C	D
106	身体	头	ko³	A	A	A	A	A	A
107	身体	头发	pjam¹	A	A	A	A	A	A
108	身体	辫子	pjen⁴	B	A	B	B	D	D
109	身体	脸	na³	A	A	A	A	C	A
110	身体	腮颊	ŋai⁵	B	A	B	C	D	D
111	身体	耳朵	kha¹	A	A	A	A	C	D
112	身体	眼	nda¹	A	A	A	A	C	D
113	身体	鼻子	ʔnaŋ¹	A	A	A	A	D	A
114	身体	嘴	paːk⁷	A	A	A	A	C	A
115	身体	牙齿	hiːu³na³	B	A	A	A	C	A
116	身体	舌头	ma²	A	A	A	A	D	D

续表

序号	分类	词语	国际音标	谭健儿	莫继祥	覃俊周	谭丽环	谭孟桃	王冲
117	身体	喉咙	koːŋ⁴	C	A	A	A	D	D
118	身体	脖子	dən⁴	C	A	A	A	D	A
119	身体	手	siːm³	A	A	A	A	A	A
120	身体	拇指	ni⁴siːm³	A	A	A	B	C	D
121	身体	食指	laːk⁸tjɔŋ¹zjaːŋ⁶	A	B	A	D	D	D
122	身体	中指	laːk⁸tjɔŋ¹tu⁶ta⁵	A	A	A	D	D	D
123	身体	无名指	kam³me²daːn²	D	A	B	D	D	D
124	身体	小指	laːk⁸tjɔŋ¹mi²	A	A	A	D	D	D
125	身体	指甲	dip⁷	A	A	A	C	D	D
126	身体	拳头	con²	A	A	A	B	C	D
127	身体	脚	tiːn¹	A	A	A	B	A	A
128	身体	膝盖	kam⁶ko⁶	A	A	A	C	D	A
129	身体	腿	pja¹	B	A	A	A	A	A
130	身体	大腿	pja¹	C	A	A	A	C	D
131	身体	鼻涕	muk⁸	A	A	A	A	C	A
132	身体	口水	ŋga¹	D	A	A	B	C	A
133	身体	汗	vən⁵	A	A	A	B	C	A
134	身体	屎	ce⁴	A	A	A	A	C	A
135	称谓	曾祖父	kɔŋ⁵maːŋ⁶	C	A	B	C	C	D
136	称谓	曾祖母	pa²maːŋ⁶	B	A	B	A	A	D
137	称谓	祖父	kɔŋ⁵	B	A	A	A	A	A
138	称谓	祖母	pa²	B	A	A	A	A	A
139	称谓	父母	tɛ²ni⁴	A	A	A	A	A	A
140	称谓	父亲	tɛ²	A	A	A	A	A	A
141	称谓	母亲	ni⁴	A	A	A	A	A	C
142	称谓	妻子	lja³	A	A	A	A	B	D
143	称谓	哥哥	vaːi⁴	A	A	A	A	B	A
144	称谓	嫂子	vɛ²lja³	A	A	A	A	B	D
145	称谓	弟弟	nuŋ⁴	A	A	A	A	B	A

续表

序号	分类	词语	国际音标	谭健儿	莫继祥	覃俊周	谭丽环	谭孟桃	王冲
146	称谓	姐姐	$vɛ^2$	A	A	A	A	B	D
147	称谓	儿子	$laːk^8$	A	A	A	A	A	A
148	称谓	儿媳	$laːk^8lja^3$	A	A	A	C	A	D
149	称谓	女儿	$laːk^8biːk^8$	A	A	A	C	A	D
150	称谓	孙子	$laːk^8chaːn^1$	A	A	A	A	D	A
151	称谓	孙女	$laːk^8chaːn^1biːk^8$	D	A	A	A	D	D
152	称谓	儿童	$laːk^8ce^3$	A	A	A	C	D	D
153	病痛	结巴	$ʔai^1da^3$	C	A	A	C	D	D
154	病痛	驼子	$kuŋ^5kɛːŋ^5$	C	B	A	A	D	D
155	病痛	聋子	$ʔai^1kha^1dak^8$	A	A	A	B	B	D
156	农事	家	$jaːn^1$	A	A	A	A	A	A
157	农事	粮仓（谷仓）	$zən^5$	B	D	A	A	D	D
158	农事	菜园	$fjen^1$	C	A	A	C	D	D
159	农事	门	$tɔ^1$	A	A	A	A	A	B
160	农事	路	$khun^1$	A	A	A	A	A	B
161	农事	布	$ʔi^1$	B	A	A	C	D	D
162	农事	筷子	tso^6	A	A	A	A	B	D
163	农事	锅铲	me^6zi^2	B	A	B	A	D	D
164	农事	刀	mit^8	A	A	A	A	A	A
165	农事	桌子	$ceŋ^6$	A	A	A	A	D	D
166	农事	椅子	$ŋut^8$	A	A	B	A	A	D
167	农事	扫帚	$ȵuːi^6kwaːt^7$	B	A	A	A	A	A
168	农事	梳子	chi^1	A	B	A	A	A	D
169	农事	秤	$ndaŋ^5$	A	A	A	C	D	D
170	农事	锁	ni^4zi^2	A	A	C	B	D	D
171	农事	钥匙	sai^2zi^2	A	A	A	A	D	D
172	农事	锄头	$laːk^8kau^1$	A	A	A	A	D	D
173	农事	扁担	$mai^4ŋaːn^1$	B	A	A	A	D	D
174	农事	山歌	pi^3	A	A	A	B	D	D

序号	分类	词语	国际音标	谭健儿	莫继祥	覃俊周	谭丽环	谭孟桃	王冲
175	农事	乡	ja:ŋ⁵	B	A	A	B	C	D
176	农事	场（集）	hui¹	A	C	A	B	C	D
177	农事	村	ba:n⁴	B	A	A	A	C	D
178	农事	毛南族	ma:u⁴ma:n⁶	A	A	A	A	D	D
179	农事	神	ma:ŋ¹	A	C	B	C	D	D
180	饮食	米	fiu⁴	A	A	A	A	A	D
181	饮食	饭	ʔu⁵	A	A	A	A	A	A
182	饮食	糍粑	zi²	A	A	A	A	D	D
183	饮食	肉	na:n⁴	A	A	A	A	D	D
184	饮食	牛肉	na:n⁴pɔ⁴	A	A	A	A	D	D
185	饮食	盐	kwo¹	A	A	A	A	A	D
186	饮食	酒（烧酒）	kha:u³	A	A	A	A	C	B
187	饮食	蛋	kai⁵	A	A	A	A	C	D
188	动作	断（扁担断了）	tjak⁷	B	A	A	A	D	D
189	动作	撞（车撞在墙上）	na:m⁵	B	A	A	B	D	D
190	动作	倒（树倒了）	lam⁵	B	A	A	A	D	D
191	动作	塌（倒塌）	lam⁵	B	A	A	B	C	D
192	动作	着（火着了）	chu:t⁷	B	A	B	B	D	A
193	动作	烧（野火烧山）	ta:u³	C	A	A	B	D	D
194	动作	灭（灯灭了）	dap⁸	A	A	A	B	D	D
195	动作	溢（水溢）	bot	B	A	A	B	D	D
196	动作	漏（水桶漏水）	lɔ⁶	A	A	A	B	D	D
197	动作	漏出	lən¹	A	A	A	C	D	D
198	动作	摆动（树枝摆动）	nai¹	D	A	A	C	D	D
199	动作	啃（啃骨头）	cip⁷	A	A	A	C	D	D
200	动作	蜇（马蜂蜇人）	tai³	A	A	A	A	D	D
201	动作	叫（母鸡叫小鸡）	ju⁵	D	A	A	A	A	D
202	动作	叫(母鸡下蛋时叫)	can²	B	A	D	A	D	D
203	动作	叫（鸟叫）	hi:t⁷	A	B	A	A	A	D

序号	分类	词语	国际音标	谭健儿	莫继祥	覃俊周	谭丽环	谭孟桃	王冲
204	动作	爬（蛇在地上爬）	laːi⁵	A	B	B	A	D	D
205	动作	飞	vin³	A	A	A	A	A	B
206	动作	缠绕	con	A	A	A	C	D	D
207	动作	游（鱼游水）	wai¹	A	A	A	C	D	D
208	动作	脱（蛇脱皮）	phoŋ¹	D	A	A	C	A	D
209	动作	结果	fin¹dat⁸	B	A	A	C	D	D
210	动作	枯萎	wo	A	A	A	C	D	D
211	动作	落（树叶落）	tɔk⁷	A	A	A	B	D	D
212	动作	烂（瓜果烂了）	li¹	A	A	A	A	D	D
213	动作	像（他像你）	daːu⁴	A	A	A	A	D	D
214	动作	成（成为）	fin	A	A	A	A	D	D
215	动作	有	me²	A	A	A	A	A	A
216	动作	没有（我没有书）	kam³me²	A	A	A	A	A	A
217	动作	来	taŋ¹	B	A	A	A	A	A
218	动作	去	paːi¹	A	A	A	A	A	A
219	动作	回	ma¹	B	A	A	A	C	A
220	动作	回来	ma¹lɔn¹	C	A	A	A	C	A
221	动作	回去	paːi¹ma¹	A	A	A	A	C	D
222	动作	出	ʔuk⁷	A	A	A	B	D	A
223	动作	进	daːu⁴	A	A	A	C	A	D
224	动作	上（上山）	sa⁵	A	A	A	C	D	D
225	动作	下（下楼）	luːi⁵	A	A	A	D	A	A
226	动作	后悔	tɔk⁷lən²	A	A	A	C	D	D
227	动作	担心	lfn2li1	B	D	B	C	D	D
228	动作	可怜	daːi²ȵaːm	B	A	A	C	D	D
229	动作	可惜	hoi³	B	A	A	D	D	D
230	动作	发抖	zan²	A	A	A	B	D	D
231	动作	疼（痛）	ciːt⁷	B	A	A	A	A	A
232	动作	咳嗽	fin¹ȵiːk⁸	A	A	A	A	C	D

续表

序号	分类	词语	国际音标	谭健儿	莫继祥	覃俊周	谭丽环	谭孟桃	王冲
233	动作	呕吐	ndok^7	A	A	B	A	C	A
234	动作	死	tai^1	A	A	A	A	A	A
235	动作	活（救活了）	ʔnaŋ^1	A	A	A	A	B	D
236	动作	出（嫁）	pa:i^1	A	A	A	A	D	D
237	动作	嫁	ca	A	A	A	A	D	D
238	动作	娶	ʔa:u^1	A	A	A	B	B	D
239	动作	怀孕	ɲak^{7}la:k^8	A	A	A	C	D	D
240	动作	生（生孩子）	za:ŋ^4	A	A	A	B	D	D
241	动作	过年	na^{4}tseŋ^1	C	A	A	C	D	D
242	动作	抬（头）	ʔjɔ^1	A	A	A	A	B	D
243	动作	低头	tsam^3	A	A	A	B	B	D
244	动作	点（头）	ŋa:u^2	A	A	A	B	B	D
245	动作	摇（头）	pi^1	A	A	A	B	B	D
246	动作	笑	cu^1	A	A	A	A	A	B
247	动作	哭	ɲe^3	A	A	A	A	A	A
248	动作	说	ca:ŋ^3	A	A	A	A	A	A
249	动作	问	sa:i^3	A	A	A	A	A	D
250	动作	夸奖	jan^5	A	A	B	C	D	D
251	动作	准备	cwe^2	A	A	A	A	D	D
252	动作	喊	ju^5	A	A	A	A	A	D
253	动作	唱（歌）	tshi:ŋ^5	A	A	A	A	B	D
254	动作	闹（小孩闹）	də:t^8	D	B	A	C	B	D
255	动作	哄（哄小孩使不哭）	lau^4	D	A	A	C	D	D
256	动作	骗	lan	A	A	A	B	B	D
257	动作	吵（架）	də:t^8	D	A	A	B	B	D
258	动作	骂	ba^6	A	A	A	A	B	D
259	动作	喝	na^4	D	A	A	B	A	A
260	动作	吃	na^4	A	A	A	A	A	C
261	动作	尝（尝尝够不够味）	chi:m^1	A	A	A	A	D	D

序号	分类	词语	国际音标	谭健儿	莫继祥	覃俊周	谭丽环	谭孟桃	王冲
262	动作	咬	cit⁸	A	A	A	A	C	A
263	动作	嚼	maːk⁷	A	A	A	B	C	D
264	动作	咽	dan²	A	A	A	C	D	D
265	动作	舔	pe⁶	B	A	A	D	C	D
266	动作	流（流口水）	loi	A	A	A	C	D	D
267	动作	搅	ndaːu¹	A	A	A	D	D	D
268	动作	打哈欠	khɔ¹	B	A	A	B	D	D
269	动作	抽（抽烟）	na⁴	A	A	B	B	D	D
270	动作	伸（伸舌头）	jaŋ⁴	D	A	A	B	D	D
271	动作	吹口哨	zəp⁸	D	A	A	A	C	D
272	动作	看	kau⁵	A	A	A	A	A	A
273	动作	看见	kau⁵du⁶	A	A	A	A	A	A
274	动作	眯（眼）	khap⁷	A	A	A	A	B	D
275	动作	眨（眼）	djap⁷	A	A	A	C	B	D
276	动作	闭（闭眼）	khap	A	A	A	A	A	D
277	动作	瞄（准）	nju⁴	B	A	A	A	B	D
278	动作	听	ʔni³	A	A	A	A	A	B
279	动作	闻（嗅）	nən⁴	A	A	A	A	B	D
280	动作	坐	zuːi⁶	A	A	A	B	A	B
281	动作	躺	nuːn²	A	A	A	A	A	D
282	动作	歇	za⁵	A	A	A	A	D	D
283	动作	休息	za⁵	A	A	A	A	D	D
284	动作	睡	nuːn²	A	A	A	A	A	A
285	动作	醒（睡醒）	dju²	A	A	A	A	A	A
286	动作	醉（酒醉）	me¹	A	A	A	B	A	D
287	动作	在	naːu⁶	B	A	A	A	B	B
288	动作	等（人）	ka⁵	A	A	A	A	B	A
289	动作	爬（爬树）	tjeu⁵	D	A	A	D	D	D
290	动作	过（过河）	ta⁶	A	A	A	B	B	D

序号	分类	词语	国际音标	谭健儿	莫继祥	覃俊周	谭丽环	谭孟桃	王冲
291	动作	超过	lɔ³	A	A	A	B	D	D
292	动作	玩（耍）	ka:u²	A	A	A	D	A	A
293	动作	跌倒	cham⁵	A	A	A	A	D	D
294	动作	出汗	ʔuk⁷	D	A	A	A	D	D
295	动作	见面	tu⁶tam³	D	A	B	C	D	D
296	动作	跟	njem	A	A	A	A	B	D
297	动作	碰（桌子）	kwɛ⁶	A	A	A	A	A	A
298	动作	陪（客）	taŋ⁴	B	A	A	C	D	D
299	动作	教	son¹	A	A	A	A	A	A
300	动作	找（找虱子）	ʔȵim¹	A	A	A	A	A	A
301	动作	赶（鸟）	nɖau³	D	A	A	A	D	D
302	动作	赶（走）	pa:ŋ⁴	D	A	A	A	D	D
303	动作	挤（挤进去）	dik⁸	A	A	A	A	D	D
304	动作	带（红领巾）	zap⁸	B	A	B	A	A	D
305	动作	带（钱）	djak	A	A	A	A	D	A
306	动作	带（带孩子）	kau⁵	D	A	B	A	D	D
307	动作	穿（穿鞋）	tan³	A	C	A	A	A	D
308	动作	戴（戴头巾）	zap⁸	D	A	A	A	A	D
309	动作	扛	ʔu:n¹	A	A	A	A	D	D
310	动作	抬	tjuŋ¹	A	A	A	A	D	D
311	动作	挑（挑谷子）	ta:p⁷	A	A	A	A	D	D
312	动作	背（背孩子）	ʔma⁵	A	A	A	A	D	D
313	动作	围（上来）	hɔ:m³	A	C	A	A	D	D
314	动作	打架（孩子打架）	tu⁶can⁴	A	A	A	A	D	A
315	动作	熏（用烟熏肉）	pən³	A	A	B	A	D	D
316	动作	烤（烤火）	pɔ⁶	C	A	A	A	D	D
317	动作	燃（火燃了）	ʔɔ⁵	A	C	A	A	D	D
318	动作	熄（熄灯）	dap⁸	A	A	A	A	D	D
319	动作	要（我要这个）	ʔa:u¹	A	A	A	A	A	A

续表

序号	分类	词语	国际音标	谭健儿	莫继祥	覃俊周	谭丽环	谭孟桃	王冲
320	动作	给（给钱）	na⁵	A	A	A	A	A	A
321	动作	拢（靠拢）	nap⁷	B	A	A	A	D	D
322	动作	洗（洗脸）	zuk⁷	A	A	A	A	A	A
323	动作	洗（碗）	ja:n⁵	A	A	A	A	A	D
324	动作	留（留饭）	zi:ŋ³	B	A	A	A	D	D
325	动作	喂（用食具喂小孩）	sa¹	A	A	A	A	A	D
326	动作	堆（堆积泥土）	tap⁸	B	A	A	A	D	D
327	动作	压（用石头压住）	djam¹	A	A	B	A	D	D
328	动作	竖（把柱子竖起来）	taŋ¹	B	A	A	A	D	D
329	动作	拆（拆房子）	lit⁸	A	A	A	A	D	D
330	动作	挂（挂在墙上）	lɔi³	A	A	A	A	D	D
331	动作	收拾	cɔn⁶	B	D	A	A	D	D
332	动作	伸（伸手）	ja:ŋ⁴	B	A	B	A	D	D
333	动作	招（招手）	wa:ŋ⁴	A	C	A	A	C	D
334	动作	举（举手）	ʔjo¹	A	C	A	A	D	D
335	动作	拿（拿书）	tsau⁴	A	A	A	A	D	A
336	动作	抱（抱小孩）	ʔu:m³	A	A	A	A	A	D
337	动作	握（握刀把）	am¹	B	A	B	A	A	D
338	动作	扔（扔掉）	vət⁷	A	A	B	A	D	D
339	动作	扶（扶起来）	zɐ³	B	A	A	A	D	D
340	动作	擤（擤鼻涕）	ja:ŋ⁵	B	A	A	A	D	D
341	动作	做（做工）	vɐ⁴	A	A	A	A	A	A
342	动作	端（端着汤碗）	tsau⁴	B	A	A	B	D	D
343	动作	拧（拧毛巾）	bit⁸	B	A	A	C	D	D
344	动作	推倒	kai4cham5	A	A	A	A	A	D
345	动作	牵（牵牛）	chɔŋ³	A	A	A	C	D	D
346	动作	折（折断树枝）	ʔja:u³	B	A	B	B	C	D
347	动作	打（打人）	map⁸	A	A	A	C	A	A
348	动作	捉（捉鸡）	sap⁷	A	A	A	D	B	D

序号	分类	词语	国际音标	谭健儿	莫继祥	覃俊周	谭丽环	谭孟桃	王冲
349	动作	放（放盐）	$zɔ^4$	A	A	A	A	B	D
350	动作	甩（把水甩干）	$vət^7$	A	A	A	A	D	D
351	动作	绑	zuk^8	A	A	A	B	B	D
352	动作	解（解绳结）	tsi^5	A	A	A	B	D	D
353	动作	砍（砍树）	$tɐ^5$	A	A	A	A	C	D
354	动作	削（削果皮）	$huːt^7$	A	A	A	B	C	D
355	动作	磨（磨刀）	$pjan^2$	A	A	A	A	D	D
356	动作	舂（舂米）	sa^5	B	A	A	A	D	D
357	动作	筛（筛米）	$jaŋ^1$	B	A	B	B	C	D
358	动作	量（量布）	wo^1	A	A	B	A	C	D
359	动作	称（称东西）	$ndaŋ^5$	A	A	A	A	D	D
360	动作	夹(用筷子夹菜吃)	$nɐp^7$	A	A	A	A	B	D
361	动作	梳（梳头）	chi^1	A	A	A	A	A	D
362	动作	剪	kat^7	D	A	A	A	B	A
363	动作	走	$saːm^3$	A	A	A	A	A	D
364	动作	锄（锄地）	$ŋguŋ^1$	A	A	A	B	D	D
365	动作	犁（犁地）	$kwai^1$	A	A	A	B	D	D
366	动作	插（插秧）	$djam^1$	A	A	A	B	D	D
367	动作	浇（浇菜）	$zɔ^4$	C	A	A	C	D	D
368	动作	浇水	zf^4nam^3	A	A	A	A	D	D
369	动作	拔（拔草）	$cuːn^1$	A	A	A	A	D	D
370	动作	煮（煮饭）	$tuŋ^1$	A	A	A	A	A	D
371	动作	捡	$tsəp^7$	B	A	A	A	D	D
372	动作	热（热饭）	do^4	A	A	A	A	D	D
373	动作	切（切菜）	$tsaːp^8$	A	A	A	A	D	D
374	动作	烫（用开水烫）	$lɔt^7$	A	A	A	C	D	D
375	动作	赶集（赶墟）	$paːi^1hɯ^3$	C	A	A	A	D	D
376	动作	买	$ndjai^3$	A	A	A	A	A	A
377	动作	卖	pje^1	A	A	A	A	D	D

续表

序号	分类	词语	国际音标	谭健儿	莫继祥	覃俊周	谭丽环	谭孟桃	王冲
378	动作	谢谢	seg³zju⁶	A	A	A	A	A	D
379	动作	明白	wɔ³	A	A	A	A	D	D
380	动作	干活儿	vɛ⁴kɔŋ¹	A	A	A	A	D	D
381	颜色	红	laːn³	A	A	A	A	D	D
382	颜色	黄	maːn³	A	A	A	A	A	D
383	颜色	蓝	pha¹	C	A	B	B	D	D
384	颜色	白	pok⁸	A	A	A	A	A	D
385	颜色	黑	nam¹	A	A	A	A	A	D
386	颜色	绿	ju¹	A	A	A	A	A	D
387	颜色	紫	kam²	D	D	A	B	D	D
388	颜色	灰（颜色）	pha¹	A	A	A	B	D	D
389	颜色	青（山色青青）	ju¹	A	A	A	B	D	D
390	颜色	光	lau¹	A	A	A	B	D	D
391	修饰与性状	亮（屋子很亮）	caːŋ¹	A	A	B	A	D	D
392	修饰与性状	暗（屋子很暗）	lap⁷	A	A	B	A	D	D
393	修饰与性状	甜（糖很甜）	faːn¹	A	A	A	A	B	A
394	修饰与性状	甜（萝卜很甜）	faːn¹	A	A	A	A	B	D
395	修饰与性状	酸	səm³	A	A	A	B	B	D
396	修饰与性状	苦	kam¹	A	A	A	B	D	A
397	修饰与性状	辣	maːn⁵	A	A	A	B	D	D
398	修饰与性状	咸	njaŋ⁵	A	A	A	A	D	D
399	修饰与性状	淡（酒淡）	tsit⁷	B	A	A	B	D	D
400	修饰与性状	淡（不咸）	tsit⁷	B	A	A	B	D	D
401	修饰与性状	新鲜	mai⁵	B	A	A	B	D	D
402	修饰与性状	香（花香）	ndaːŋ¹	A	A	A	B	D	D
403	修饰与性状	臭	ʔn̩in¹	A	A	A	A	D	D
404	修饰与性状	大	laːu⁴	A	A	A	A	A	D
405	修饰与性状	小	ʔni⁵	A	A	A	A	A	A
406	修饰与性状	长	ʔjaːi⁸	A	A	A	A	B	D

序号	分类	词语	国际音标	谭健儿	莫继祥	覃俊周	谭丽环	谭孟桃	王冲
407	修饰与性状	短	din⁴	A	A	A	A	D	D
408	修饰与性状	厚	na¹	A	A	A	A	B	D
409	修饰与性状	薄	ba:ŋ¹	A	A	A	A	D	D
410	修饰与性状	圆（球很圆）	don²	A	A	A	A	B	D
411	修饰与性状	宽 路宽）	ba⁶	A	A	A	A	B	D
412	修饰与性状	窄（路 ）	ja:p⁷	A	A	A	A	B	D
413	修饰与性状	高	voŋ¹	A	A	A	A	B	A
414	修饰与性状	矮	djam⁶	A	A	A	B	B	D
415	修饰与性状	低	djam⁶	A	A	A	A	B	D
416	修饰与性状	滑（路很滑）	lau¹	A	A	A	A	B	D
417	修饰与性状	尖（山很尖）	sam¹	A	A	A	A	D	D
418	修饰与性状	歪（帽子戴歪了）	koi²	A	D	A	B	B	D
419	修饰与性状	满（水满了）	tik⁷	B	A	A	A	B	D
420	修饰与性状	饱满（谷子饱满）	tik⁷	D	A	A	A	A	D
421	修饰与性状	硬	ca³	A	A	A	B	B	D
422	修饰与性状	软	ʔma³	A	A	A	A	D	D
423	修饰与性状	脆	hi:m¹	B	B	A	A	D	D
424	修饰与性状	干净	sɛu⁵	A	A	A	A	B	A
425	修饰与性状	脏（衣服脏）	ʔwa⁵	A	A	A	A	D	A
426	修饰与性状	深（水深）	ʔjam¹	A	A	A	B	A	D
427	修饰与性状	稠（粥很稠）	tən⁶	B	A	A	D	D	D
428	修饰与性状	稀（粥很稀）	lju¹	B	A	A	B	D	D
429	修饰与性状	轻	khu¹	A	A	A	B	B	D
430	修饰与性状	重	zan¹	A	A	A	B	B	D
431	修饰与性状	多	coŋ²	A	A	A	B	B	D
432	修饰与性状	远	ci¹	A	A	A	B	B	A
433	修饰与性状	近	phjai⁵	A	A	A	A	D	A
434	修饰与性状	快（走得快）	liu⁵	A	A	A	A	A	A
435	修饰与性状	慢（走得慢）	ʔjaŋ¹	A	A	A	A	D	D

续表

序号	分类	词语	国际音标	谭健儿	莫继祥	覃俊周	谭丽环	谭孟桃	王冲
436	修饰与性状	早（很早起来）	sam^1	A	A	A	B	A	D
437	修饰与性状	晚（很晚才睡）	fe^1	C	A	A	A	A	D
438	修饰与性状	热（天气热）	$tu:n^1$	A	B	A	A	B	D
439	修饰与性状	冷（天气冷）	$ja:m^5$	A	A	A	A	A	A
440	修饰与性状	饱	$tjaŋ^5$	A	A	A	A	B	D
441	修饰与性状	饿	$bi:k^8loŋ^2$	A	A	A	B	D	D
442	修饰与性状	困	lja^2	A	C	A	A	A	D
443	修饰与性状	累	lja^2	A	C	A	C	B	D
444	修饰与性状	高兴	$maŋ^4$	A	A	A	C	B	D
445	修饰与性状	瞎	$bu:t^8$	A	A	A	A	D	D
446	修饰与性状	痒	cit^8	D	A	A	A	D	D
447	修饰与性状	好	$da:i^2$	A	A	A	A	A	A
448	修饰与性状	坏	$cɔp^8$	A	A	A	C	B	B
449	修饰与性状	差	$khə^3$	C	D	A	A	D	D
450	修饰与性状	新	mai^5	A	A	A	B	B	D
451	修饰与性状	生（生肉）	dip^8	A	A	A	B	B	D
452	修饰与性状	熟（熟肉）	$zɔk^8$	A	A	A	B	B	D
453	修饰与性状	乱（头发乱）	lon^6	A	A	A	A	D	D
454	修饰与性状	年轻	$nɔ:m^3$	A	A	A	A	B	D
455	修饰与性状	老（人老）	ce^5	A	C	A	A	D	D
456	修饰与性状	胖	pi^2	A	A	A	A	D	D
457	修饰与性状	瘦（人瘦）	$ʔwon^1$	A	A	A	A	D	D
458	修饰与性状	瘦（地瘦）	$tsen^4$	B	D	C	A	D	D
459	数词	一	$tɔ^2$	A	A	A	A	A	A
460	数词	二	ja^2	A	A	A	A	A	A
461	数词	三	$sa:m^1$	A	A	A	A	A	A
462	数词	四	si^5	A	A	A	A	A	A
463	数词	五	$ŋɔ^4$	A	A	A	A	A	A
464	数词	六	$ljɔk^8$	A	A	A	A	A	A

续表

序号	分类	词语	国际音标	谭健儿	莫继祥	覃俊周	谭丽环	谭孟桃	王冲
465	数词	七	çit⁷	A	A	A	A	A	A
466	数词	八	pja:t⁷	A	A	A	A	A	A
467	数词	九	cu³	A	A	A	A	A	A
468	数词	十	zəp⁸	A	A	A	A	A	A
469	数词	十一	zep⁸ʔjit⁷	A	A	A	A	A	A
470	数词	十二	zəp⁸ɲi⁶	A	A	A	A	A	A
471	量词	个（一个人）	ʔai¹	A	A	A	A	D	D
472	量词	只（一只鸡）	tɔ²	B	A	A	A	B	D
473	量词	棵（一棵树）	zoŋ²	A	A	A	A	D	D
474	量词	根（一根棍子）	cha:ŋ⁵	A	A	A	A	D	D
475	量词	粒（一粒米）	nɯ:i⁶	A	A	A	A	D	D
476	量词	间（一间房子）	hɔk⁷	A	C	A	B	D	D
477	量词	件（一件衣服）	tsoŋ²	A	A	A	A	D	D
478	量词	件（一件事）	ja:ŋ²	A	A	A	A	D	D
479	量词	张（一张纸）	va⁵	A	A	A	A	D	D
480	称代	我	ɦe²	A	A	A	A	A	A
481	称代	你	ŋ²	A	A	A	A	A	D
482	称代	他	man²	A	A	A	A	A	D
483	称代	我们	nde	A	A	A	A	A	A
484	称代	咱们	nda:u¹	A	A	A	A	A	D
485	称代	你们	se¹	A	A	A	A	B	D
486	称代	他们	te¹	A	A	A	B	D	D
487	称代	自	zi⁶	C	A	A	A	A	D
488	称代	别人	che¹	A	A	A	A	D	D
489	称代	这（近指）	na:i⁶	C	A	A	A	D	D
490	称代	这里	ci⁶na:i⁶	A	A	A	A	D	A
491	称代	那（中指）	ca⁵	B	A	A	A	D	D
492	称代	那（远指）	ci¹ca⁵	B	A	A	B	D	D
493	称代	谁	ʔai¹nau¹	A	A	A	B	D	A

续表

序号	分类	词语	国际音标	谭健儿	莫继详	覃俊周	谭丽环	谭孟桃	王冲
494	称代	什么	ni^4man^2	A	A	A	A	D	A
495	副词	还（还没有来）	$ʔnaŋ^1$	A	A	B	A	D	D
496	副词	都（大家都来了）	$ju:n^3$	A	A	A	C	D	D
497	副词	再（明天再来）	$leŋ^6$	A	A	B	B	D	D
498	副词	全（全村、全国）	$ju:n^3$	A	B	B	A	D	D
499	副词	不（他不来）	kam^3	A	A	A	A	B	A
500	副词	别（别跑）	$jɔŋ^6$	A	A	A	A	D	A

通过对以上 6 位被测试者 500 词测试结果的统计，笔者将测试结果作出以下对比。对比数据如表 6-23 所示。

表 6-23 毛南语 500 词测试结果统计表

姓名	年龄/岁	A 级	B 级	C 级	D 级
谭健儿	54	380	71	22	27
莫继详	41	461	13	15	11
覃俊周	35	454	40	5	1
百分比（中老年）/%	—	86	8	2	2
谭丽环	13	325	90	70	15
谭孟桃	9	121	70	55	252
王冲	11	97	9	2	358
百分比（青少年）/%	—	36	11	9	42

注：百分比（中老年）一列的算法为 3 位中老年测试结果中 A 级的总数除以 3 个毛南语 500 词的总数，即（380+461+454）/（500+500+500）=0.86，其余百分比的算法与此相同。

从表 6-23 可以看到，下南乡毛南族中老年人所掌握的 500 词中，A 级的百分比为 86%，B 级的百分比为 8%，A+B 级的百分比为 95%。青少年测试结果中 A 级的百分比为 36%，B 级的百分比为 11%。A+B 级的百分比为 47%。测试结果中的中老年 C 级和 D 级的比例都为 2%，C+D 级的百分比为 4%，而青少年 C 级和 D 级的比例分别为 9% 和 42%，C+D 级的百分比为 51%。青少年的 A+B 级的比例远远低于中老年，C+D 级的比例又远远高于中老年。这表明，青少年所掌握的毛南语词汇少于中老年人，青少年已经不能掌握大部分毛南语词汇，青少年的毛南语水平已明显下降。

（二）词汇泛化

毛南族青少年的语言现状的另一个明显的特点就是词汇泛化严重。所谓词汇泛化是指语义相关的一类词只用一个词来通称。对于一些中老年人能够详细区分的一组词，青少年就区分得不明显，通常以一个词直接代指与其相关的一类词。

表 6-24 是从毛南语 500 词测试中抽出的青少年词汇泛化的 19 个词。

表 6-24　青少年词汇泛化表

序号	词语	A 计数/个	A 百分比/%	B 计数/个	B 百分比/%	C 计数/个	C 百分比/%	D 计数/个	D 百分比/%
31	牛	7	100.00	0	0.00	0	0.00	0	0.00
32	黄牛	5	71.43	0	0.00	1	14.29	1	14.29
33	水牛	4	57.14	0	0.00	1	14.29	2	28.57
43	鸡	6	85.71	0	0.00	0	0.00	1	14.29
44	公鸡	2	28.57	2	28.57	1	14.29	2	28.57
78	鱼	4	57.14	0	0.00	0	0.00	3	42.86
79	黄鳝	2	28.57	0	0.00	2	28.57	2	28.57
80	泥鳅	2	28.57	0	0.00	1	14.29	3	42.86
109	脸	6	85.71	0	0.00	1	14.29	0	0.00
110	腮颊	1	14.29	0	0.00	3	42.86	3	42.86
119	手	7	100.00	0	0.00	0	0.00	0	0.00
120	拇指	1	14.29	1	14.29	3	42.86	2	28.57
121	食指	1	14.29	0	0.00	2	28.57	3	42.86
122	中指	1	14.29	0	0.00	1	14.29	3	42.86
123	无名指	1	14.29	0	0.00	1	14.29	3	42.86
124	小指	2	28.57	0	0.00	1	14.29	3	42.86
125	指甲	2	28.57	0	0.00	2	28.57	3	42.86
129	腿	6	85.71	0	0.00	0	0.00	1	14.29
130	大腿	3	42.86	1	14.29	1	14.29	2	28.57

从表 6-24 中可以看到毛南族青少年对"牛"的测试结果，A 级的百分比为 100%，而"黄牛""水牛"的 A 级的百分比只有 71.43%和 57.14%，这表明青少年在日常交往中能全部能熟练使用"牛"，但只有一部分青少年知道"黄牛"和"水牛"，青少年在遇到"黄牛"和"水牛"时，大多直接说"牛"。同样，青少年对"鱼"的测试结果中 A 级的百分比为 57.14%，但是"黄鳝""泥鳅"的百分比更低，都只有 28.57%。"手"的测试结果里 A 级的百分比为 100%，但是"拇指""食指""中指""无名指""小指"的百分比平均值只有 17%，很多青少年直接把这些手指统称为"手"。同样，"鸡""腿"的测试结果中 A 级的百分比也都大于"公鸡""大腿"。这些都表明在对同一类相关的事物做指称时，青少年倾向于用一个词代指一类相关的词，对事物的类别不像中老年人那样细致化，这就是青少年词汇泛化现象的体现。

（三）固有词和汉语借词并用

在对青少年进行毛南语 500 词测试的过程中，笔者发现很多青少年的词汇测试结果中有很多是老年人运用的毛南语，青少年已经只用汉借词了，也有很多词语是毛南语和汉借词的组合。

表 6-25 是在测试中，青少年母语词汇受汉语影响的结果。

表 6-25　测试中青少年母语词汇受汉语影响的结果表

序号	词语	国际音标	特点
102	苦瓜	kwa^1 kam^1	借汉
251	准备	cwe^2	借汉
337	握（握刀把）	am^1	借汉
121	食指	la:k^8 tjɔŋ^1 zja:ŋ^6	借汉
122	中指	la:k^8 tjɔŋ^1 tu^6 ta^5	借汉
123	无名指	kam^3 me^2 da:n^2	借汉
124	小指	la:k^8 tjɔŋ^1 mi^1	借汉
60	螳螂	təm^2 təŋ^2	借汉
305	带（钱）	djak	借汉
316	烤（烤火）	pɔ^6	借汉
391	亮（屋子很亮）	ca:ŋ^1	借汉
18	今年	mbe^1 na:i^6	所有的年都为借汉

续表

序号	词语	国际音标	特点
19	明年	$mbe^1 \hat{r}na^3$	所有的年都为借汉
20	去年	$mbe^1 ta^6$	所有的年都为借汉
21	前年	$mbe^1 ku:n^5$	所有的年都为借汉

在毛南语 500 词测试中，"苦瓜""准备""握"等词语在中老年阶段的测试结果为"熟练"，但在青少年的测试中，已经借用汉语，而"今年""明年""去年""前年"等包含"年"字的词语，"年"为汉借词，青少年的测试结果为"民族词+汉借词"。

二、青少年母语能力下降的原因

形成毛南族青少年的语言现状的原因是多元的。通过对调查结果的分析，笔者总结出以下几点。

（一）汉语文化教育的普及

随着文化教育水平的提高，毛南族青少年接受的文化教育越来越好，教学措施也越来越完善。通过调查笔者发现，50 岁以上的毛南族人大多是小学文化水平，因为上学时，教师的普通话水平不高，所以他们只会毛南语和壮语；但是现在青少年大都能接受较好的小学和初中教育，教师的教学水平有了很大提升，能熟练运用标准的普通话进行教学，在学校给青少年提供了很好的汉语语言环境。因此，现在的青少年在读完初中后，除了能使用毛南语外，还能熟练使用汉语。随着学校教育对普通话的重视，以及家长对汉语强势地位的认同，许多青少年讲汉语的机会大于讲毛南语的机会，因而毛南语的使用场合慢慢缩小，毛南语水平也随即下滑。通过对下南乡波川村谭健儿（55 岁）的访谈，笔者了解到："在下南乡的中老年，在小学课堂里接触到的语言有毛南语、汉语。教师在课堂上用汉语诵读书本上的知识，用毛南语来讲解。学生和老师、学生和学生在课后主要用毛南语交谈。但是现在的青少年这一辈，在学校都是用汉语来讲课，课后也主要讲汉语交谈。""汉语在课堂上这么重要，说一口标准的普通话，觉得要比别人优秀一些，所以现在很多家长都直接教小孩汉语，不教毛南语了。"

（二）经济的发展

改革开放后，国家对少数民族地区的扶持政策相继出台，再加上少数民族人民的辛勤劳动，少数民族地区的经济得到了长足的发展，毛南族地区在经济上也取得了重大的进步。经济的发展，道路的修建，国内、国际信息的交流传输，使毛南族的人民有更多的机会接触外族同胞，也使毛南族人民对汉语的要求也越来越高。毛南语、壮语、桂柳话和普通话的相互交融，相互竞争，使得各种语言之间互相都有影响。例如，经常在壮语地区活动的青少年，壮语的使用对毛南语水平有一定的影响。在调查中，有些既会毛南语又会壮语的青少年，在语言使用过程中，存在一定程度的壮语词汇和毛南语词汇的混淆，表现在笔者在调查毛南语词汇时，被调查人说出相应的壮语词汇。而对汉语的追崇、汉语对毛南族人民的重要性，使得更多的毛南族青少年不断提高学习汉语的欲望和需求，汉语的强势地位使毛南族青少年讲汉语的机会越来越多，汉语词汇的存储量越来越大，青少年不再用一些在毛南语里也有的词汇，转而使用汉借词。汉语水平的不断提高，极大地影响了青少年的母语能力，甚至很多毛南族青少年的第一语言已经变为汉语。

（三）族际婚姻

由于观念的改变，各族之间通婚已经没有什么禁忌，族际婚姻家庭也在不断增多，大多数青少年的汉语水平也会比较高，因为父母双方语言背景不同，很多时候需要借助汉语来表达，父母文化程度高的家庭这一点尤为突出。同时，成长在这样家庭的小孩一般都会学习父母双方的语言，这样的可选择空间就有可能造成不以母语为第一语言的可能性，且使用多种语言来交际势必会影响母语的习得及母语学习空间的发挥，慢慢地就会削弱母语的交际能力。为了更好地说明这个问题，笔者把这 11 位 7 户生于族际婚姻家庭的青少年的家庭信息列如表 6-26。

表 6-26　11 位 7 户生于族际婚姻家庭的青少年的家庭信息表

家庭关系	姓名	民族	年龄/岁	文化程度	第一语言及水平	第二语言及水平	第三语言及水平
户主	覃毅德	毛南族族	42	初中	毛南语，熟练	壮语，熟练	汉语，熟练
妻	杨娟	汉族	38	初中	汉语，熟练	毛南语，不会	壮语，不会
长子	覃帅	毛南族	14	高中在读	毛南语，熟练	汉语，熟练	壮语，不会

家庭 关系	姓名	民族	年龄 /岁	文化程度	第一语言 及水平	第二语言 及水平	第三语言 及水平
长女	覃钰兰	毛南族	8	小学	汉语，熟练	毛南语，不会	壮语，不会
户主	谭金勋	毛南族	45	初中	毛南语，熟练	汉语，一般	壮语，熟练
妻子	韦建机	壮族	40	小学	壮语，熟练	汉语，一般	毛南语，不会
长子	谭拥根	毛南族	19	初中	壮语，熟练	汉语，一般	毛南语，一般
二子	谭拥军	毛南族	16	中专	壮语，熟练	汉语，熟练	毛南语，一般
户主	谭志永	毛南族	36	初中	毛南语，熟练	汉语，熟练	壮语，熟练
妻子	谭振旅	壮族	36	初中	毛南语，熟练	汉语，一般	壮语，熟练
二女	谭绿宇	毛南族	7	小学在读	壮语，熟练	汉语，一般	毛南语，不会
户主	覃笔俊	壮族	35	初中	壮语，熟练	汉语，熟练	毛南语，一般
长女	谭周婷	毛南族	12	小学	壮语，熟练	汉语，熟练	毛南语，一般
户主	谭继豪	毛南族	46	初中	壮语，熟练	汉语，熟练	毛南语，熟练
妻子	韦吉飞	壮族	38	小学	壮语，熟练	汉语，一般	毛南语，一般
长女	谭思用	毛南族	19	高中在读	壮语，熟练	汉语，熟练	毛南语，一般
长女	谭思练	毛南族	19	高中在读	壮语，熟练	汉语，熟练	毛南语，一般
次女	谭思露	毛南族	15	初中在读	壮语，熟练	汉语，熟练	毛南语，一般
户主	谭祖健	毛南族	35	初中	壮语，熟练	汉语，熟练	毛南语，熟练
妻子	兰月连	瑶族	32	小学	瑶语，熟练	汉语，熟练	毛南语，不会
长子	谭东生	毛南族	9	小学在读	壮语，熟练	汉语，熟练	毛南语，不会
户主	谭兰玉	毛南族	55	小学	毛南语，熟练	汉语，一般	壮语，熟练
儿子	谭祖生	毛南族	32	初中	壮语，熟练	汉语，熟练	毛南语，一般
儿媳	韦暖温	壮族	28	初中	壮语，熟练	汉语，熟练	毛南语，一般
孙女	谭茨勉	毛南族	7	小学在读	壮语，熟练	汉语，熟练	毛南语，不会

通过表 6-26，可以很清楚地看到，族际婚姻家庭孩子的母语或多或少都会受到影响，只是程度不同。

（四）民族杂居

毛南族相对其他民族来说，所聚居的地区还是相对比较集中的，但是周边都被其他民族环绕着，加上交流频繁，这将关系到一个语言习得的问题，壮语和汉语的习得在一定程度上对毛南语的习得造成冲击。这些地区的毛南族人长期跟其他民族交流势必会选择一种共同语言,在周边选择使用的自然是壮语,而去更远的地方必然选择使用的就是汉语,语言的变动性比较大,久而久之,自然减少母语的使用频率,甚至缺少母语习得的语言环境。通过以上章节的描述,我们就不难理解这个问题,上南现在的语言转用就是结果,仪凤村是迈向这个结果的过程,随着量的积累、增多,有可能会有质的转变,最后放弃母语,转用其他民族语言。

(五)毛南语自身交际能力有限

毛南语承载的信息量小,有很多新的事物,信息不能生动、形象地描述,这时候不得不借助于其他表现力比较丰富的语言,如汉语、壮语。毛南语使用的场合毕竟还是有限的,同族之间的交流还可以用毛南语,出了毛南族聚居区,就没有毛南语发挥的场地。笔者将从以下两个访谈来说明情况。

覃雪芬,毛南族,27 岁,下南小学老师。访谈部分内容如下:

问:您认为毛南语对您来说重要吗?

答:很重要的,毕竟在我们这里大家都还是讲毛南语的。课堂上我们都提倡用普通话来教学,但是小孩子汉语水平比较低,低年级的学生有时候还是得用毛南语来辅助教学,每到这时总觉得用毛南语无法完整表达,首先没有普通话那种抑扬顿挫的感觉,意思总是表达得不准确。

问:那毛南语和汉语两者哪一个对您来说更重要?

答:嗯,这个比较难说,但是让我选择还是选择普通话,我之前不是在这里工作的,在外面待了几年,就以后来来说,在外面待的时间还是比较多,在外面毛南语就不适用了。

谭海泉,毛南族,47 岁,仪凤村村委主任。访谈部分内容如下:

问:这里的人们喜欢唱山歌吗?唱山歌时,用什么语言?

答:我们这里老人都喜欢听山歌、唱山歌,大部分家庭有山歌影碟,有好多老人还会用壮语编山歌;年轻人谈情说爱,有时也唱山歌。我们用壮语唱,也用毛南话唱,但毛南话山歌没有壮语山歌那么丰富,壮语的山歌比较丰富,壮语比毛南话容易编歌词。

（六）主观因素

毛南族对周边壮语和汉语的期望值高于毛南语，从功能上讲，毛南语远不足汉语和壮语。在访谈中，很多毛南族人都表示，相对于毛南语，他们心里更倾向于汉语普通话。他们认为："毛南语会不会说都没有特别大的影响，担心的是不会汉语。"因为这是大势所趋，在他们看来，毛南语一出生就能够学会，只要保证村寨中日常的交际就可以了，而汉语就不同了，按他们的说法——"学会桂柳话，走遍环江不在话；学会普通话，走遍全国都不怕"。学会汉语，他们可以走得更远、更顺利、更能快速地接触外面的世界，开阔自己的视野，最后才能够更好地建设自己的家园，更好地造福自己的民族同胞。笔者将从以下两个访谈来说明情况。

谭海泉，毛南语，47 岁，仪凤村委主任。访谈部分内容如下：

问：你觉得毛南语以后的趋势是什么？

答：现在的年轻人好多都已经学了普通话和桂柳话，毛南语以后肯定使用得很少了。

问：汉语的普及会不会影响毛南语的使用？

答：嗯，应该不会，现在小学上课虽然都用普通话讲课，不懂的地方用桂柳话解释，但下课用壮语和桂柳话的多，而且孩子在家里最开始学的是壮语，但孩子出去玩耍或学习也会学会毛南语。学习汉语对读书或到外边工作是很有用的，但我们也应该学我们自己的话，能讲两三种话最好，说毛南话是我们民族身份的标志，不能忘本。

问：现在的小孩学桂柳话有什么用吗？

答：只会壮语和毛南语去学校适应得比较慢。小孩学会了桂柳话，去学校学普通话比较快，学会桂柳话是学普通话的基础。

韦运道，毛南族，64 岁，上南社区村民。访谈部分内容如下：

问：您觉得有必要教您的孙子、孙女毛南语吗？

答：有必要，我有时候会教他们毛南语，我愿意教他们，但是他们不太喜欢学。他们都觉得现在还用不上，毕竟上南这里没有说毛南语的环境，大家都说壮语，我觉得也没有必要专门教孙子、孙女毛南语，如果他们要到下南读书、打工什么的，有了那个环境自然就会了。毛南语也不官方，出去交往也可以不用毛南语。他们会毛南语也行，不会也行，总之要适应社会发展。

应该如何正确认识和对待青少年毛南语能力下降的问题？笔者认为，应该从两个方面来看待这个问题，壮语和汉语的习得在一定程度上冲击毛南语的使用，但对于毛南族人口相对比较少这个问题来说，如果不掌握多种语言就很难在现实社会生存下去，这是客观事实。而且，壮语和汉语可以弥补毛南语表述上存在的不足，丰富人们的日常用语，在这一方面，学习壮语和汉语具有一定的积极作用。另一方面，母语能力的下降对民族文化的保护和传承是相当不利的，也是大家不愿意看到的。通过这次调查，笔者目睹了仪凤村的现状，从一定程度上说，它就是上南村的"前身"。青少年这一代的语言特别能够反映一种语言的演变趋势，所以，青少年母语水平的下降应当引起人们的重视。同时，人们还应该采取一些必要的措施给予解决。

第七章 小结与预测

第一节 小 结

语言生活是人类生活的一个重要组成部分，与人类日常生活息息相关。不同民族的语言生活各有自己的特点，这些特点是由不同民族的社会、文化、语言等方面决定的。一个民族的语言生活状况如何，对该民族的存在与发展显得至关重要。

通过前六章的分析，当前环江毛南族自治县毛南语的语言使用情况现状及其演变主要呈现以下几个特点。

一、下南乡毛南族全民稳定使用自己的母语——毛南语

根据下南乡毛南语使用的不同情况，笔者把由于受地域条件限制而使语言使用出现错序情况，即把其他民族语言作为母语、毛南语作为兼语的地区称为毛南语边缘区，如仪凤村。而相对靠近下南社区，并且大多数人把毛南语作为母语，以毛南语为日常交际用语的地区称为毛南语中心区，除仪凤村外，下南乡其他村都属于毛南语中心区。不论是毛南语中心区还是毛南语边缘区，不论是老人还是儿童，不论是文化水平高的还是文化水平低的，绝大多数都能熟练地运用毛南语。

（一）毛南语中心区不同年龄段人之间的毛南语使用情况差异不大

在各个年龄段中，熟练使用毛南语的比例都很高，最高的是 60 岁及 60 岁以上年龄段，毛南语"熟练"级比例达 99.3%；最低的是 6~12 岁年龄段，毛南语"熟练"级比例为 97%。这说明，毛南语中心区的居民都能很熟练地掌握毛南语。

（二）毛南语中心区的毛南语使用没有呈现出明显的代际性特征

毛南语水平的高低与年龄大小没有关系。虽然 4 个年龄段毛南语"熟练"级

比例与年龄呈正相关，但经过仔细分析后发现，毛南语水平为"略懂"级或"不会"级的，均有在外地长期生活的经历，具体地说，就是出生、成长于外地的青少年和外地嫁入的媳妇或外地来上门的女婿。由此可见，长期生活在毛南语中心区的居民都能熟练地使用毛南语。

（三）从历史和现阶段的情况来看

族际婚姻对毛南语中心区青少年的毛南语习得有一定影响，但其力量不足以造成毛南族中心区出现语言转用或语言断层。在青少年的成长过程中，依然可以通过社会途径习得熟练的毛南语。

（四）20～59 岁和 60 岁及 60 岁以上年龄段的外族人的毛南语水平

能由"不会"级逐渐过渡到"略懂"级直至"熟练"级，说明现阶段毛南语在下南乡的毛南语中心区仍然是强势语言。虽然汉语和壮语在交际中有着重要的作用，但目前还不能替代毛南语在毛南语中心区居民日常生活中的主导地位。

二、下南乡毛南族全民兼用汉语和壮语

不管是老人还是小孩，不管男的女的，不管文化程度的高低，兼语现象随处可见，有些是毛南语兼用汉语、有些是毛南语兼用壮语、有些是壮语兼用汉语，还有些是毛南语、汉语、壮语三语兼用。虽然兼用的水平在不同的年龄段、不同的社会经历、不同的文化水平的人中存在较明显的差异，但也有一定的规律性。

（一）青少年的汉语水平高于老年人的汉语水平

在同一年龄段中，文化水平高的人的汉语水平比较高；经历丰富的人的汉语水平比较高。即汉语水平与年龄大小成反比，与经历丰富与否、文化水平的高低呈正比。

（二）语言的使用场合上也有一定的规律性

在毛南语中心区，家庭内部、本乡内、与同民族的人交流中都使用毛南语，离开下南乡到其他地方与其他民族的人交流时使用汉语；在毛南语边缘区仪凤村内，使用壮语进行日常交际，离开仪凤村到毛南语中心区使用毛南语，到其他地方与其他民族的人交流时使用汉语；在整个下南乡内，在学校、政府、邮局等特定的场合多使用汉语。

下南乡人兼用汉语及其他民族语言，其原因是多方面的，既有地域、经济、社会、文化、国家政策等因素的影响，又与下南乡人对语言使用的态度有关。

（三）毛南族的语言转用说明语言转用是我国少数民族语言生活中存在的一种客观事实

与其他民族的语言转用相比，毛南族的语言转用既有其共性又有其特性。环江县毛南族聚居的水源镇上南社区、下南乡的极个别村落都发生了一定程度的语言转用情况，按其语言转用发生的不同程度，大致可分为三类：极少语言转用型、部分语言转用类型、完全语言转用类型。环江县水源镇上南社区毛南族的语言转用主要原因是：地理环境的限制，人口较少的毛南族被人口较多的壮族地区环绕包围，民族关系的融合和经济交流的发展，受壮、汉文明影响和毛南族兼容并包的精神和传统。下南乡的仪凤村毛南族发生语言转用的主要原因在于：水源镇通往下南乡的公路穿过仪凤村，仪凤村作为毛南语和壮语的交汇地带，成为语言接触的第一线，仪凤村的毛南族部分发生语言转用。一个民族内部的语言使用情况不平衡，不同地区存在不同的特点。为此，笔者将对不同地区、不同民族的语言转用成因做具体的分析。而毛南语作为一种重要的文化财富，是毛南族唯一的身份识别标志，毛南语若消失了，则是毛南族的巨大损失。因此，如何采取必要的措施抑制语言转用和延长语言使用的寿命，对无文字的语言应采取某种手段把语言记录保存下来，这些都是当前值得考虑的问题。

（四）毛南语受汉语影响深刻而广泛

毛南语通过吸收很多汉语借词来保持和丰富自身的语言活力。汉语对毛南语的影响不仅表现在词汇、语音、语法上，还表现在对毛南语语言交际通解度的影响，其中对词汇的影响表现最为突出。在笔者所收集到的 2692 个毛南语基本词汇中，有 412 个汉语借词，占统计总数的 15%。特别是新中国成立以来，大量汉语借词进入毛南语词汇系统，使得毛南语的词汇不断与时俱进，以适应不同时期社会发展的需要。

（五）毛南族青少年母语能力下降

毛南族青少年母语能力下降主要表现在：一是词汇使用能力下降，从毛南语500词测试结果看，青少年A级词汇的比例明显低于中老年人A级词汇的比例，这表明，青少年的毛南语水平与中老年相比已明显下降。第二，毛南族青少年语言现状另一个明显的特点就是词汇泛化严重。毛南族青少年对总称的"牛""鸡""鱼""脸""手""腿"等词的测试结果的比例比较高，但是对此范畴的"黄牛""水牛""公鸡""黄鳝""泥鳅""拇指""食指""中指""无名指""小指""指甲""大腿"等词的测试熟练的比例就很低。三是固有词和汉语借词并用。在青少年毛南语500词测试中，笔者发现在很多青少年的词汇测试结果中，有很多词汇原本是中老年人运用毛南语，青少年已经转用汉借词了，也有很多词语是毛南语和汉借词的组合。

造成青少年母语能力下降的主要原因，笔者认为是，第一，随着文化教育水平的提高和教育质量的提升，毛南族的青少年接受的文化教育越来越高，汉语水平的提高、汉语使用场合的扩大和使用机会的增加，使得汉语对毛南族青少年的母语产生了较大的冲击。在一些家庭，父母虽然说毛南语，但是教孩子的第一语言是普通话，在这些家庭里，青少年的普通话流利，但不会说毛南话。不过大部分的毛南族青少年，虽然第一语言为普通话，但由于从小生活的社区以毛南语为交谈工具，在这种毛南语环境的影响下，使得先学会普通话的青少年在社会交往中学会了第二语言毛南语。在毛南语和普通话相互竞争的过程中，学校教育对普通话的要求远远高于毛南语，因此，毛南族青少年的毛南语水平不断下降。第二，经济的发展，使毛南人有更多的机会接触外族同胞，也使毛南人对汉语的要求也越来越高，汉语对毛南族人的重要性使得更多的毛南族青少年不断提高学习汉语的欲望和需求，汉语的强势地位极大地影响了青少年的母语能力，甚至很多毛南族青少年的第一语言已经成为普通话。为此，对青少年母语水平下降这一现状，有关部门应该引起重视，采取必要的措施予以解决。

第二节 预 测

语言的使用状况不是一成不变的，而是受到社会的需求处于不断变化之中。语言使用状况的变化有其规律性，所以人们有可能通过分析研究，对语言使用趋势作出大致的预测，从而有助于认识语言的现状及语言演变的趋势，有利于语言规划的制定，有助于提出制定必要的应对措施以解决语言的实际问题。

对毛南语的前途，笔者初步预测，毛南语在今后相当长一段时间内（至少六七十年内）还会稳定地保存下去。只要毛南族还保留高度聚居的局面，民族内部还存在较强的凝聚力，毛南语就必定有其存在的价值，也会在与汉语的互补中取得自己应有的地位。同时，我国实行的民族平等、语言平等政策，从根本上保障了各民族都有使用和发展自己语言的自由，毛南语也不例外。新中国成立以来，毛南人能够自豪地、无拘无束地使用自己的母语，这与国家的制度、政策是分不开的。毛南语目前的状况，应该说是与社会的发展相适应的。人们广泛使用毛南语，发挥毛南语在家庭、社会交际中的有益作用，既有利于民族的发展，也符合毛南人的意愿。在今后，毛南语的使用和发展，仍然对毛南族的发展是有利的。

参 考 文 献

戴庆厦. 2007. 基诺族语言使用现状及其演变. 北京: 商务印书馆.

戴庆厦, 张景霓. 2006. 濒危语言与衰变语言——毛南语语言活力的类型分析. 中央民族大学学报, (1): 112-117.

环江毛南族自治县地方志编纂委员会. 2002. 环江毛南族自治县志. 南宁: 广西人民出版社.

环江毛南族自治县地名委员会. 1992. 广西壮族自治区环江毛南族自治县地名志 (内部资料).

《毛南族简史》编写组. 2008. 毛南族简史. 北京: 民族出版社.

韦树关. 2006. 中国濒危语言研究新进展. 广西民族大学学报 (哲学社会科学版), 28 (5): 2-5.

下南毛南族乡志编纂组. 2007. 下南毛南族乡志 (内部资料).

张景霓. 2006. 毛南语动词研究. 北京: 中央民族大学.

附录 访谈录

一、上南社区毛南族韦运道老人访谈录

访谈对象：韦运道，男，64岁，毛南族。小学文化程度，环江毛南族自治县水源镇上南村上南社区。毛南语熟练。

访谈时间：2011年12月3日。

访谈地点：上南村村委会办公室。

问：韦老，请您大致介绍一下您的情况。

答：我叫韦运道，生于1947年9月9日，今年64岁，我是毛南族。

问：请您介绍一下您的家庭成员的民族成分。

答：我的父母都是毛南族，我的妻子和我也是毛南族，我的子女、儿媳都是毛南族，可以说我们一家人全部都是毛南族。

问：您的家庭成员之间用什么语言交谈？

答：我从小最开始学会的是毛南语，那时候和父母也说毛南语，后来和父母之间主要说壮语了，一直到现在，我平时都说壮语，我和儿媳讲壮话，但是和我儿子讲普通话，因为我儿子在武鸣工作，平时在外面都是讲普通话的，我儿子、儿媳和孙子、孙女之间也讲普通话。我的长孙，今年13岁，回到家里是讲壮话的。小孙子6岁，也会壮话和普通话，还有一个2岁的孙女，已经会壮话了，和小朋友玩的时候也会讲桂柳话。

问：你们现在的生活中不常说毛南语而说壮语？

答：是的。我们邻居之间、村民之间都是说壮语的多。村委会开会也是讲壮语的，外面的人进来，我们就讲桂柳话。

问：您刚才提到，您小时候和父母是说毛南语的，后来不讲毛南语，转说壮语了，是什么时候开始转变的呢？

答：我印象中是这样的，我从小最开始学会的是毛南语，那时候村里人说毛南语

也挺普遍的，一直到新中国成立初期吧，开始有川山镇啊、水源镇等壮族地区讲壮语的人进入我们上南，有调进来当老师的，有干部下乡的，还有来赶八圩做生意的，还有文艺队的，他们也都是讲壮语的。

问：您说有讲壮语的老师进入你们上南，那他们会毛南语吗，上课用什么语言上课呢？

答：他们讲壮语的人进入上南，是不会讲毛南语的，我从 7 岁开始进学校读书，大部分的老师上课都是讲壮语，上课发言什么都是讲壮语的。只有极个别从下南调进来的老师会毛南语，因为大部分老师都用壮语上课，所以我们学生就不得不学壮语，壮语也越来越好。

问：来上南赶圩做生意的人，大多数从什么地方过来的多？

答：大多数是从川山镇、水源镇……，我们这里往西边都是讲壮语的壮族村，往西边交通比较便利。上南往东边，和下南隔着一座大山，交通不便利，1976年我们这里才和下南通一条小路，我们去下南还要爬山出去，所以从川山这边过来的比较多。他们又都是讲壮语的，所以我们就和他们讲壮语，我们和他们交往的比较多。我们也去那边做买卖。

问：大概什么时候开始上南不讲毛南语讲壮语的人越来越多呢？

答：我印象中，大概是 15 岁开始吧，村民之间都讲壮语了，我和我爸妈也讲壮语了。

问：现在的年轻人还会毛南语吗？

答：我们这儿的孩子一出生，最先学会的是壮语。以前我们这里是一个乡，现在上南村划入水源镇管理了，孩子读书要到水源镇去读书，或者打工，他们就学会说桂柳话。如果是要到下南做生意啊，打工啊，读书啊，就要学会毛南语，如果不会毛南语就无法沟通，所以就逼着年轻人学会毛南语。在上南不讲壮语，买不到东西；在下南不讲毛南语，也买不到东西。

问：您的孙子、孙女会毛南语吗？

答：我的孙子、孙女不会毛南语，他们都还在上南这一片，还没有到下南读书，没有说毛南语的环境。而且我孙子、孙女普通话说得很好，我儿子、儿媳都教他们普通话，现在全社会交流都用普通话，现在学校都讲普通话，说普通话对于他们比较容易适应，也有助于提高学习成绩。

问：您说上南都是讲壮语，您觉得有必要教您的孙子、孙女毛南语吗？

答：我有时候会教他们一点儿毛南语，我愿意教他们，但是他们不太喜欢学。他们都觉得现在还用不上，毕竟上南这里没有说毛南语的环境，大家都说壮语，我觉得也没有必要专门教孙子、孙女毛南语，如果他们要到下南读书、打工什么的，有了那个环境自然就会了。毛南语也不官方，出去交往也可以不用毛南语。他们会毛南语也行，不会也行，总之要适应社会发展。

问：像上南这一带都是说壮语的毛南族，您觉得你们还是正宗的毛南族吗？

答：是啊。讲毛南语的毛南族和讲壮语的毛南族都是一样的，只是我们平时用的语言不一样而已。只要出去，离开上南这地方，我们在环江毛南族自治县也是说桂柳话，各个地方说不同的话。

问：您觉得壮语、普通话、桂柳话、毛南话，哪个对您最重要？

答：首先是普通话，其次是壮语，最后是桂柳话和毛南话，桂柳话和毛南话对我来说是一样重要。

问：上南这里有什么特别的毛南族节日吗，过分龙节、三月三吗？过节用什么语言？婚丧活动、娱乐活动都用什么语言呢？

答：我们上南不过分龙节，也不过三月三，我们过春节、清明节、端午节、中秋节、中元节等。婚丧都是讲壮语的；歌圩唱歌也是唱壮语的，我还没听过毛南语的山歌，也没有听过桂柳话的山歌；我们这里的人打牌什么的也讲壮语；猜酒码也用壮语，少部分人会猜一点儿桂柳话。

问：您觉得如果学校开设毛南语课程好不好？

答：好啊。毛南语是毛南族的文化传统，我们要把它继承下来。

二、仪凤村村干谭海泉访谈录

访谈对象：环江毛南族自治县下南乡仪凤村村委主任谭海泉，47岁，毛南族。

访谈时间：2011年12月1日下午。

访谈地点：环江毛南族自治县下南乡仪凤村村委会。

问：谭主任，您好，非常高兴认识您，能不能请您简单介绍一下仪凤村的情况。

答：可以。仪凤村地处环江毛南族自治县下南乡的东部，位于环江毛南族自治县水源镇、洛阳镇、川山三镇交界处，全村有19个村民小组，595户，2095人，99%的人为毛南族，是毛南族的发祥地，全村经济收入主要依靠种养和劳务输出。

问：这里主要用的是哪种语言？

答：壮语，虽然我们是毛南族，但我们说壮语的多。

问：为什么这里的毛南族是以壮语为主呢？

答：因为仪凤村是位于水源、洛阳、川山三镇交界处，周围都是说壮语，我们上街赶圩说壮语的多，来往多了，自然而然说壮语的就多了，我爷爷那一辈开始都说壮语了，但我们村80%会说毛南语，壮语和毛南语两种语言都可以用，不会说毛南语的是外地嫁过来的或一些小孩子。

问：毛南族过哪些节日？

答：一年当中春节、清明、端午、中秋、重阳等主要节日我们都过，壮语一些节日我们也过，如三月三，还有我们本民族节日分龙节，祈求风调雨顺，和顺丰收。

问：有哪些文体活动？

答：族人借节俗祭祀活动，探亲访友，聚会欢庆。常有的是下棋打球，我们这里春节每年都组织篮球比赛，有些年轻人还会打尺子、打陀螺，也有唱山歌。

问：这里的人们喜欢唱山歌吗？唱山歌时，用什么语言？

答：我们这里的老人都喜欢听山歌、唱山歌，大部分家庭有山歌影碟，有好多老人还会用壮语编山歌，年轻人谈情说爱，有时也唱山歌。我们用壮语唱，也用毛南话唱，但毛南话山歌没有壮语山歌那么丰富，壮语的山歌比较丰富，壮语比毛南话容易编歌词。

问：办白喜事，道公布道用什么语言？

答：用毛南话的多，很多道公是从本地请来的。水源镇、洛阳镇的道公用壮语。

问：外出打工回来的讲什么话多？

答：外出打工回到家交流是见什么人讲什么话，壮语呀，毛南语呀，桂柳话呀，普通话呀，都会说。别的地方嫁过来的讲毛南话也多，我们也可以用毛南话和她们交流。

问：你觉得毛南话以后的趋势是什么？

答：现在的年轻人好多都学了普通话和桂柳话，以后毛南语用的肯定更少了。

问：现在的小孩在家或去学校用什么语言？

问：在家用壮语和桂柳话的比较多，也用毛南语，但比较少，去学校上课就用普通话，下课用壮语和桂柳话的多。

问：那会不会都转用了其他语言？汉语的作用会不会影响毛南语的使用？

答：不会，现在的孩子在家里开始学的语言是壮语，但孩子出去玩耍也学会了毛南语。小学基本上都用普通话上课，用桂柳话解释。汉语对读书、到外边工作是很有用的，但我们也应该学我们自己的话，能讲两三种话最好，说毛南话是我们民族身份的标志，我们不能忘本。

问：现在的小孩学桂柳桂话有什么用吗？

答：如果只会壮语和毛南语，去学校会适应得比较慢。小孩学会了桂柳话，去学校学普通话比较快，学会桂柳话是学普通话的基础。

三、下南小学教师覃雪芬访谈录

访谈对象：覃雪芬，毛南族，27岁。

访谈时间：2011年12月2日。

访谈地点：下南乡中心小学教师办公室。

文化程度：大学。

问：您是毛南族人吗，那您的家人呢？

答：我们全家都是毛南族人，我们家一直都住在这里，我也是在这里长大的，是正宗的毛南族人，呵呵！

问：平时在家里说话都是用毛南语吗？

答：嗯，大部分时间都是用毛南语，跟长辈一般都用毛南语，而且我们的毛南语都讲得很好。但兄弟姐妹之间一般都用桂柳话，很多时候也用普通话，因为一起去学校学习，很多同学都用桂柳话或者普通话交流，慢慢地我们也就习惯了。

问：您上课时一般用什么语言给学生授课？

答：现在都提倡用普通话来讲课，我们老师一般都用普通话讲课，而且我们都习惯了在学校用普通话交流，无论是课内或课外很自然地都会用汉语交流。同事之间讨论问题都用普通话或者桂柳话。但是我们私底下还是喜欢用毛南语，感觉比较亲切。毕竟在我们这里大家都还是讲毛南语的，虽然课堂上我们都提倡用普通话来教学，课后跟同学们交流我们还是倾向于用毛南语，这样显得比较亲切。出了校门小朋友们见我一般都用毛南语打招呼。

问：您认为毛南语对您来说重要吗？您会有意识地教学生毛南语吗？

答：很重要的，但是也没必要在课堂上刻意强调，因为学生在家里跟他们的父母都是讲毛南语的，不必担心学生不会。但是一二年级的小孩子汉语水平比较低，有时候上课还得用毛南语来辅助，但我总觉得用毛南语无法完整表达，首先没有普通话那种抑扬顿挫感觉，意思总是表达不准确。

问：这里的电视和广播都是汉语频道吧，您认为有必要开设毛南语频道吗？

答：现在的所有电视广播都是汉语了，没有毛南语了，如果国家在我们这里开设毛南语频道，我也不反对，对毛南语传统文化的保存是很有利的，但我个人认为不开设也没有关系，毕竟毛南语只是在我们这几个村寨中使用，出了下南乡这个范围就不适用了，他的使用范围太窄了。

问：那毛南语和汉语两者哪一个对您来说更重要？

答：嗯，这个比较难说，但是让我选择还是选择普通话，我之前就不是在这里工作的，在外面待了几年的时间，就拿以后来说，在外面待的时间还是比较多，这样毛南语就不适用了。

四、波川村村委副主任谭合教访谈录

访谈对象：谭合教，男，53岁，毛南族。高中文化程度，环江毛南族自治县下南乡波川村村委副主任。毛南语熟练。

访谈时间：2011年12月2日。

访谈地点：下南乡乡政府办公室。

问：请介绍一下你的语言使用情况。

答：我从小最先学会的是毛南语，毛南语听说使用熟练，与村里人交谈也主要使用毛南语；我还会说壮语，但是说得一般，桂柳话、普通话，我也能说一些。

问：你是怎样学会毛南语的，又是怎样学会壮语、桂柳话和普通话的？

答：从小就会，因为父母在家都说毛南语，自然而然我就学会了毛南语；学会壮语是因为社会交往的需要，比如说，我到川山镇、水源镇等说壮语的地方，与那里的人接触，做买卖什么的，我就慢慢学会了一些壮语。现在壮语已经能够说得很流利了；学会桂柳话，则是去学校读书才学会的，我们去镇里学校读书，周围的同学、小朋友之间都说桂柳话，要是我说毛南话，有些人听不懂，所以大家在一起玩，就学会说桂柳话了，而且那时候上学老师讲课、我们发言都是说桂柳话；普通话呢，则是去学校上学时老师教的，是在课堂上学会的。

问：在学校老师上课全都是用普通话上课的吗？

答：老师上课说普通话，但是也会说桂柳话，用桂柳话来解释。那时候普通话还不那么普及，我是1977年高中毕业的。

问：在你的家庭里，主要说什么语言呢？

答：我父母和我都说毛南语，我和我的兄弟姐妹之间，主要说的是毛南语，也会说一点儿桂柳话，我和我妻子、子女也主要说毛南语。

问：那你和你邻居说什么话，和隔壁村子的人呢？

答：我们波川村99%都是毛南族，我们村民之间都说毛南语；如果他不说毛南语，说壮语，我们也能和他说壮语，和我们隔壁的高村屯，是说桂柳话，因为高村谈……（数据）如果村里来了个陌生人，我们第一反应就是和他说桂柳话，因为河池地区说桂柳话还是很普遍的，我们基本上是见什么人说什么话。

问：毛南族现在还过什么特有的民族节日吗？

答：我们还过毛南族分龙节，其他的节日像春节、元宵节、清明节、端午节、中秋节等都和汉族一样。

问：那在民俗活动中，比如婚丧嫁娶、歌圩，你们一般使用什么语言？

答：和毛南族的人说毛南语，也说一些桂柳话，和其他人就说桂柳话，像师公、道公做仪式都用桂柳话唱歌。歌圩中我们也说毛南语、桂柳话。

问：你觉得学习毛南语有用吗？

答：我觉得毛南语在一些地区对一部分人有用，一般是毛南族聚居的地方，比如我们下南，但是一出了下南，去到上南、去到川山镇、水源镇那边就不实用了，像我们这样说毛南语的人还是太少了，他们那里说壮语的多。我反而觉得桂柳话更有用，说毛南语不如说桂柳话方便，有些时候，毛南语没有的词汇，桂柳话有，我用桂柳话一句话就讲清楚了，毛南语怎么说都表达不清楚。还有，毛南语的使用范围比较小，而桂柳话、普通话的使用范围更大、更适应社会发展。像我去乡政府办事，去邮局、学校办事，开会的时候发言，我都说桂柳话。

问：你认为毛南语的发展前景如何，有必要发展毛南语吗？

答：现在的年轻人会说毛南语的有，但是年轻人不像我们这一辈还经常说，他们更愿意说桂柳话、普通话，年轻一辈在学校里学普通话，在镇上、县里说桂柳话，因为说这两种话的人多，使用起来也比较方便，容易表达。我觉得毛南语这样发展下去，可能使用的人越来越少。发展毛南语与否，要看毛南语是否适应社会发展，这不是说发展就能发展的，还是顺其自然的好。毛南语作为一种民族文化的精髓，如果真的消失了，还是很可惜的。因为我们毛南族唯一的民族身份的标记就是语言——毛南语。像川山镇、水源镇那边讲壮语，我觉得他们不是正宗的毛南族。我们有必要发扬民族文化、保持民族特点。

问：政府有没有一些优惠政策来促进毛南族地区的发展呢？

答：总的来说，我对政府给毛南族地区的优惠是满意的。扶贫政策，大力发展经济。新农村建设，通水、通路、通电。发放专项危房改造款，因为我们这里山多地少，所以政府带领我们大力发展第二产业，鼓励我们养菜牛，政府提供技术支持，还帮我们找路子销售。计生政策，两个毛南族结婚，可以生两个娃。我感到很多地方，我们毛南族都受到了党和政府的照顾。